ALLAH'IN ARSLANI VE EVLİYALAR SULTANI

HZ. ALİ

(RADIYALLÂHU ANH)

MUSTAFA NECATİ BURSALI

Hz. Ali (Radıyallâhu Anh)
Mustafa Necati Bursalı

İstanbul, 2024

ISBN: 978-975-7161-21-9

Yayın Yönetmeni
Serdar Çelik

Editör
Ece Özbaş

Mizanpaj
Adem Şenel

Kapak Tasarımı
Yunus Karaaslan

Baskı-Cilt
İmak Ofset
Akçaburgaz Mh. 137. Sk. No:12 Esenyurt - İstanbul
Tel: 444 62 18 Sertifika No:71320

ÇELİK YAYINEVİ
İkitelli O.S.B. Mh. Milas Cd. İş Batı İş Merkezi No:29/12-A
Başakşehir - İstanbul
Tel: +90 (212) 511 28 11 (pbx)
www.celikyayinevi.com.tr
mail:info@celikyayinevi.com

Çelik Yayınevi, İlkharf Yayıncılık San. ve Tic. Ltd. Şti.'nin Tescilli Markasıdır.

ALLAH'IN ARSLANI VE EVLİYALAR SULTANI HZ. ALİ

(RADIYALLÂHU ANH)

MUSTAFA NECATİ BURSALI

TAKDİM VE TAKRÎZ: **HEKİMOĞLU İSMAİL**

Mustafa Necati Bursalı

1941 yılında Samsun'un Kavak ilçesinin Alaca köyünde doğdu. Küçük yaşta öksüz kaldı. İlkokulu ve hafızlığını aynı köyde bitirdi. Merzifon ve İstanbul'da Kur'an-ı Kerim hıfzı çalıştı. İstanbul'da ilk dinlediği üstad Abdurrahman Gürses oldu. İmamlıkla beraber yazı hayatı da başladı. Hat sanatına ilgi duyarak Hamit Aytaç'tan icazet aldı. 1965'te Osman Reis Camii imam hatipliğine tayin edildi. 1988'de emekliye ayrıldı. Yazı ve şiirleri Yeni Asya ve İslam gazete ve dergilerinde çıktı. 1965 yılından bu yana 50'den fazla eser yazdı. 28 Eylül 2009 tarihinde İstanbul'da Sarıyer Yeniköy'deki evinde vefat etti.

Yayınevimizden Çıkan Eserleri

- Adâb-ı Muaşeret
- Alemlere Rahmet Hz. Muhammed (A.S)
- Allah Aşkını Seçenler
- Bilal-i Habeşi
- Cennetle Müjdelenen On Sahabe
- Güzel Ameller Büyük Sevaplar
- Hz. Âişe
- Hz. Ali
- Hz. Âmine
- Hz. Ebubekir
- Hz. Fatıma-i Zehrâ
- Hz. Hasan Ve Hz. Hüseyin
- Hz. Hatice-i Kübrâ
- Hz. Meryem ve Hz. İsa
- Hz. Osman
- Hz. Ömer
- Hz. Yusuf ve Züleyha
- İslam İhsân Söz Sohbet
- İstanbul ve Anadolu Erenleri
- Onlar Nasıl Kuldu
- Peygamber Aşıkları
- Peygamberler Tarihi - M. Necati Bursalı
- Peygamberlerin Mucizeleri
- Tasavvufî Hikayeler

İÇİNDEKİLER

ALİ (radıyallâhu anh)

Güneş gibi her yana nûr ışık saçmış Ali.
Kaleleri fethedip kapılar açmış Ali.
Yıldırımdan bir gülle, indirdiği her darbe,
Gazâ meydanlarında köpürüp taşmış Ali!

"Akıl gibi mal, iyi huy gibi dost, edep gibi miras, tevfik gibi rehber, ilim gibi şeref bulunmaz."

Hz. Ali (kerremallahu vechehu)

Kâinat nabzında çarpıyor Tekbir.
İnandık ki: Allah büyük, Allah Bir!*

* M. Necati Bursalı

بِسْمِ اللّٰهِ الرَّحْمٰنِ الرَّحِيمِ

Bir İki Söz.

Bazı kimseler evlerindeki süs bitkilerine plastik çiçekler veya meyvalar takarak, onları daha başka şekilde görmeye ve göstermeye çalışırlar. Meselâ deve tabanı bitkisinin üzerinde gül veya portakal görürseniz, hiç şaşmayın. Çünkü ev sahibesi, böyle istemiştir.

Hazret-i Ali (radıyallâhu anh) de sanki olduğu gibi kabul edilmemiş de, daha başka kabul edilmek için kimisi onun faziletlerine yenilerini eklemek istemiş, kimisi de iftira ziftiyle onun nur yüzünü boyamaya kalkışmıştır. Yani bir yanda Hazret-i Ali (radıyallâhu anh) 'ye kılıç çekecek hatta onu vuracak kadar düşman zırhına bürünenler, öte yanda aynı şahsı Sahabe dairesinden alıp güya nübüvvet, hatta daha ileriye götürmeye çalışanlar.

Elbette ki Hazret-i Ali (radıyallâhu anh) bunların ikisinden de memnun olamazdı. Çünkü o, İslamiyeti öğrenmekte, anlamakta ve yaşamakta şerefini bulmuş bir kimse idi. İslamın dışında ona makam vermek isteyenler, zehir vermiş sayılırdı. Dolayısı ile Hazret-i Ali (radıyallâhu anh)'yi tasvirin ötesinde övmeye çalışanlarla, yermeye çalışanlar kötülük etmekte birleşmişti.

Halen bu kavga devam ediyor: Hazret-i Ali (radıyallâhu anh)'yi İslam esaslarının dışında övenlerle yerenlerin kavgası devam ediyor. Halbuki o, eshab-ı kiramdandı, hülafa-i raşidinden ve aşere-i mübeşşeredendi. Böylesine bir kimseye verilen

İslama uymayan unvanlar, bâtıl inançları tasvir eden madalyalar gibi atılması ve dökülmesi gerekirdi. İşte İslamı öğrenmeye, anlamaya ve yaşamaya çalışan, sırat-ı müstakimde giden ehl-i sünnet uleması, Hazret-i Ali (radıyallâhu anh)'yi İslamın merceğinde seyredip, ondaki bütün faziletlerin İslamdan geldiğine bin defa kanaat getirmişti. Bu sebeple Hazret-i Ali (radıyallâhu anh)'yi sevmeyenleri sevmiyoruz. Onu yüceltmek için sahabeliğin ötesinde makamlar vermek isteyenlerden de uzağız. Çünkü Hazret-i Ali radıyallâhu anh)'ye bağlı olduğunu iddia edenler, her şeyden evvel İslama bağlanıp Resûl-i Ekrem'i taklit ederek sünnet-i seniyeye uymaları gerekir. Bu da ilmihal bilgisi ile olur.

Necati Bursalı Hocamız, bu eserinde Hazret-i Ali (radıyallâhu anh)'nin İslama bağlılığını dile getirip, Hazret-i Ali (radıyallâhu anh) yi sevenlerin, İslamı yaşamaları gerektiğini çok iyi belirtmiş durumdadır. Ümit ederim bu eserin, bu yönden faydası büyük olacaktır.

Allah, dünya ve ahiret saadetini, İslamı öğrenip, anlayıp ve yaşayanlara vermiştir, yine verecektir. Böyle olmamızı dilerim.

Saygılarımla

HEKİMOĞLU İSMAİL

بِسْمِ اللهِ الرَّحْمٰنِ الرَّحِيمِ

Müellifin Önsözü

Bütün âlemleri yoktan var eden, varlığından bizleri haberdar eden, kullarından mü'minlerin kalb gözlerini açıp marifetinin nuru ile onları rızâ-i Bârisine eriştiren Rabbi Rahîmimize hamd olsun.

Sonsuzluğa eriş ve sonsuzlukta oluş sırrının mukaddes rejimini nokta nokta çizen ve Allah'tan İlahi müjdeler getiren Cenâb-ı Muhammed Mustafa'ya salât ve selâm olsun.

Bu salât ve selâm, O'nun âline de olsun ki onlar, insanlık semasında parıldayan birer hidayet yıldızı, birer hakikat kandilidir.

O Peygamberler Pâdişahının dört büyük Halifesinin sonuncusu, Allah'ın Arslanı ve Evliyalar Sultanı Hz. Ali (kerremallahu vechehu) isimli bu eserimi muhterem din kardeşlerime sunmakla bahtiyarım.

Bu eseri 6 sene önce Merhum Mustafa Polat Bey'in teşvikiyle hazırlamış ve "Yeni Asya" da tefrika etmiştim. Şimdi kitap olarak neşrini Rahman ve Rahîm olan Allah bu âciz kuluna nasip etti.

Eşsiz şecaat, ulviyet, ilim ve hikmet mâdeni Hz. Ali (radıyallâhu anh), gözlerini dünyaya açtığı andan itibaren Allah Resûlü'nün mukaddes ellerinde yetişti. Sonsuzluk Nebisi onu 5 yaşında bir çocuk iken babasından alıp kendi öz evlâdı gibi büyüttü. Bu ateş parçası, arslan pençeli nur çocuk nefes nefes, yudum yudum o mukaddes nûru içti. Ve âlemde hiçbir fâniye nasip olmayan saadete erdi.

Cihanın evvelinde ve sonrasında eşi bulunmayan Yüce Peygamber (Sallallahû aleyhi ve sellem), Onun şuur gözlerine hikmet sürmesini çekti. Cihan sırlarını gösterdi. Dalgın semâların, boşlukta uçan kuşların, sessiz toprakların, görünmez varlıkların ibâdetlerini öğretti; zerrelerin, kürelerin tesbihlerini duyurdu. O'nu, öyle bir mânâ sultanı yaptı ki, bütün zaman ve mekân boyunca, şânı iklim iklim dillerde destan oldu.

Cenâb-ı Ali (radıyallâhu anh), o şan ve şerefin sahibidir ki, cennetler bile ona müştak olmuştur.

Allah'ın Sevgilisi buyuruyorlar:

– Cennet dört kişiye müştakdır. Bunlar, Ali, Ammar, Selman ve Mikdad'dır!

Hz. Ali (kerremallahu vechehu) nin hayatını okurken aynı zamanda Nebiyyi Muhterem'in hayatını da okumuş ve nurlanmış olacaksınız. Çünkü, Allah Resûlü'nün ilahi memuriyeti mukaddes omuzlarına aldıkları andan İlahi Visale erdikleri ana kadar olan hayatı bu eserde dile getirildi. Nur asrının bütün ihtişamı nokta nokta ışıldadı.

O mukaddes ruh kuyumcusu, insan ruhlarını nasıl elmas elmas işledi hep göreceğiz.

İnsan ve İslam varlığımıza onunla ereceğiz.

Bil ki: Nuru sönmez bir güneş Nebî,
Can bahşeden Huda onun sahibi.

Hep o, hep o, elde sancak sancak nur,

Nebî'den Nebî'ye geçen ancak nur!
O'nsuz insan sağır, O'nsuz insan kör,
Yüz bin gözü olsa yine her ân kör!

Kim O'nun nurundan almazsa ışık,
Hep gece, bekleme hiçbir aydınlık.

Hülâsa Hz. Ali (radıyallâhu anh), Halikı Azîmin o Muhterem Peygamberinin mukaddes elinden ölümsüzlük iksiri içti ve kerametler sarayının eşsiz sultanı oldu.

İşte bu küçük eser, o büyük insanın aynasından akseden pırıltılardır.

Sözümü şöyle noktalıyorum:

Ey peygamber bağında yetişen ulvî çiçek,
Benim gönül tarlama bal akıt petek petek!

M. N. Bursalı - 1975

Arslan Yavrusu

Kâinatın iman beşiği olan Mekke'de bir ev ve bu evden yükselen bir çocuk çığlığı.

Evin içinde saadetten uçuşan insanlar ve etrafa koşuşan müjdeciler.

Tık tık.

– Kim o?

– Benim, koşun koşun amcanızın nur topu gibi bir oğlu oldu.

– Hemen geliyorum!

Erkek güzelliğinin en yücesine varmış otuzluk genç hemen dışarı çıkıyor. Yüzünde ışık ışık, pırıl pırıl bir tebessüm. Dalgın ve simsiyah gözleri eğik, adım adım Mekke sokaklarında ilerliyor.

Kıvrım kıvrım uzanan sokakların sonunda bir evin önüne gelince durdu ve kapıya yanaştı:

– Müsaade var mı?

– Sen misin Muhammed'im?

– Benim amca.

Kapı açılıyor.

Yeni doğmuş bir çocuk çığlığı kulakları tırmalıyor.

Güzeller güzeli otuzluk gencin mukaddes yüzünde bir nur meltemi.

Gülümseyerek içeri giriyor.

Asiller çevresi Kureyş oymağının ulularından Ebu Tâlib'in evidir bu.

İbrahim Aleyhisselâm'dan, bütün zaman ve mekânın Peygamberine kadar, babadan oğula Kureyş'in nur kolundan Hâşim'in torunu ve Abdülmuttalib'in çocuğu Ebu Tâlib. Nihayetsiz Mülkün Seyyidi, Kevser havuzunun sahibi, Allah'ın Sevgilisi Cenâb-ı Ahmed (Sallallahû aleyhi ve sellem) in amcası Ebu Tâlib.

Ve işte, O Nebiyyi Muhteremle amca gözgöze.

Babasız hak Peygamber İsa (a.s.) nın doğumuyla başlayan zaman hesabının 599. yılı.

Mekke'den hicretine 23 yıl bulunan Efendiler Efendisi mukaddes genç, amcası Ebu Tâlib'in bir oğlan çocuğa baba olduğunu haber aldı ve doğru onun evine koştu.

Bu arslan yavrusu, hicreti Nebeviyeden 23 yıl evvel ve Fil tarihinden otuz yıl sonra dünyaya gelmiş oldu.

Birgün Ebu Tâlib'in zevcesi, yine Hâşimî soyundan Esed kızı Fâtıma bir rüya gördü:

Evi pırıl pırıl nurla taşmış. Etrafta ne kadar dağ varsa Kâbe'ye doğru secdede. Eline dört kılıç veriyorlar. Bunlardan biri gökyüzüne çıkıyor; biri suya, biri toprağa düşüyor, biri de arslan oluveriyor. Ve öyle bir arslan ki, heybetinden bütün yaratıklar kaçışmaya başlıyor. Esed kızı Fâtıma rüyada korkuyla ellerini uzatıyor, birdenbire karşısında Allah'ın Resûlünü buluyor ve O'nun mukaddes ellerine yapışıyor.

Yengesi, rüyadan dört ay sonra yeğenine şöyle dedi:

– Gebeyim, oğlum! Dua et de çocuğum erkek olsun!

– Doğacak erkek çocuğu bana bağışlaman şartıyla dua ederim!

Söz veriyorum, sana bağışlarım, oğlum!

– Öyleyse ben de dua ederim!

❀❀❀

Zaman çarkı döne döne dönmüş ve işte beklenen gün gelmişti. Esed kızı Fâtıma, çifte koldan Hâşim soyuna bağlı, haykırışı tâ uzaklarda çınlayan, altın topu gibi gürbüz bir oğlan doğurmuştu.

Işık ışık bir müjde.

Nağme nağme bir ses etrafa yayılıyordu:

– Ebu Tâlib'in bir oğlu olmuş, Ebu Tâlib'in bir oğlu olmuş! Ne güzel, ne saadet!

Kureyş'liler, Kâbe etrafında toplanmış, bayram günlerine mahsus bir sevinç taşkınlığı içinde. Sevinç ki, hem ne sevinç. Asiller çevresi Kureyş ulularından birinin, bir erkek çocuğa sahip olması, onlarca en büyük bir hâdise, en üstün bir şeref meselesi.

Ah bu insanlar, ah bu kör anlayış! Kız çocuklarını diri diri kara toprağın bağrına gömen bir insanlık. Gökleri çatlatacak bir vahşet, taşları eritecek bir tecellî.

Kureyş ululları Kâbe etrafında sevinç çığlıkları atadursun, Fâtıma'nın loğusa yatağı başında Ebu Tâlib ve Allah'ın Sevgilisi. Ebu Tâlib'in kucağında, ağzından, hareketlerinden, vücudundan pırıl pırıl sağlık tüten nur çocuk. Bir taraftan da tebrike koşan koşana.

Mutlu babanın hayran gözleri çocukta:

– Allahım! Bana bu kadar dinç ve güzel bir yavru ihsan ettiğin için sana hamdederim!

On yıl sonra, İlahi memuriyeti alıp bütün insanlığı dalâletten hidâyete, vahşetten medeniyete, zulmetten nura götürecek, gök ve yeryüzünün bütün mânâlarını, yüzüğe pırlanta taşlar oturtur gibi insan ruhuna kazıyacak olan ve insanlığın en büyük kurtarıcısı bulunan mukaddes genç sordular:

– Amca! Yavruya ne isim koydunuz?

Amca, Kâinatın Efendisine cevap verdi:

– Zevcem, babasının ismi olan Esed'i (Arslan) uygun gördü ama, ben Ali (Yüce) adını tercih ettim.

– Güzel isim. İkincisi de Haydar (Arslan) olsun!

Fâtıma vaktiyle rüyasında arslan gördüğü için teklif pek beğenildi.

Artık bütün gözler ve gönüller, arslan yavrusu gibi kükreyen ve olanca kuvvetiyle çığlık basan Ali Haydar'da.

Nihayetsiz olan mülkün Seyyidi ve insanlığın gaye noktası, mukaddes parmağını Ali Haydar'ın minicik dudaklarına dokundurdu ve dua etti:

– İlim, fazilet, kuvvet sahibi olsun ve bütün değerleri nefsinde toplasın!

Arslan yavrusu günden güne gürbüzleşiyor. Anne ve babasının gözbebeği.

Kâinatın Tâcı sık sık geliyor, Arslan yavrusunu kucağına alıp zıplatıyor. Çok kerre de beşiğini sallıyor. Küçük yavru onu görür görmez neş'e çığlıkları atıyor.

Onu Âlemlerin Efendisi'ne bağışlamışlardır. Mini mini Ali'nin en yakın arkadaşı kendisinden 30 yaş büyük amca oğlu, Âlemin Rahmeti. En küçük yaştan başlayarak, eli O'nun elinde, köşe bucak, dolaşıyor. Bir nefes bile birbirlerinden ayrıldıkları yok. Mini mini Ali'nin ismet ve saffet yatağı elâ gözleri, yanındaki mukaddes insanın sessiz ve düşünceli tavırlarında hep. Hep O'nu süzmekte, O'nu hecelemekte, Onu nefes nefes içmekte küçük Ali. Bütün insanlığın geleceğini kurtuluşa yöneltmek üzere gelmekte olan ebedî hayat müjdecisinin geleceğinden pırıltılar mı seziyor, ışıklar mı alıyor, müjdeler mi duyuyor yoksa?

Ali, Allah Resûlü'ne Veriliyor

Allah'ın mukaddes evi Kâbe'ye kervan kervan insanlar geliyor. Kâbe ziyaretçileriyle ilgilenmek ve onları ağırlamak işi, soyluluğu bakımından, fevkalâde cömert bir insan olan Ebu Tâlib'in bütün servetini kemirmiş, tüketmişti. O, gerçek Arabın sadece izzet ve şeref idealine uygun olarak, yığın yığın, dalga dalga insanın halkaladığı Mukaddes Ev etrafındaki alâkayı, kendisi için bir kazanç vesilesi yapmıyor, aksine bir fedakârlık sebebi haline getiriyordu. Nihayet gün geldi bütün imkânları tükendi, o da bu işi, ailenin en zengin ferdi, kardeşi Abbas'ın üzerine yükledi.

İleride cömertliğin destanlık misallerini verecek olan Ali'nin babası, eski zenginliğini ve genişliğini kaybedip, sofradaki kalabalık ellere yetişmez hale geldi. Buna bir de müthiş ve canlar yakan kıtlık eklendi. Soylu Abdülmuttalib oğlunun sofrasındaki eller, artık uzanacak bir şey bulamaz oldu. Ebu Tâlib çaresiz, bitkin ve üzgün.

Öyle olduğu halde, yine soyluluğu icabı, kimseye bir şey söylemiyor, fakat başta Kâinatın Efendisi olmak üzere çokları bu hâli biliyor.

O günlerde Ali 7-8 yaşlarında var, yok.

Bu hale içten içe üzülen Allah'ın Resûlü, dünyalık bakımından durumu en elverişli amcası Abbas'ın kapısında:

– Amca, amca!

– Kim o?

– Benim, yeğenin!

– Buyur, hoş geldin.

– Amca biliyorsun ki, kardeşin Ebu Tâlib, sofrasında pek çok elin toplandığı kalabalık bir aile reisi. Kıtlık yüzünden sıkıntısı büsbütün taşkın ve kendisi çaresiz. Seninle ona gidelim de çocuklarından birer tanesini evimize alalım. Ebu Tâlib'i biraz ferahlatmış oluruz.

– Pekâlâ, gidelim.

O anda Abbas ve Âlemlerin serverliği makamına birkaç yılı kalmış olan Sonsuzluk Müjdecisi, kolkola Ali'nin babası Ebu Tâlib'e gidiyorlar. Kapıya varınca sesleniyorlar:

– Sana geldik, müsaade var mı?

Ebu Tâlib hemen kapıya koşuyor:

– Buyurun, hoş geldiniz!

– Halkın içine yuvarlandığı kıtlık ve darlık kalkıncaya kadar, senin aile fertlerinden ikisini yanımıza alıp senin hayat yükünü biraz olsun hafifletmek istiyoruz. Ne dersin?

– Âkîl'i bana bırakın da istediğinizi alın!

– Çok teşekkür ederiz.

İnsanlığın Tâcı'nın gözleri küçük Ali'de. Arslan yavrusu Ali, ışık ışık gözlerle olup bitenleri hayran hayran süzüyor. Sonsuzluk Müjdecisi sesleniyor:

– Yâ Ali, koş bana!

Nur çocuk şevkle kendisine açılan mukaddes kucağa koşuyor.

Âlemlerin Efendisine düşen, Allah'ın, çocukluğundan beri, "yüzünü keremlendirdiği" Cenâb-ı Ali'dir.

Abbas da Cafer'i alıyor.

HEP ONUNLA

Vücudunun her zerresinden sağlık fışkıran küçük Ali, şimdi, o günedek ruhunu ve zamanını paylaştığı Nebiler Serveriyle.

Ali'yi coşkun bir muhabbetle seven ve altın saçlarını tel tel okşayan Kâinatın Efendisi buyuruyorlar:

– ***"Ali bendendir, ben de ondanım."***

Ne mutlu o arslan yavrusuna ki, Peygamber zevcesi büyük ve temiz Hatice ona annelik ediyor. Efendiler Efendisi'nin ise, artık iç âleminde sonsuz seferleri başlamış ve murakabe devresi açılmış bulunuyor.

Çocuk Ali'nin elmas ruhu üzerindeki ilk ve ince çizgiler, en büyük ruh kuyumcusu olan Allah Resûlü'nün eliyle işte bu çığırda çizildi. Çocuk Ali'nin ipek ruhu, hakikat incileriyle bu devrede bezendi. Çocuk Ali, nübüvvet eczanesinin kat'î deva sunan ilâçlarıyla gıdalandı. Ve öyle bir elmaslaştı ki, pırıltısı gözleri kamaştırıyordu.

İNSANLIĞIN YÜREKLER PARÇALAYAN HÂLİ

O öyle bir zamandı ki, cihan ufukları kapkaranlıktı. İnsanlık âlemi dalâlet bataklığında inleyip duruyordu. Cihan günleri ateş şimşekleri gibi yakıcı olmuştu. Bir nur, bir ışık, bir ziya, bir kıvılcım yoktu ki, insanlık fezasını aydınlatsın. Hz. İsa Aleyhisselâm'dan sonra geçen beş küsur asır sene içinde hiçbir irşad sesi yükselmemişti. Kötülükler, ahlâksızlıklar insanlığın yakasında kolaylıkla akrepleşmişti. Kâinatın zümrüt bahçeleri hakikat çiçeğine hasret kalmıştı. İnsanlığın gönül dudakları bir damla inayet suyundan bile mahrumdu. Yeryüzünün karanlıklarından bunalan gözler, göklerin ıssız maviliklerine dalıyor; görünmez ufuklardan kurtuluş bulutları; mâverâlardan huzur ve saadet sağnakları bekliyordu. Acaba ebediyyet baharına bakan vuslat pencereleri ne zaman açılacaktı?

Dipsiz gök, bir şûle-i Rabbanî ile aydınlanmayacak mıydı? Bütün insanlar, bütün varlıklar bir kurtarıcı bekliyordu. Bekleyiş, bekleyiş, asırlarca süren bekleyiş.

Neydi bütün bunlar?

Çöl tepesi üstünde bir uçtan doğup öbür uçtan ve hergün "Yeni bir şey var mı?" diye soran güneşler, karın tokluğuna hayat yükünü çeken insanlar, yaşamak ismini verdikleri şu baş döndürücü gidiş geliş, ölüm dedikleri o dondurucu ve müthiş hal, Allah dostu Hz. İbrahim'den kalma tevhîd bestesinin tektük dudaklarda hatıraları yaşayan unutulmuş nağmeleri.

Allah'ın mukaddes evi Kâbe'yi dolduran mankafalı putlara karşı insanoğlunun duyduğu zaaf.

Ne hazîn bir tecelli, insanoğlu putunu kendi yapar, yine kendi tapar. Ömür trenini küfür ve inkâr rayları üzerinde cehennem istasyonuna doğru sürer.

Var oluşun hikmeti bu kadarcık mı?

İnsanoğlunun kuruyan gönül dudaklarına bir damla inayet suyu içirecek biri bekleniyor.

Bekleyiş, bekleyiş! Asırlar süren bekleyiş!

GÖKTEN GELEN DEVLET

Kâinatın Efendisi kırk, Ali ise on yaşında.

Murakabe hep devamda. Öyle ki, Mekke'ye bir saat mesafedeki Hira Dağı, artık Allah'ın Sevgilisi'ne ibâdet ve istiğrak sediri olmuştur.

Yine sonsuzluk müjdecisi, Hira Dağı'ndaki mağarada.

Bir gece evvel rüyalarında, muazzam bir şekil, bir heybet, bir suret, bir pırıltı, bir eda bir renk, gözleri kamaştıran bir ışık görmüşlerdir.

Bu "Namus-ül Ekber" sıfatlı Cebrâil'dir.

Âlemlerin Rabbinin vahyini tebliğe memur büyük ve sultan melek.

Bir gece evvel rüyada beliren Melek, Ramazanın on yedinci Pazartesi günü, mağarada, murakabe ve ibâdetin en derin ânında, Sonsuzluk Nebisi'ne dünya ve madde perdesinde görünüverdi.

MÜTHİŞ AN

Allah'ın Sevgilisi'nin, madde gözüyle insanoğluna mahsus olmayan ufukların ötesindeki bu müthiş manzara karşısında ne hâle geldiğini düşününüz!

Bu ne büyük tecellî yâ Rab!

Birdenbire gökler bir perde gibi açılıyor ve arkasından sonsuzluk âleminin kadrosundan bir şahsiyet, bütün madde tezahürlerini yakıp kül edici, cisim üstü bir cisimlenişle görünüveriyor.

Sultan Melek, o müthiş âna kadar öteler âlemini tanımayan, fakat bütün âlemlerin tacı, bütün Varlıkların Efendisi, bütün Nebilerin Serveri olarak yaratılmış bulunan Cenâb-ı Ahmed (Sallallahû aleyhi ve sellem)'e hitap ediyor:

– OKU!

Âlemlerin Efendisi, dehşetler ve hayretler içinde cevap verdi:

– "Ben okuyucu değilim. Ne okuyayım?"

Cibril (a.s.) ilerledi, Allah'ın Sevgilisi'ni kucakladı, kuvvetle sıktı ve sonra bırakarak tekrar etti:

– OKU!

Ve kendisinden yine aynı cevabı aldı.

Bu hal üç kere tekrarlandıktan sonra, Melek, Allah'tan aldığı ve Resûlüne teslim etmeye geldiği ilk âyeti, başından sonuna kadar tane tane okudu:

"Yaratan Rabbinin adıyla oku. O, insanı bir kan pıhtısından yarattı. Oku, Rabbin nihayetsiz kerem sahibidir. Ki kalemle (yazı yazmayı) öğreten O'dur. İnsana bilmediğini O öğretti."[1]

1 Sûre-i Alâk, âyet: 1-2-3-4-5

Melek kaybolur kaybolmaz, Allah'ın Sevgilisi, muazzam bir dehşete düştüler.

Dehşet ki, hem ne dehşet.

Mağaradan bir nefeste çıktılar. Ne in var ne cin, nede o biraz evvelki Melek. Hira Dağı'nın tepesinde yapayalnız bir haldeler. Dağdan indiler, uçan kuşun gölgesi gibi mesafeleri aşarak kâinatın iman beşiği olan Mekke'ye girdiler, sadık zevce büyük ve temiz Hatice'nin kapısına "güm, güm" vurdular.

Kapı hemen açıldı.

Meleğin kucakladığı mukaddes insan, esrarlı haline bakıp hayretler için kalan sadık zevcesinin kollarına atılmadan hece hece mırıldandı:

– "Beni örtünüz! Beni örtünüz!"

Şefkatli ve sadık zevce, bütün insanoğluna Allah Müjdesiyle gelmekte olan Allah'ın Sevgilisini, olup bitenlerden habersiz, hiçbir şey sormak ve anlamak cesaretini göstermeden şefkat, muhabbet ve itina ile yatağına yatırdı ve üstüne kalın örtüler çekerek O'nu yalnız bıraktı.

Yatağına yatırılan mukaddes varlık hâlâ İlahi haşyet ve heybetle titremekte. Bu hâl; dakikalarca sürdü ve nihayet sükûnet hasıl oldu.

Bütün bu olup bitenler küçük Ali'nin gözleri önünde cereyan ediyor. Fakat kendisine olanlardan bahseden yok. Kimbilir küçük kalbinden neler geçiyor? Bu gördüğü harikuladelikler karşısında neler hissediyor?

Allah'ın âlemlere Rahmet olarak gönderdiği Sevgilisi, rahat ve sükûnete erişince yataktan kalktılar. Elmas kalbli zevcelerini çağırdılar. Hatice koşa koşa geldi. Kâinatın Tâcı'nın karşısında yer aldı. Resûller Serveri başından geçen hâli ânı ânına, noktası noktasına bir bir anlattılar:

– "Korkuyorum ki, Hatice, bana bir zarar gelmesin!" Henüz hiçbir şeyden haberi olmayan ulvî kadın, her hâline o kadar emniyet duyduğu Mukaddes Efendisi'ni teselli etti:

– Hiçbir korku ve kaygıya sebep yok. Boşuna üzülüyorsun. Allah, senin gibi bir kuluna kötülük eriştirmez.

Ve başına bir örtü atarak:

– Şimdi, dedi; bu gibi işlerden anlayan birine gidip danışacağım.

Evden bir ok gibi dışarı fırladı. Doğruca yakın akrabasından Varaka bin-i Nevfel'e gitti. Varaka, büyük, temiz ve ulvî kadından olup bitenleri, dikkat ve ciddiyet dolu bir çehreyle dinledi. Sonra uzun uzun düşünüp haykırdı:

– Varlığımı yed-i kudretinde tutan Allah'a yemin ederim ki, eğer anlattıkların doğru ise, yâ Hatice, mübarek zevcine görünen Melek, Musa Peygamber'e gelen Namus-u Ekber'dir. Emin ol ki mübarek zevcin Allah'ın Peygamberidir ve İlahi memuriyetini almak üzeredir. Kendisine haber ver; sakın ürkmesin, telâş ve korkuya düşmesin. Sabırla neticeyi beklesin ve bütün tecellilere tahammül etmeyi bilsin!

Hatice, Varaka'nın yanından, bu müthiş tefsir ve teşhis altında ezilmiş, erimiş bir halde ayrıldı; ve bu yakıcı, kül edici mânâların heybetinden kendinden geçmiş, evine geldi.

Kâinatın Efendisi'ne ne söyleyeceğini, nasıl anlatacağını, ne türlü bahsedeceğini bilemiyor.

Din irfanına sahip Varaka hep fırsat kolluyordu. Bir gün Nebiyyi Muhterem'i Kâbeyi tavaf ederken buldu. Hemen yaklaştı. O'nu bir kenara çekti ve fısıldadı:

– Amca kızımın zevci, mübarek adam, Hira Dağı'ndaki mağarada başından geçenleri bana olduğu gibi anlatır mısın?

Kâinatın Efendisi, İlahi Tevhîd nimetine mâlik ve kitap ehli bu samimî adamın hatırını kırmadı. Hira Dağı'nda başından geçenleri olduğu gibi ve bütün teferruatıyla anlattı.

Varaka'nın gözlerinde pırıltılar belirdi ve heyecanla haykırdı:

– Allah'a yemin ederim ki, sen O'nun Büyük Resûlüsün! Ve sana görünen Melek, Hz. Musa'ya gelen Cebrail'dir. İşte (Cibrîl-i Emîn) sana da nâzil oluyor. Şimdi kimbilir başına neler gelecek? Sana ne iftiralar atacaklar, seni yurdundan kovmaya çalışacaklar. Seninle çarpışacak ve seni öldürmek isteyecekler. Söz veriyorum ki, eğer Allah beni o günlere yetiştirirse senin için elimden geleni esirgemeyeceğim.

Ne devlet, ne saadet ki ehl-i kitap olan Varaka, insanoğlunun en büyüğüne sarıldı. O'nun kudsiyet dolu mübarek alnından öptü ve yanından uzaklaştı.

Varaka ile aralarında geçmiş konuşmadan:

– Demek beni kavmim Mekke'den çıkaracak, öyle mi?

– Evet, Peygamberlik makamı kime verilmişse öz kavmi içinde ona düşmanlar türemiştir. Peygamberlik hali işte budur.

Nebiyyi Muhterem derin bir tefekkür içinde ilahi tecellîyi gözetliyor.

Üç Yıl

Hikmet-i İlahi icabı birdenbire vahiylerin arası kesildi. Üç yıl vahiy gelmedi; ve üç yıl berzah hayatı yaşadılar.

Bu üç yıl içinde teessürleri hayâle sığmaz çapta derin oldu.

Yine birgün Hira Dağı'na çıktılar.

Dağda bir müddet kaldıktan sonra evlerine dönmek üzere hareket ettiler.

Öyle bir an ki: Ne bir fısıltı, ne bir kıpırdanış.

Allah'ın Sevgilisi, kendi ayak sesinden başka hiç bir şey işitmiyor.

Birden, yokuş aşağı inerken, bir ses işittiler. Durup dikkat kesildi. Kimsecikler yok.

Önü, arkası, sağı, solu, hertaraf bomboş.

Son ihtimal gökler.

Mukaddes başlarını kaldırıp baktılar.

Müthiş.

Vahiy ânında gördüğü Melek göklerde, göklerin anlatılmaz bir derinliğinde, bir kürsü üstüne oturmuş, kendisine nazar etmekte.

İnsanı yakıcı, kül edici bir manzara.

Göz ucuyla gördükleri bu levhaya bakamadılar. Başlarını indirdiler ve yürümek istediler.

Aman yâ Rab, bu ne hal?

Bu defa, baktıkları her noktada aynı meleği gördüler.

Ürktüler, koşarcasına yürümeye başladılar. Hızla Mekke'ye indiler ve evlerine can attılar.

Ulvî kadın, büyük ve temiz Hatice, etekleri mûcize sürükleyen mukaddes insanı, telâşla karşıladı. Nebiyyi Muhterem'in dudaklarından şu kelimeler döküldü:

– Beni örtülere bürüyün, üstüme soğuk su dökün!

Emirleri aynen yerine getirildi.

Allah'ın sevgilisi, İlahi haşyetin tesiriyle tir tir titremekte. İlahi haşyet, iliklerine kadar mukaddes vücutlarına işlemiş.

TEBLİĞ

İşte o an vahiy yolu, bir daha kesilmemek üzere bütün azametiyle açıldı. Sultan Melek geldi ve tebliğ etti:

– "Ey bürünüp sarınan (Habibim), kalk artık kâfirleri (azap ile) korkut. Rabbini büyük tanı."[2]

BAŞTA:

– "Ey bürünüp sarınan (Habibim), kalk artık kâfirleri (azâb ile) korkut. Rabbini büyük tanı."

Emrini alan Sonsuzluk Nebisi, memuriyetini zevcesine bildirir bildirmez, Hatice hemen baş kesti; en taşkın bir şevk, saadet ve heyecanla iman etti. Âdeta sevincinden taştı.

Allah'ın Sevgilisi'ne ilk inanan büyük ve temiz Hatice (radıyallâhu anha). Ümmet kütüğünde, mü'minlerin bir numaralı kaydı (Haticetü'l-Kübrâ). İlklerin ilki.

İkinci imân eden, olgun erkekler arasında yine ilk, Sıddîk-ı Ekber isimli, dünyanın en büyük insanı Hz. Ebu Bekir.

---

2 Müddessir, âyet: 1-2-3

Üçüncü, iman eden, kendi çocukluk sınıfına göre yine ilk, Hz. Ali.

Dördüncüsü de, köleler arasında ilk, Harise oğlu Zeyd.

İşte Peygamber elinden ölümsüzlük iksiri içen dört tane birinci ve aralarında bir çocuk.

Hepsi, teker teker, kendi cinsleri ve sınıfları arasında birinci, ilklerin ilki.

Hz. Hatice, Hz. Ebu Bekir, Hz. Ali ve Hz. Zeyd (radıyallâhu anhûma).

Hz. Ali'nin İslamiyeti Kabulü

Allah'ın Sevgilisi, topyekûn zamanın ve mekânın bütün mahlûkatın Peygamberi yaradılış gayesini bulmuş ve İlahi memuriyetini almıştır. Onun mukaddes elinden ölümsüzlük iksiri içen ilk insan büyük ve temiz Hatice (radıyallâhu anha).

Peygamberler Peygamberinin aydın bakışının ışığı altında yetişen Hz. Ali, etrafını saran gizli edalar ve havasını dalgalandıran esrarlı soluklardan öyle derin bir heyecana düştü ki, her şeyi, çocuk ruhunun masum merakıyla görmek, bilmek istiyor.

Her an ve her nefes etrafını kolluyor ve nihayet levhaların en dokunaklısına çatıveriyor: Allah'ın Resûlü, ulvî zevcesi Hz. Hatice ile birlikte yüzünü hak mihrabına dönmüş namaz kılıyor. İki mübarek insan Rabbin yüce huzurunda alınlarını secdeye koymuş vaziyetteler. İçeriye birdenbire ateş parçası küçük Ali giriyor.

Hayret, dehşet!

Seslere, şekillere ve hareketlere hayran hayran bakıp kalıyor.

Nihayet namaz bitiyor. Küçük Ali, Âlemin Fahrine sokulup soruyor:

– Neydi bu yaptığınız?

Kâinatın Efendisi'nin mukaddes dudaklarında Cennet tebessümleri, cevap veriyor:

– "Yâ Ali! Bu gördüğün, âlemlerin Rabbi olan Allah'a ibâdetin gerçek şekli olan namazdır. Yüce Rabbin indinde makbul olan ibadet şekli budur. Daha evvel gönderilen Peygamberlerin getirdiği tevhîd dininde ibâdetin esası olan namaz."

Ve teklif:

– "Seni, ortağı ve benzeri olmayan Allah'a ibadete ve putları inkâra davet ederim! Yâ Ali, Müslüman ol!"

Hayret ve haşyetle açılmış çocuk gözleri; ve kıpırdayan minicik dudaklar:

– Bugüne kadar böyle bir şeyi ne duydum, ne de gördüm. Ne diyebilirim? Babam Ebu Tâlib'e işi açmadan ve kendisinden öğüt almadan hiçbir cevap veremem!

Resûller Serveri, İlahi memuriyetlerini henüz cemiyet meydanına çıkarmak mevkiinde değiller.

Bu yüzden, öz amcası olmasına rağmen işin Ebu Tâlib'e açılmasını istemiyorlar. Kendisini hayran hayran dinleyen Ali'ye, gayet tatlı ve ruhlara işleyici, gönülleri fethedici bir sesle diyorlar ki:

– "Sen bilirsin, yâ Ali; fakat İslama gelmesen bile burada gördüklerini kimseye söyleme! Kim olursa olsun, hiçbir şey deme!"

Her tarafından asalet ve kahramanlık fışkıran çocuk Ali, çocukken bile asalet ve kahramanlığın şuuruna sahip yaradılış, hemen cevap veriyor:

– Söz veriyorum! Hiç kimseye bu mevzuda tek lâf etmeyeceğim!

Allah'ın Sevgilisi'nin mukaddes dudaklarında ışık ışık bir tebessüm ve teşekkür edası.

Küçük Ali yatağında. Bütün gece sabaha kadar uyuyamıyor. Gönlünde bir ışık, içinde bir çağlayış. Karanlıkta çakan şimşekler arasında yakalamaya çalıştığı şekiller. Kulaklarında çın çın öten o ses:

– "Yâ Ali! Seni Allah'a iman ve O'nun dini gereğince bu şekilde ibâdete davet ediyorum!"

Yakıcı ve kül edici bu ses gönlüne damla damla düşüyor. Onu anlatılmaz, hiçbir izah ve ifadeye sığmaz bir cazibe merkezine doğru çekiyor. Nihayet şimşeklerin şimşeği, seziş dediğimiz o akıl üstü yol gösterici, o ışık, o alev, o nur, o kıvılcım, o ilahi çıra, gönlünü tutuşturuveriyor.

Ve bir ok gibi yatağından fırlıyor.

Seher çağı sevdâlı yellerle gelip çatmış. Pencereler, şafağın ilk ışıklarıyla birer mavilik çerçevesi.

Allah'ın Sevgilisi, topyekûn zaman ve mekânın Peygamberi de kalkmışlardır.

Yanlarına koşuyor ve köpük köpük taşıyor:

– Ey Allah'ın Resûlü! Kabul edersen, dünkü dâvetine şimdi baş eğmek isterim! İnandım, iman ettim! Sen hak Peygambersin ve getirdiğin din haktır!

– Öyle mi, Ali; ne güzel, ne hoş! **"Şehadet ederim ki, Allah'tan başka ilâh yoktur; ve şehadet ederim ki, Muhammed onun kulu ve Resûlüdür."** Buna şehadet kelimesi derler. Onu kalbinle ve dilinle söyle!

On ila onbir yaşlarındaki çocuk, feza kadar derin kalbi ve gün gibi aydınlık diliyle şehadet getiriyor. Ve içi dışı İlahi nurlarla pırıldıyor.

Ali, küçük çocuk, nihayetsiz olan mülkün seyyidi Cenâb-ı Ahmed (Sallallahû aleyhi ve sellem) in arkasındaki safta.

Bir kadın, bir erkek, bir çocuk ve bir köle. Ve gökler dolusu melek.

Kâinat imamı tekbir alıyor:

– ALLAHÜ EKBER!

GİZLİ DÂVET ÇIĞIRI

Günler geçiyor. Zaman ırmağı ebediyyet gölüne doğru akıyor.

Allah'ın dini, bir zaman sonra nura boğacağı küfür karanlığı çerçevesinde. Yanıp sönen kıvılcımlar, pırıltılı izler ve beyinlerde çakan şimşekler.

Peygamber Zevcesi Hz. Hatice (radıyallâhu anha) den sonra, ikinci, üçüncü ve dördüncü kadın inananlar:

Abbas'ın zevci Ümmü Fazl, Hz. Ebu Bekir'in kızı Esmâ, Ömer'in kız kardeşi Hattab kızı Fâtıma.

Kâinatın Efendisi'nin elinden ölümsüzlük iksirini içiyorlar ve en büyük kurtuluşa eriyorlar.

Peygamber amcası Abbas ile, Hattaboğlu Ömer, henüz puta tapanlardan.

Artık iman alevi kâinat bacasında tütecek ve canını kurtarmak isteyenler iman havzına can atacaklar.

Cihanın, peygamberlerden sonra en büyük başı Hz. Ebu Bekir (radıyallâhu anh), köşe bucak dolaşıp, gönüllerini tutuşturabileceği insanları arıyor. Ve İslamın iman tasını kuruyan dudaklara tutuyor.

Ve onun delâletiyle İslama can atanlar:

Affan oğlu Osman.

Avvam oğlu Zübeyr.

Avf oğlu Abdurrahman.

Ebi Vakkas oğlu Sa'd.

Abdullah oğlu Talha.

İşte bunlar, ilklerin ilklerinden ve ilerde Cennetle müjdelenen saadet kadrosundan.

Küçük Ali'nin gönlü ise bir okyanus gibi coşkun. Babası bile oğlunun başına neler geldiğinden habersiz, sadece müthiş değişikliğin farkında.

Bu şevk, bu heyecan, bu aşk da ne?

Kureyş kâfirlerinin gözleri patlayacak gibi açılmış, birbirini arıyor ve anlamak istiyor:

– Bu insanlara ne olmuş?

Şu aşk ve heyecan içinde gidip gelen çocuktan tutun da, en büyüklerine kadar, insanları tek tek, hastalık gibi kuşatıcı bu hal nedir; ve bütün bunlara ne oluyor?

Sayıları kırka doğru varan Müslümanlar.

Bir yanardağ gibi Mekke ufuklarına nur püskürten Resûl.

Ve bütün bunlar arasında, karanlığı okla delen, zulmetleri yarıp ışık nakışları ören, minicik fakat kıvılcım kuvvetinden yana biricik ateş parçası, Peygamber yeğeni Ali.

Beş yaşından beri Peygamberin dizinin dibinden ayrılmayan arslan yavrusu.

Küçük Ali'nin vecd ve aşk dolu gözlerinde üst üste yanıp sönen levhalar:

Putperestlerin put gibi hissiz suratları, alay dolu bakışları ve yükselen homurtuları:

– İşte bu bize göklerden dem vuran, Abdülmuttalip soyundan gelen tuhaf adam! Bak, küçücük çocuğu koluna takmış, gidiyor!

Allah'ın âlemlere en büyük kurtarıcı olarak gönderdiği Resûlü ve elinden tutarak yürüdüğü küçük yeğeni, vakarlı ve aldırışsız, yol alıyorlar.

Bu yol ki, ebediyyet caddesidir. O ve elinden tutarak yürüdüğü küçük Ali, ebediyyet caddesinin çıkış noktasındalar.

NAHLE VADİSİ

Bütün insanoğluna Allah Müjdesini getiren Cenâb-ı Ahmed (Sallallahû aleyhi ve sellem) ile küçük Ali'nin yolu birgün Nahle Vadisi'ne düştü. Ne in var ne cin, ıpıssız bir yer. Hemen yüce Rabbin huzuruna durdular ve vecd içinde kendilerinden geçtiler.

Tam o anda, uzakta Peygamber Amcası Ebu Tâlib göründü; ve yeğeniyle oğlunu, kendilerinden geçmiş, Allah'ın huzurunda alınlarını topraklara sürerken buldu.

Durup seyretti.

Dudaklarında tatlı çizgiler. Gönlünde bir kaynaşma.

İş bitince sordu:

– Ey benim sevdiklerim! Ne yapıyorsunuz böyle, tek başınıza bu kuytu yerde?

– Kibriya olan Zâta kulluk gösteriyoruz! Cenâb-ı Ali'den dinleyelim:

"Nahle Vadisi'nde Allah'ın Resûlü'yle birlikte ibadet ederken babam Ebu Tâlib çıkageldi. Kâinatın Efendisine, "Ne yapıyorsunuz?" diye sordu. Allah'ın Resûlü de babamı İslama davet etti. Babam şu karşılığı verdi: "Bu yaptığınız işte bir kötülük olmadığı gibi, söylediklerinizde de kötülük yok. Ama beni kendi hâlime bırakın, bana karışmayın!"

Ebu Talib bir başka gün oğlu Ali'ye soruyor:

– Ey benim ciğer pârem, sen hangi dindensin? Hz. Ali'den şu cevabı aldı:

– Ey benim aziz babam! Ben İslam dinindenim. Allah ve Resûlü'ne iman ve Allah'ın Resûlü ile ibâdet etmek gibi bir saadetin sahibiyim!

– Yavrucuğum! Muhammed (Sallallahû aleyhi ve sellem) hiç kimseyi doğru yoldan başka bir tarafa sürmez; O'na itaat et!

Evet, Ebu Tâlib böyle demişti. Fakat kendisini, kendi ruhunun meylini açığa vurmamıştı.

Yine o günlerden birinde Hazret-i Ali'nin annesi Fâtıma Ebu Talib'e şöyle dedi:

– Ali'nin, Muhammed'in yanına devam ettiğini görüyorum.

Senin başına, Muhammed (Sallallahû aleyhi ve sellem) tarafından oğlun hakkında, güç ve takat yetiremeyeceğin bir iş gelmesinden korkuyorum!

Ebu Talib'in gözleri hayretle açıldı ve dudakları usul usul kıpırdadı:

– Demek, oğlum bana bunun için görünmüyor?

Ve hemen Allah'ın Resûlü ile küçük Ali'nin peşine düştü. Onları, Ebu Düb Vadisi denilen yerde ikindi namazı kılarken yakaladı.

Varlığın Sebebi olan Peygamber'e sordu:

– Ey kardeşimin oğlu! Senin, edindiğini gördüğüm bu din, ne dinidir?

Kâinatın Efendisi'nin mukaddes yüzünde nokta nokta elmas ve dudaklarında hayâl üstü bir gülümseyiş:

– Amca dediler; bu, Allah'ın dini, Meleklerin dini, Peygamberlerin dini, babamız İbrahim'in dinidir ki, Allah beni, onunla bütün kullarına gönderdi. Ey amca! Öğütleyeceğim, doğru yola davet edeceğim kimselerden buna en çok sen lâyıksın. Bu yoldaki davetimi benimsemeye ve bana yardımcı olmaya da sen, herkesten daha lâyıksın! Öyleyse benim hak Peygamber olduğumu doğrula.

Asil ve soylu amca içinin bütün saffetiyle şöyle dedi:

– Ey kardeşimin oğlu, aziz yavrum! Atalarımın sâliki bulundukları dinden ayrılmaya güç getiremiyeceğim. Fakat sen, gönderildiğin şey üzerinde dur. Vallahi, ben sağ oldukça, yapmak istediğini tamamlayıncaya kadar sana hoşlanmadığın bir şey erişmeyecektir!

Ve sonra dönüp oğlu Ali'ye sordu:

– Oğulcağızım! Senin üzerinde bulunduğun bu din nedir?

Küçük Ali'nin gözlerinde saadet ışıkları ve yüzünde bir nur meltemi:

– Babacığım, dedi; ben, Allah'a ve Allah'ın Resûlü'ne iman, O'nun, Allah'tan getirdiklerini de tasdik ettim. Onunla birlikte Allah'a ibadet eyledim ve ona uydum!

– Oğulcağızım! Amcanın oğlunun girmiş bulunduğu şeye, senin de isteyerek girmen yaraşır. O, seni ancak hayra davet eder, O'nun tavsiyelerini kabul et!

Allah'ın Sevgilisi, amcasının bu sözlerinden haz duydular ve tatlı tatlı gülümsediler.

Ebu Talib evine döndü. Zevcesi Fâtıma karşısına geçip sordu:

– Oğlun nerede?

– Ne yapacaksın?

– Hizmetçim de onu Muhammed'le birlikte namaz kılarken görmüş.

– Oğlunun dinini değiştirmesini uygun görüyor musun?

– Sus!

– Neden susayım?

– Vallahi, amcası oğluna arka ve yardımcı olmak, elbette herkesten çok ona düşer. Eğer nefsim, atalarımın dinini bırakmak hususunda bana boyun eğmiş olaydı, ben de O'na tâbi olurdum. Çünkü O, Halimdir, Emindir, Tâhirdir.[3]

İlahi tecelliye ve hikmete bakınız ki, Kâinatın Efendisi'nin üzerine titreyen soylu ve asil amca Ebu Tâlib, evlâdını feda edecek kadar hak dinine hak verirken, bir türlü kendisini ve kendi nefsini teslim edemiyordu. Nitekim sonuna kadar da teslim edemeyecektir. Varlığın sebebi olan Peygamberin amcası, Allah'ın yenilmez aslanı ve evliyalar sultanı Hazret-i Ali'nin, babası Ebu Tâlib'in ruhundaki anlaşılmaz çözülmez ukde.

3 Hz. Ali'nin annesi hakkında ileride bilgi verilecektir.

Hem de ne ukde?

Bir türlü bu düğümü çözecek el bulunamadı. Allah'ın mühürlediği kalbi kim açabilir ki.

İşte böylece açıldı kıvrım kıvrım ebediyyete uzanan sonsuzluk caddesi. Üstünde O ve elinden tutarak yürüdüğü küçük yeğeni Cenâb-ı Ali. Beraberinde de, her biri bir kutup yıldızı ihtişamındaki kırka yakın sahabîler kadrosu. Allah Resûlü'nün dâva arkadaşları ve yanık sevdâlıları.

Kavga Alevleniyor

Allah'tan Resûlü'ne:

– ***"Sana emredileni açığa vur!"***[4]

Fermanı gelince, iman bayrağı kılıfından çıkarıldı ve Mekke meydanının tâ merkezine dikildi. Hücum doğrudan doğruya putlara ve bağlılık sadece Allah'a.

Ve Kureyş kâfirlerini çıldırtan haber dalga dalga Mekke ufuklarına yayıldı.

Şimdi İslamın çile devri açılmıştır.

Kureyş müşrikleri tarafından Allah'ın Resûlü'ne karşı başlayan ilk düşmanlık çığırı içinde Müslüman olup ebedî kurtuluşa erenlerden biri de Husayn. Oğlu İmran daha evvel Kâinatın Efendisi'nin elinden ölümsüzlük iksiri içerek hidâyete ermişti.

Birgün Kureyş ulularından bir topluluk, gidip Husayn'ı evinde buldu ve ona şu teklifi yaptı:

– Onu biliyorsun ya; hani Allah tarafından gönderildiğini iddia eden adam! Git O'na de, bizim ilâhlarımıza atıp tutmasın. Sonu fena olur!

– Peki, dedi Husayn; hemen gidip sözlerinizi kelimesi kelimesine ona söylerim!

– Hemen git, biz de ardından gelelim!

---

4 Hicir, 94

Husayn, ardında Kureyş nasipsizleri, doğru Allah Resûlü'nün evine gitti. Kureyşliler, onu, eve yakın bir köşede beklediler. Husayn, tek başına Kâinatın Efendisi'nin huzuruna çıktı. O anda Allah Resûlü'nün etrafındaki sahabiler arasında, Husayn'ın oğlu İmran da var. Baba ve oğul öfkeli nazarlarla gözgöze.

Küçük Ali'nin gözleri de çakmak çakmak. Kureyşli put elçisini süzüyor.

Kureyş elçisi, gözlerini Allah'ın Sevgilisi'ne çevirip hitap etti:

– Nedir bu senin için söylenenler? Doğru mu bu anlatılanlar?

Ve ebedî hayat müjdecisinin, derin bir tebessümle, kendisine, sözüne devam etmesini işaret edişinden kuvvet alarak ilâve etti:

– Sen bizim ilâhlarımız için uygunsuz lâflar ediyormuşsun: Onları küçümsüyor, hiçe sayıyormuşsun! Doğru mu bunlar?

Nihayetsiz olan Mülkün Seyyidi ve Kevser Havuzu'nun sahibi Cenâb-ı Ahmed (Sallallahû aleyhi ve sellem) in mukaddes dudakları aralandı:

– Sen kaç ilâha tapıyorsun, Husayn?

– Yedisi yerde, biri gökte olmak üzere sekiz ilâha.

– Başına bir belâ gelse, bir zarara uğrasan, bir derde düşsen hangisine sığınırsın?

– Göktekine.

– Ya malın telef olursa?

– Göktekine.

– Canın tehlikeye girerse?

– Yine göktekine.

– Ya şu olursa, bu olursa?

– Göktekine.

Peygamberler Peygamberi bir an durup tebessüm buyurdular:

– Ya Husayn, görüyorsun ki, sadece birine, bir olana sığınıyorsun! Kudreti birde, tek olanda buluyorsun! O sana, yine sence, tek başına, biricik ve eşsiz kudretiyle imdat ediyor. Ya sen ona ibâdet ederken başkalarını nasıl olup da ortak koşuyorsun? O böyle bir şeye razı olur mu sanıyorsun? Sence, hakikat nerede öyleyse?

Husayn'da ne duygu, ne mantık, ne fikir. Kendi sözleriyle kıskıvrak yakalanmış, acıklı bir perişanlık içinde bakıp duruyor.

Gaye –İnsan ve Ufuk– Peygamber, son fetih okunu attılar:

– Haydi Husayn, İslamiyete gel de BİR'i bul, bu saçmalıklardan kurtul!

En ulvî mantıktan üstün Peygamberin tavır ve heybeti karşısında Kureyşli infilâk etti:

– Şehadet ederim ki, Allah'dan başka İlâh yoktur ve Muhammed onun kulu ve Resûlü'dür!

Manzara o kadar yakıcı ve kül ediciydi ki, Husayn'ın oğlu İmran, atılarak babasına sarıldı ve göz yaşları içinde onun ellerini, ayaklarını öpmeye başladı.

O zaman, âlemlerin Efendisi'nin mübarek gözlerinden birkaç damla yaş pırıldadığını haşyetle gördüler. Halikı Azîmin Muhterem Peygamberi buyurdular:

– İmran'ın hareketi rikkatime dokundu. Husayn, küfrünü taşıyarak gelirken, oğlu ona en küçük saygı ve alâka göstermedi. Babası İslama gelince de vazifesini tam yaptı.

Biraz sonra, Husayn, Kâinatın Efendisi'nden izin alıp gitmek isteyince, bütün zaman ve mekânın Peygamberi, Sahabîlerine Kureyş büyüğünü uğurlamalarını emrettiler. Birkaç dakika evvel put elçisi ve şimdiki Tevhîd bayraktarı Husayn daha kapıdan çıkarken uzaktan onun nasıl uğurlanmakta olduğunu gören Kureyşliler, gözleri hayret ve dehşetle açılmış, mırıldandılar:

– Onu görmekle, bir kerecik görmekle dininden döndü!

Ve büsbütün alev aldılar. Artık bundan sonra Kureyş müşrikleri kin ve hasret ateşiyle alev alev yanacaktır.

Daima Onunla

Levlâke Levlâk ufkunun nurlandırıcı güneşi Cenâb-ı Ahmed (Sallallahû aleyhi ve sellem) in bütün meclislerinde, hareketlerinde ve şahit oldukları hallerde Hz. Ali de beraber. Henüz yaşı küçük olduğu için elinden bir şey gelmese de, daima ondan nur devşirerek büyüklerin bile erişemeyeceği çocuk vecd ve heyecanını en ileri derecede örnekleştirmeye çalışıyor.

Daha dünyaya gözünü açar açmaz Allah'ın Sevgilisi'ni görmüş, on yaşında kurtuluşa ermiş; ebediyyet rejimine girmiş ve nur devşirmeye başlamış olmanın tek ve hususî mânâsı. İşte küçük Ali böyle yetişiyor, vicdan sahifeleri hakikat elmaslarıyla doluyor, dilinden hep hakikat incileri dökülüyor.

Her zaman, her mekân, her iş ve her vaziyette nasıl beraber olduklarını şimdi görünüz:

Birgün, Kâinatın Efendisi ve elinden tuttuğu yeğeni Hz. Ali, Kâbe'ye giriyorlar. Kimsenin olmadığı bir saat. Nebiyyi Muhterem, Ali'nin sırtına basarak Kâbe duvarına yetişmenin imkânsız olduğunu anlayınca, kendisi çöktü ve:

– Üzerime çık!

Emrini verdi. Cenâb-ı Ali (radıyallâhu anh), Kâinatın Tâcı'nın mukaddes sırtına çıkıyor ve putların bulunduğu noktaya kadar yükseliyor.

Cenâb-ı Ali (kerremallahu vechehu) öyle bir yere çıkmıştır ki, kendi tâbiriyle ufukları kucaklayabileceğini sanıyor. Kâbe'nin üstünde suratsız bir put. Hz. Ali onu sağından ve solundan dürtüyor, itiyor; put yere düşüyor ve parça parça oluyor.

İşte parçalandın ey suratsız put,
İnsan sana nasıl bağlamış umut?

Cenâb-ı Ali (kerremallahu vechehu) diyor ki:

– Bu işi yaptıktan sonra Allah Resûlü'nün omuzlarından indim. Beraberce geri döndük. Uzaklaştık!

Yine birgün Allah Resûlü'nün yolu, müşriklerin ibâdet yerine uğradı. Hepsi birden mankafa şekillere karşı secdede.

Âlemlerin Efendisi'nin sesi yükseldi:

– Babanız İbrahim dinini iptal ettiniz! Bu hâliniz nedir?

Müşriklerde hayret, dehşet. Cevap verdiler:

– Bizi Allah'a yaklaştırmaları için onlara tapıyoruz!

Allah Resûlü, bu hâlin yaklaşmak değil, Allah'tan uzaklaşmak olduğunu ihtar etti; ve puta tapan nasibsizleri put gibi donmuş bırakıp gitti.

ERKAM'IN EVİ

İslam bayrağının kılıfından çıkarılıp Mekke'nin merkezine dikilmesiyle başlayan kâfir homurtuları günden güne çoğaldı. Müslümanlara karşı eza ve zulüm, her an biraz daha sert ve kesin.

Müslümanları bir arada toplu bulunmaya zorlayan bu hale başka sebepler de bindi; ve Allah'ın Sevgilisi, sahabîlerinden Erkam'ın evini, iman kadrosuna karargâh olarak seçtiler.

Ev sahibi Erkam, ilk Müslümanlardan ve Allah Resûlü'nün mukaddes elinden ölümsüzlük iksiri içenlerin öncülerinden. Allah Sevgilisi'nin en emin sahabileri arasında. Evi de Safa eteklerinde.

İşte böylece iman ruhu, madde merkezine, yuva ifadesine, mekân ölçüsüne kavuşmuş oluyordu.

Artık iman kadrosunun da başını sokacağı bir karargâhı bulunuyordu.

Peygamber yeğeni Ali (radıyallâhu anh) da Erkam'ın evinde, Allah Resûlü'nün dizinin dibinde, yahut evin etrafında, ufuklara nazar edip gelenleri kollamakta ve hep vecd halinde, teslimiyet tavrında. Ateş ateş yanan elâ gözleri göklerin derinliğini süzmekte ve İlahi saltanatın heybeti altında titremekte. Kâinatın yaratıcısının büyüklüğü karşısında, bütün büyüklerin küçük kaldığını düşünmekte.

GELEN EMİR

Kureyş nasibsizleri, Sonsuzluk Nebisi'nin elinden ölümsüzlük iksiri içip hidâyete kavuşanların kolları üzerinde ayrı ayrı baskılar denediler. O iman kahramanlarını hidâyetten döndürmek için başvurmadıkları eza ve cefâ kalmadı. Fakat tek kişi mukaddes yolundan dönmedi, tek kişi bu halden ürkmedi.

Öyle İlahi vecd içindeler ki, bütün dünya yansa kılları bile kıpırdamıyor.

Bu sırada İlahi emir geldi:

"Sen (önce) en yakın hısımlarını uyar."[5]

Emir çetin. Çetin olduğu için de Allah'ın Sevgilisine derin bir kaygı verdi. Tepki ve tehlikelerin en büyüğüne namzet bir durum. İşe nasıl başlayacaklar, ne yapacaklar?

Artık hidâyet çadırı kurulacak, Allah'ın emriyle uzak yakın herkes bu çadırın altına toplanacak. İslamın gönüllere şifa sunan pınarı hiç kesilmemek üzere akıtılacak. Allah'ın Resûlü bütün bunları ince ince tefekkür ediyor.

---

5 Şuara, âyet: 214

Allah Resûlü'nün günlerden beri görünmediğine dikkat eden halası, mukaddes yeğeninin hasta olduğunu sanarak vaziyeti yakından görmek üzere (Dar-ül-Erkam) a gitti. Sonsuzluk Nebisi'ni gördü, soracağını sordu ve şu cevabı aldı:

– Hayır, hasta değilim! Fakat Allah en yakın akrabamı korkutmamı ve doğru yola çağırmamı irade ediyor. Bütün yakınlarımı bir araya toplayıp kendilerini Hak yoluna çağırmak zorundayım!

– Peki; yalnız amcan Ebu Leheb'i çağırma! Çünkü o kabul etmez.

❁❁❁

Ertesi gün Kâinatın Efendisi, bütün Abdülmuttalib oğullarını davet etti. Hepsi bir araya geldiler. Dede kökünden bütün aile kolları davette hazır. İçlerinde küfür kuduzu Ebu Leheb de var.

Nihayetsiz olan Mülkün Seyyidi, Kevser Havuzunun sahibi, Allah'ın biricik Sevgilisi İlahi emri tebliğe başladılar;

– Ey Abdülmuttalib oğulları! Ey Fihr oğulları! Eğer şu dağın ardında bir düşman var, sizi yağma etmek için gelmiş desem inanır mıydınız?

Hep birden cevap verdiler:

– Evet, inanırdık!

– Öyleyse ben, sizi önünüzdeki Kıyamet gününün azabıyla korkutmaya memurum, iman ediniz!

Hayret, dehşet, nefret.

Birden Ebu Leheb köpürdü, öfkeli öfkeli konuşmaya başladı:

– Bizi bunun için mi çağırdın?

Bununla da kalmadı. Yerden bir taş alıp, Allah'ın âlemlere Rahmet olarak gönderdiği Resûlü'nün üzerine atmak istedi ve söylendi:

– Yeryüzünde hiç kimse tanımıyorum ki, senin gibi, akrabasına ve yakınlarına böyle şeyler teklif etsin.

Sonsuzluk Nebisi, bu edeb dışı sövüp saymalara sükûtla karşılık verdiler.

Biraz sonra, nasipsizlerin en nasipsizi, küfrün en kuduz örneği, cihanın yüzkarası Ebu Leheb hakkında İlahi emir nâzil oldu. Cenâb-ı Hak, Kur'ân'da onun hakkında şöyle buyurdu:

– Ebu Leheb'in iki eli kurusun!

Bu korkunç tehdidi duyan küfür delisi, Allah Resûlü'ne büsbütün düşman kesildi.

YİNE DÂVET

Birkaç gün sonra Nebiyyi Muhterem, kendi öz büyük baba kolunu çağırtıp bunları daha tatlı ve yumuşak bir nüfuz yolu ile tecrübe etmek istediler.

Hz. Ali (kerremallahu vechehu) ye emir verdiler:

– Yâ Ali! Bir ziyafet hazırla ve buna yalnız Abdülmuttalib soyunu çağır!

– Peki, ey Allah'ın Resûlü;

Ziyafet hazırlandı. Abdülmuttalib oğulları, sofranın etrafında dizildiler. 40 kişi kadarlar.

Şevk ve zevk içinde yemekler yendi. Son lokmaların ardından kısa bir durak. Kâinatın Efendisi birdenbire hitap ettiler:

– Ey Abdülmuttalib oğulları! Ben bütün insanlara, hususiyle size gönderilmiş bulunuyorum. Sizi dile kolay gelen, tartıda ağır basan iki kelimeye çağırıyorum: O da Allah'tan başka İlâh bulunmadığına ve benim de Allah'ın Resûlü olduğuma şahid olmanızdır. İşte bu iki kelime dünyayı ve öteleri kefaleti altında tutuyor. İçinizde bu nimeti benimle paylaşmak isteyen kim var?

Ortalık donuverdi. Hayret. Dehşet.

Çıt yok.

İçlerinde en küçüğü Ali.

Cenâb-ı Ali ayağa kalktı.

Allah'ın Resûlü onu oturttular.

Bir daha kalktı.

Yine oturtuldu.

Üçüncüsünde Kâinatın Tacı Mukaddes elini Hz. Ali'ye uzattı.

Allah'ın Arslanı ve Evliyalar Sultanı topluluğa haykırdı:

– Ey Allah'ın Resûlü! Sana yardımcı ben olurum. Bu meclis-te en küçük olan benim! Belki vücudum bücür, kollarım cılız, bacaklarım sıska. Ama bu hâlimle ben yine size yardım etmeye hazırım! Haydi, davranın!

Manzara gerçekten yakıcı ve kül edici. Ulvî olduğu kadar da müthiş!

Hem de ne müthiş değil mi?

En olgun yaştaki büyükler büyüğünün hayata hayat getiren teklifi karşısında herkes çarpılıp kalıyor. Herkes, taptığı putlardan farksız, hareketsiz, mankafa. Fakat on küsur yaşında bir çocuk birden zıplıyor, hidâyet yönünü, ebediyet caddesini gösteriyor, kemikleşen ve nasırlaşan inad ruhunu yumuşatmaya çalışıyor, onları teşvik ediyor, İlahi devletin saadet burcuna iletmek istiyor.

Böyleyken, evet, böyleyken? Hâlâ nasipsizler gözyaşı içinde boğulmuyor.

Hiçbir çâre yok; Allah'ın mühürlediği kalbi kimse açamaz. Zift dolu vicdanlara hiçbir silâh işlemez.

İmandan mahrumiyet, işte kapkara durum,
Bu felâketli yolun sonu korkunç uçurum!

Yakıcı, Kül Edici
Bir Hâdise

Nesil nesil bütün insanlığa ve topyekûn beşeriyete Allah müjdesini getiren tek kişi; ve O tek kişinin karşısında, fert fert küfür ve dalâletini azgın bir kavmiyet hırsında ve putların barikatı arkasında toplayan bir kabile.

Kureyş kabilesi.

Yâni Son Nebi'nin içlerinden çıktığı kabile.

Ne kadar hayret verici bir tecelli ki, insanlığın kurtarıcısı, bu kabilenin içinden çıkıyor. Fakat şimdi onun en büyük düşmanı yine Kureyş topluluğu oluyor.

İdrak gözleri katranî bulutlarla kapalı olan insanlar bu İlahi devleti göremiyor, tecelliyi anlayamıyor.

Çamaşır leğeni kafalar, tavla zarı beyinler ve kamaşan akıllar. İşte insanlığın yürekler parçalayıcı hâli.

Hâlik-i Azîm'in muhterem peygamberi birgün Safa Tepesi'ne çıktılar. Orada, yüksekçe bir taşın üzerine dikilip mukaddes parmaklarını kulaklarına koyup seslendiler:

– Ey Kureyş topluluğu! Size, önemli bir haberim var!

Dört koldan, Mekke'nin kaynar havasını kamçılayan bu ses, kulaklarda yankılar yaptı.

Hayret. Dehşet. İbret.

Gürül gürül çağlayan bu ses Mekke'yi ürpertiyor:

– Ey Kureyş topluluğu! Size, önemli bir haberim var!

Soruyorlar birbirlerine:

– Kim bu seslenen?

– Muhammed (Sallallahû aleyhi ve sellem) Safâ Tepesi'nden sesleniyor!

– Demek O'nun sesi?

– Evet.

Herkes işini gücünü bırakıp koşuyor. Hayretle açılmış gözler bir şeyler arıyor.

Safâ Tepesi'nde gördükleri, vakar ve heybetin tâ kendisi, Allah'ın âlemlere Rahmet olarak gönderdiği Resûlü.

Elmas elmas pırıldayan mübarek gözlerle insanları süzüyor. Ve topluluk soruyor:

– Ey Muhammedü'l-Emîn! Ne haber var sende?

O dem Kâinatın Efendisi, mukaddes parmaklarını yandaki bir dağın zirve noktasına çevirip tane tane konuşuyorlar:

– Benimle sizin hâliniz; düşmanı görünce, ailesini haberdar etmek üzere koşan ve düşmanın, kendisinden önce ailesine yetişip zarar vermesinden korkarak (Yâ Sabâhâh!) diye haykıran bir adamın hâline benzer.

Ben, size şu dağın eteğinden veya şu vadiden atlılar çıkacağını, veya sabaha, akşama düşman baskınına uğrayacağınızı bildirecek olursam, bana inanır mıydınız?

Kureyş topluluğu hep bir ağızdan haykırıyor:

– İnanırdık! Çünkü sen yalan söylemezsin. Sende şimdiye kadar doğruluktan başka bir şeye rastlamadık!

Bunun üzerine varlığın sebebi olan Cenâb-ı Mustâfa (Sallallahû aleyhi ve sellem), mukaddes başı vecd içinde yükselmiş, şu taşları eritici, gönülleri yakıcı karşılığı verdiler:

– Öyleyse buna da inanın! Ben Allah'ın Resûlü'yüm! Size Rabbin risâletini tebliğe, Hak Dini bildirmeye, sizi kıyamet günüyle korkutmaya memurum! Buna da inanın öyleyse!

Ey Kureyş topluluğu! Kendinizi, Allah'dan satın alınız. Ben, size Allah'dan gelecek bir zararı ne önleyebilirim, ne de bir fayda sağlayabilirim!

Ey Abd-i Menaf oğulları! Kendinizi, Allah'dan satın alın!

Böylece Allah'ın Sevgilisi, Kureyş'in bütün kabilelerine seslenmiş oluyordu.

O ân küfür kuduzu Ebu Leheb atıldı:

– İşte Abd-i Menaf oğulları! Ne söyleyeceksen, söyle!

Allah'ın Resûlü tekrar hitap ettiler:

– Ben size önünüzdeki şiddetli azabın habercisiyim. Yüce Allah bana, en yakın akrabalarımı âhiret azabı ile korkutmamı emretti.

Sizi, **(La ilahe illâllahü vahdehû la şerîkeleh** = Allah'dan başka İlâh yoktur. O, birdir, O'nun eşi, ortağı yoktur.) diye şehadet getirmeye davet ediyorum! Ben de O Allah'ın kulu ve Resûlü'yüm.

Söylediğimi kabul ve tasdik ederseniz, Cennete gireceğinize taahhüd ve tekeffül ederim. Siz (La İlâhe İllâllah) demedikçe, ben size ne dünyada bir fâide, ne de âhirette bir nasîb sağlayabilirim!

Biraz evvel (sen yalan söylemezsin, sözünde sâdıksın) diyenler şimdi avaz avaz bağırıyorlar:

– Bizi bunun için mi çağırdın?

Ve öfkeyle oradan uzaklaşıyorlar.

Aklı kamaşan Ebu Leheb çılgına döndü. Yerden bir taş alıp Allah'ın Sevgilisi'ne fırlattı ve öküz gibi böğürdü:

– Helâk olasıca! Bizi bunun için mi buraya topladın?

Allah Resûlü'nün mübarek kalbi mahzun oldu. Ve Allah *(Azze ve Celle)*, Ebu Leheb'i lanetledi ve Cehenneme gideceğini bildiren "Tebbet Sûresi" ni inzal etti.

Ve şaşkın kâfirler nasipsiz nasiplerine doğru akıp gittiler.

Henüz çocuk denecek yaştaki Hz. Ali (kerremallahu vechehu), bu müthiş levhayı, sade gören değil, onu her sırrıyla anlayan ve yaşayandır.

Gönül evi hakikat incileriyle bezenen ateş parçası çocuk, kimbilir daha ne müthiş manzaralar görecek?

Cenâb-ı Ali (kerremallahu vechehu) hep Sonsuzluk Nebisi'yle beraber. Bir gölge gibi Allah'ın Sevgilisi'ni takip ediyor ve O'nun aydın bakışlarının ışığı altında büyüyor!

ÖYLE BİR ÇOCUĞUN BABASI

İrfan çiçekleriyle bezenmiş, iman devletiyle yücelmiş nur çocuk. Ve o çocuğun babası Ebu Tâlib, çözülmez bir ruh bilmecesi gösterir. O, bir eliyle İslama ve onun getiricisine siper olup ve her türlü yardımı ederken, öbür eliyle de, parmaklarını açamamasına küfre sarılmıştır.

Cihan günlerini Cennet sabahlarına döndüren Resûller Serveri'nin amcası Ebu Tâlib bütün ömrü boyunca mukaddes yeğenini küfre karşı korurken bizzat kendisini feda ettiğinden habersiz. Ömür trenini küfür rayları üzerinde sürüp giden talihsiz adam.

❁❁❁

Allah'ın mukaddes dini, Kureyşli nasipsizlere artık müthiş bir âfet gibi görünüyordu.

Örflerini, âdetlerini, ruhlarını, ahlâklarını ve ferdî hürriyetlerini perişan eden bir âfet.

Allah'ın Resûlü açıktan açığa insanları Rabbin birliğine davete başlayınca Kureyş'in düşmanlığı bir deniz gibi köpürdü. İslamın saadet havuzuna can atanlar attı ve gerisi, tam birlik hâlinde Kâinatın Efendisi'ne düşman oldular.

Sadece Ebu Tâlib, mukaddes yeğenini şefkat ve himaye yolundaydı. Fakat kuduz kâfirler zulüm çemberini gittikçe daraltıyorlar ve Müslümanlar üzerindeki baskıyı ağırlaştırıyorlardı.

Levlâke levlâk ufkunun nurlandırıcı güneşi Cenab-ı Ahmed'in etrafında birer saadet incisi gibi dizilen Müslümanlar azınlıkta, kâfirlerse büyük çoğunluktaydı. Müslümanlara cefa üzerine cefâ. Bütün gayeleri, İslama girenleri yollarından çevirip, dinlerinden döndürmek.

Böyleyken, Allah'ın Resûlü Ebu Tâlib'in yanına gidip din davetinde bulunuyor, Kureyş kâfirleri de toplanıp Ebu Tâlib'e gidiyorlar ve yılan dillerini uzatıyorlardı:

– Muhammed'i bize ver, hakkından gelelim!

Ebu Tâlib öfkeyle haykırıyordu:

– Hiç olur mu? Kardeşimin oğlunu size teslim etmek olacak şey mi? Eğer dişi deve yavrusundan yüz çevirirse ben de size Muhammed'i vereyim.

Allah'ın Sevgilisi ev ev dolaşıp hitap ediyorlar:

– İnsanoğulları! Allah size, yalnız kendisine ibâdet etmenizi ve hiçbir şeyi ona ortak koşmamanızı ferman ediyor!

Ardından gelen kuduz kâfir Ebu Leheb şu karşılığı yetiştiriyor:

– İnsanoğulları! Muhammed de size atalarınızın dinini bırakmanızı emrediyor!

Velid Bin Mugire adlı kuduruk da ilâve ediyor:

– Muhammed bir sihirbazdır!

Kureyş nasipsizleri ona uyup avaz avaz bağırıyorlar:

– O bir sihirbazdır!

– Şâirdir!

– Kâhindir!

Ne tarihin bildiği, ne de insanoğlunun hayâl edebildiği yüzsüzlük. Bu küfür delilerinden kimi Allah Resûlü'nün mukaddes yüzüne toprak saçar, kimi de evinin kapısına kandan izler çekerdi.

Bütün bu olup bitenler Hz. Ali'nin inciler dolu gönlünü kanatırdı. Daha çocuk olduğu için elinden bir şey gelmeyen Allah Arslanı ileride bu kâfirlerin imansız kafalarını koparacaktır.

❁❁❁

Birgün Kâinatın Tacı Kâbe yakınlarında secde vaziyetindeyken bir kâfir yanına yaklaştı. O mukaddes varlığa dile alınmaz ezalar etti. Hemen Sıddîk-ı Ekber koştu ve haykırdı:

– İnsanı Rabbim Allah dediği için mi öldürmek istiyorsunuz?

Kâinatta misli görülmedik şu eza levhasına bir göz atalım:

Âlemlerin Efendisi, Kâbe yakınında namaz kılmaktalar. Kâfirlerden bir topluluk da Harem'de oturuyor. Aralarından biri:

– Görüyor musunuz şu adamı?

Diye Allah'ın Sevgilisi'ni gösterdi ve ilâve etti:

– Aranızda kim, gider de, deve kestikleri yerden biraz kan, pıhtı ve bağırsak alıp şu namazdaki adamın sırtına koyar?

Betbahtların betbahtı, canavarların canavarı bir kâfir, kalktı, deve boğazlanan yere gitti ve dedikleri iğrenç şeylerden alıp geldi. Allah Resûlü'nün secdeye varmalarını bekledi. Tam secde ânında koştu ve elindeki her tarafından vıcık vıcık kanlar fışkıran leş parçasını, Allah'ın "Sevgilim!" diye hitap ettiği iki cihan güneşinin mukaddes sırtına koydu.

Bir kenardaki kuduz kâfirler hazlarından katıla katıla gülüştüler. Ebedî hayat müjdecisi ise başları secdede, öylece kaldılar. Birisi, bu canlar yakan hâdiseyi Peygamber kızı Hz. Fâtıma'ya haber verdi. Hz. Fâtıma-i Zehra (radıyallâhu anha) koşa koşa geldi, mukaddes babasının sırtındaki leş parçasını alıp kâfirlerin yüzüne doğru fırlattı, sonra onları acı acı azarladı. Peygamberler Peygamberi de namazlarını bitirip ellerini Allah'ın hacet kapısına açtılar ve nasipsiz kâfirlere beddua ettiler. Bedduada da tek tek isim saydılar:

– Ey Allahım! Kureyş'i sana havale ederim!

Muazzez sahabîlerden İbn-i Mes'ud (radıyallâhu anh) der ki:

– Vallahi ben gözlerimle gördüm: Allah Resûlü'nün mübarek sırtlarına leş parçaları konulduğu gün beddua ettikleri kâfirler, Bedir gazasında hep kılıçtan geçirildiler ve kuyuya atıldılar.

Allah'ın Resûlü'ne cefâ eden bu lânetlileri Bedir gününde sahabîler kırıp yere serdiler ve toprakla oyulmuş, kenarları taşla örülmüş derin bir çukur halindeki kuyuya, birer hayvan leşi gibi ayaklarından sürükleyip attılar.

Allah'ın Resûlü:

– Allahım, kuyuya atılan kâfirlerin ardına lanet yetiştir! buyurmuşlardır.

İşte Sonsuzluk Nebisi'ne kâfirler bu türlü ezayı reva görmüşlerdi. Cihanda hiçbir şey insanın yükseldiği yere yükselemez ve yine hiçbir şey insan kadar alçalamaz.

İşte insanlığın yüzkarası kâfirler.

BASKI

Mekke ileri gelenlerinden bir heyet kurdular. Maddî, manevî, ruhî, fikrî, iktisadî, içtimai, hâsılı her bakımdan hayatlarını allak bullak eden insanı susturmasını Ebu Tâlib'den isteyecekler. Heyet, aldığı karara göre, doğru, Allah Resûlü'nün hâmisi Ebu Tâlib'in karşısına çıktı.

Dediler ki:

– Senin yeğenin, cedlerimizin dinine, ahlâkına, âdetlerimize, yaşayışımıza, hayat tarzımıza, her şeyimize hücum ediyor! Seni bu hâle karşı tedbir almaya ve yeğenini korumaktan vaz geçmeye davet ediyoruz! Çaresi neyse düşün ve yerine getir! Artık vaziyet bildiğin gibi değil!

Heyet, ısrarında devam etti:

– Yeğenin zararlı bir meslek takib ediyor. Mekke'de sükûn ve birliği muhafaza edebilmek için O'nun ağzını kapat!

Ebu Tâlib, bu sert meydan okuyuşu birkaç gün oyalamayı becerdi. Kendisince muazzez, hakikatte mukaddes yeğenini sonuna kadar himaye azminden hiçbir şey kaybetmedi.

Allah'ın Sevgilisi, amcalarının himayesinden memnun. Rabbin risâletini tebliğe devam ediyor.

Kureyş kâfirlerinin düşmanlığı da günden güne artıyor.

Aralarından bir heyet seçtiler. Bu yeni heyeti, yeni ve en şiddetli emirlerle Ebu Tâlib'e yolladılar. Heyet bu defa Ebu Tâlib'i kıskıvrak bağlayıcı ihtarına hedef tuttu:

– Yâ Eba Tâlib! Bilmiş ol ki, yeğenin bu dâvadan vazgeçmeyecek olursa en şiddetli ve en ağır tedbir neyse ona baş vuracağız! İş Kureyş arasında bir iç muhabereye kadar varabilir. Son söz: Ya onu dâvasından döndür, yahut aramızda çıkacak kanlı boğuşmaya katlan!

Ebu Tâlib, heyete ne cevap vereceğini bilemedi. Sadece:

– Düşüneceğim! demekle yetindi.

Kâfirler köpürdü.

Peygamber amcası Ebu Tâlib mahzun mahzun, düşünmekte.

BİR ELDE GÜNEŞ, BİR ELDE AY

Cenâb-ı Ali'nin babası Ebu Tâlib, mukaddes yeğenini çağırttı.

Karşı karşıyalar.

Ebu Tâlib sızlana sızlana söze başladı:

– Kendine ve ailene müthiş bir belâ getirmemen için sana bir ricada bulunacağım.

O, içinde kâinat dolu mânâ, O, var oluşun hikmeti susuyor.

– . . .

– Senden rica ederim; bana kaldırabileceğimden ziyade yük yükleme!

O, susuyor.

– Kureyş uluları, anlattığın dinden vazgeçmeyecek olursan, aramızda kanlı bir boğuşma çıkacağını haber verdiler.

O zaman, Allah'ın Sevgilisi, topyekûn zaman ve mekânın ve bütün mahlûkatın Peygamberi, hayâl edilmez bir vakar, tevekkül, heybet ve irade tavrıyla buyurdular:

– Sağ elime güneşi, sol elime ayı verseler ve bu dâvadan vazgeçmemi isteseler, ben de öleceğimi bilsem yine vazgeçmem!

Ve Âlemin Fahri, uzun kirpikleri ıslak ve derin gözleri nemli, geriye dönüp uzaklaşmaya başladılar.

Kanının her damlasından asalet fışkıran, fakat bir türlü iman devletine ermeyen asil amca, Allah Resûlü'nün arkasından koştu. O'nu durdurdu, kendisine çevirdi ve haykırdı:

– Haydi git, dilediğin gibi dinini yay! Allah üzerine söz veriyorum ki, ben seni hiçbir zor karşısında yalnız ve müdafaasız bırakmayacağım!

Asıl ve derin babasının gerçek imana bir zar kadar yaklaşıp o zarı yırtamamasından mahzun olan Hz. Ali, bu son tecelliden memnun. Efendisi, müjdecisi ve kurtarıcısının dizinin dibinde. Yüzlerce, binlerce babayı bir araya getirseler O'na denk olamaz.

Hz. Ali'nin gözleri önünde cereyan eden bu hâdiseler onun eşsiz incilerle dolu gönlünü kanatıp duruyor.

Kureyşliler iyice anladılar ki, artık korkutmalarının hiçbir tesiri olmuyor. Ve Ebu Tâlib, ne pahasına olursa olsun, yeğenini korumaktan vazgeçmiyor.

Yeni bir tedbire baş vurdular:

Kureyş'in en güzel ve sevimli delikanlılarından birini Ebu Tâlib'e vermek karşılığında Kâinatın Efendisi'ni almak.

Ebu Tâlib, bu gülünç teklifi şiddetle reddetti ve kâfirlerin yüzüne öfkeyle haykırdı:

– Siz bana, kendi çocuğunuzu besletmek için vermek, benimkini ise öldürmek için almak istiyorsunuz! Bu ne münasebetsiz bir teklif!

❁❁❁

Artık Ebu Tâlib, Allah'ın Resûlü'nü müşriklere karşı korumakta devam. Aynı kolun en kudretli unsurlarından biri olan kuduz kâfir Ebu Leheb ise, Allah'ın Sevgilisi'ne düşmanlıkta, bütün düşmanlardan azılı.

Şu levhaya bakınız:

Zevcelerin en şevkatlisi temiz ve büyük Hatice, Kâinatın Tacına bütün gönül kapılarını açmış:

– Sen, diyor, kâfirlerin muamelesinden üzülme. Cahillik onların ana sıfatı. Bundan, senin tertemiz ve berrak ruhun bulanmasın! Bütün peygamberler bu çileyi çekmişlerdir. Allah yolunun çilesidir bu.

Ve bu mukaddes çileyi doldurmaya memur, O'nun büyük ruhu, bu sözlerle huzur ve emniyet duygusuna kavuşuyor.

KİN

Allah'a giden büyük çile yolu açılmıştır.

Mukaddes başlarına toprak saçanlar.

Evlerinin kapısına, beş parmaklarını canavar pençesi halinde kullanıp kan izleri çekenler.

Daha neler, neler.

O'na şair, O'na kâhin, O'na mecnun, Ona büyücü dediler; sökmedi.

Kâbe'de namaz kılarken, üzerinde fezayı taşıyan mukaddes sırtına bir deve leşinin necaset kesesi işkembesini koydular; tesir etmedi.

Küfür çukurunda çırpınan Kureyş nasipsizlerinin kin ve gayzını söndürmeye hiçbir deniz kâfi gelmez. Bu gözü dönmüş nasipsizlerin başbuğlarından küfür delisi Ebu Leheb, bu defa, hırsını teskin etmek için imkânları içinde ne varsa kullanmak azminde.

Utbe ve Uteybe isimli oğullarının ikisi de, evvelden Peygamber damadı. Birinde, Kânatın Efendisi'nin kızı Rukiye, öbüründe de Ümmü Gülsüm.

Nikâh olmuş, fakat zifaf olmamış.

Kuduz kâfir, oğlu Utbe'yi çağırdı ve şu emri verdi:

– Allah'ın Resûlü olduğunu iddia eden adamın kızı Rukiye'yi hemen boşa!

Utbe, henüz zifafa girmediği, Peygamberin kadri yüce kızı hakkında:

– Derhal, diyor; hemen boşarım!

Ve nasipsizler nasipsizi, Peygamber kızını boşadığı haberini, Peygamber evine gönderiyor.

Kuru kafalı küfür delisinin öbür oğlu Uteybe ise babasını tatmin etmek hususunda, kardeşi Utbe'den daha ileri gitmek istedi.

Şenaat müsabakasında tek ve birinci.

Peygamber kızını boşamak emrini alır almaz doğru Allah Resûlü'nün huzuruna çıkarak edepsizlikle en ileri bir lisanla haykırdı:

– Ben senin dinini inkâr edenlerdenim ve seni sevmem. Sen de beni sevmezsin! İşte bunun için kızını boşadım!

Kuduruk kâfir bununla kalsa iyi. Kâinatın Tâcı'nın üzerine bir sırtlan gibi saldırdı, yakasına yapıştı; O'nun Allah sevgisine ayna olan, gülden daha nazik ve çiçekten daha güzel yüzüne tükürdü.

Bugüne değin ne yer, ne gök, ne ins, ne cin böyle şenaat görmedi.

Âlemlerin Efendisi bu hâdiseden fevkalâde müteessir oldu ve ellerini Allah'ın hacet kapısına açıp Uteybe'nin cezalandırılması için Allah'a dua etti.

Zâlim ve hâin Uteybe, babası Ebu Leheb'le birlikte Peygamber kızını boşadıktan sonra çıktığı Şam seferinde cezasını buldu. Çölde bir canavar Uteybe kâfirinin karşısına çıktı. Onu parçaladı, vücudunu lime lime etti, beynini kumlara döktü.

Peygambere hakaret etmenin dünyadaki cezası. Ötelerde kimbilir daha ne cezalar çekecek.

Allah'ın sevgilisi, kadri yüce kızları Rukiye'yi, mü'minlerin ilklerinden, hayâ ve edep incisi Hz. Osman (radıyallâhu anh)'a verdiler. Rukiye'nin ölümünden sonra da Ümmü Gülsüm'ü Hz. Osman'a nikâhladılar.

Çile. Çile. Çile.

Bazı Müslümanların Habeş illerine hicreti, geriye kalanların da çile doldurmaya devamı.

Artık, şair, sahir, kâhin, mecnun sesleri Mekke sokaklarını taşırıyor.

Kureyş nasipsizleri kuduruyor. Çılgınlar yatağı hâline gelen Mekke bu vahşetle yanıyor. Kureyş ne yapsa kâr etmiyor. İslam, yürüyen bir dağ gibi karış karış geliyor. Bu dağ, bütün dünyayı dümdüz edeceğe benziyor.

Allah Resûlü'nün baş düşmanlarından biri de Rükâne adında bir kâfir. Pehlivan yapılı bu adam kendi güç ve kuvvetiyle gurur duyanlardan. Ve herkese tepeden bakanlardan. Mekke civarında Rükâne'nin sırtını yere getiren yok. Dev yapılı bir madde pehlivanı.

Birgün Allah'ın sevgilisi Mekke vâdilerden birinde tek başına bulunuyor. Kendi iç âlemine dalmış, yüce Rabbin ilahi hikmetlerini düşünüyor. Olacak bu ya. O gün Rükâne de o vâdilerde ve tek başına kibirli kibirli dolaşıyor ve gözleri etrafı süzüyor. Birden kâinatın tacı ile karşılaştılar. Sonsuzluk Nebisi son derece cesur bir peygamberdi. Öyle madde pehlivanlarından korkacak yaradılışa sahip değildi. Rükâne ile gözgöze geldiler. Hemen İlahi davetini yaptı:

– Ey Rükâne! Seni Allah'a imana davet ediyorum! Artık o büyük kudret sahibinden korkmaz mısın?

Dev yapılı kâfir sarsıldı.

İçinde bir gevşeme ve titreme hissetmeye başladı. Fakat çabuk toplandı. Nebiyyi Muhterem'e cevap verdi:

– Söylediklerinizin doğru olduğunu bilmiş olsaydım, belki sana tâbî olurdum; fakat nerede?

– Peki bugüne kadar yalan söylediğimi hiç gördün mü?

– Bilmem!

– Öyleyse bu sözüme de inan!

– İnanamam.

– Neden?

– Bu maceraperestliğiniz doğru olmadığınızı gösteriyor.

Gurur ve kibir heykeli kâfirin sözlerine üzülen Sonsuzluk Müjdecisi buyurdular:

– Peki seninle güreşir de galip gelecek olursam bana inanır mısın?

Kendisine son derece güvenen madde pehlivanı Rükâne, Allah Resûlü'nün teklifini sevinçle karşıladı:

– Buyurun meydana, bir güreş atalım!

Bütün zaman ve mekânın Peygamberi, Allah'ın Sevgilisi, nihayetsiz olan mülkün Seyyidi ile, Allah'a inanmayan bir müşrik tutuştular. Peygamberler Peygamberi bir tutuşta dev yapılı kâfiri yere vurdu. Rükâne'de hayret, dehşet, ibret.

Zavallı Rükâne neye uğradığını anlayamadı. Sonsuzluk Nebi-si'nin mukaddes yüzüne şaşkın şaşkın bakındı ve mırıldandı:

– Bir güreş daha tutalım!

– Pekâlâ!

Kâinatın Efendisi yine bir hamlede Rükâne'yi yere vurdu. Şimdiye kadar sırtı hiç yere gelmeyen Rükâne bu müthiş tecellî karşısında ne yapacağını şaşırdı. Allah'ın Resûlü buyurdular:

– Yâ Rükâne! Sözünde duruyor musun?

Rükâne cevap verecek halde değildi, ne diyeceğini bilemiyordu. Karanlık ağzını açıp deli deli konuştu:

– Hiç şüphe yok ki sen büyük bir sihirbazsın! Zira beni ancak bir sihirbaz yenebilir.

– Ey Rükâne, dedi; sana bundan daha harikulâde bir şey gösterecek olursam, bana bu kuvvet ve kudreti veren Allah'a iman eder misin?

– Göstereceğin şey nedir? Bir göster de bana kanaat verecek olursa, inanırım!

Nebiyyi Muhterem (Sallallahû aleyhi ve sellem) eliyle bir ağacı işaret etti:

– Şu gördüğün ağacı bir çağırayım, bak bana nasıl gelecek bir gör!

– Çağır bakalım, nasıl gelecek?

Bunun üzerine Allah'ın Resûlü ağaca hitap ettiler:

– Ey ağaç, Allah'ın izniyle bana gel!

Ağaç sanki canlı bir varlık gibi yeri yara yara Allah Resûlü'ne geldi.

Bu müthiş manzarayı gören Rükâne büsbütün kudurdu:

– Doğrusu bunun gibi bir sihir görmedim!

Diyerek küfründe inad etti.

Resûller serveri ağaca emretti, ağaç yerine dönüp gitti.

Sonra Allah sevgisine ayna olan mukaddes yüzünü Rükâne'ye döndürüp buyurdu:

– Artık bu kadar mu'cize karşısında Müslüman olmaz mısın? Yazıklar olsun sana!

Rükâne başı önde uzaklaşıp gitti.

İşte Allah'ın Resûlü müşriklerle böyle mücadele ediyordu. Ne yazık ki idrak gözleri katranî bulutlarla kapalı olan kâfirler bu İlahi Rahmetten istifade etmeyi bilemiyorlardı. Allah'ın mühürlediği kalbleri açmaya imkân yoktur.

Rivayet edildiğine göre:

Rükâne ancak Mekke Fethi'nde hidayete erebilmiş ve saadet kadrosuna dahil olmuştur.

Nedir bu can, nedir bu ten?
Anlarsın bir an düşünsen.

Bitmeyen Çile

Kureyş'in kanlı pençesi bu defa müdafaasız insanların gırtlağında.

Ammar İbn-i Yâsir'in Müslüman olan annesi Sümeyye bint Hubbât'ı tepeden tırnağa didiklediler. Kuduz kâfir Ebu Cehil, mübarek kadının başına bir darbe indirdi ve onu, cansız yere serdi.

Müslümanlıkta ilk mazlum ve şehit kadın.

Roma sirklerinin yerine Mekke meydanları, parçalayan arslanlar yerine kavuran güneş.

Sırtlarına, çıplak ten üzerine demir zırhlar geçirilmiş, güneşin bir yanar dağ kesildiği saatlerde açık kumlar üzerinde bekletilen mü'minler.

Aldıkları cevap:

– Allah Bir!

Bir cariyeyi o hâle getirdiler ki, gözleri görmez oldu. Karşısına geçip kahkahayla güldüler:

– Bize dön ve kurtul!

Dediler.

Fokur fokur iman kaynayan cariye avaz avaz bağırdı:

– Allah'a hamd olsun ben kurtulmuşum! Siz kurtulmaya bakın!

– Gördün mü, dediler; Lât ve Uzzâ gözlerini kör etti.

– Hayır, hayır! Gözlerimi perdeleyen Allah'dır; başkasını verecek olan da O.

Ve sabreden, imanında sadakat gösteren çilesini dolduran kadının gözleri açıldı.

Hz. HABBAB'IN ÇEKTİKLERİ

Küfür canavarları kanlı pençelerini Habbab isimli muazzez sahabînin de gırtlağına takmakta gecikmediler. O iman ve aşk kahramanına öyle cefâ ettiler, öyle işkenceye tâbi tuttular ki, böylesini ne yeryüzü görmüştür, ne gök yüzü.

Hatta Allah'ın Sevgilisi onun için Allah'a dua etmiştiler:

– Allahım! Habbab'a yardım et!

Demişlerdi.

Bu büyük Müslümana işkence yapanların başında, Esved b. Abd-i Yağus isimli lânetli geliyordu.

Kuduz kâfirler bir gün, Hazret-i Habbab'ın gözü önünde ateş yaktılar. O masumu alev alev yanan ateşin üzerine yatırdılar. Göğsüne ayaklarıyla bastılar; dininden dönmedikçe seni bırakmayız, dediler!

Aldıkları cevap şu oldu:

– Allah bir ve Resûlü hak!

Bu defa büsbütün canavar kesildiler. Ama ne yaptılarsa yine de onu iman ve İslam'dan döndüremediler.

İç gözlerine İlahi nurun sürmesi çekilen büyük sahabînin dilinden hep, hakikat incileri saçılıyordu. İrfan denizine gark olmuş yüce din eri arslanlar gibi kükrüyordu.

Hazret-i Habbab'ın, küfür canavarı As b. Vâil'de mühimce bir alacağı vardı.

Birgün ona gitti ve haykırdı:

– Artık şu alacağımı ver!

Küfür delisi kahkahayı bastı:

– Muhammed'i red ve inkâr etmedikçe, sana paranı ödemeyeceğim!

Habbab'ın (radıyallâhu anh) gür sesi ortalığı inletti:

– Ben her şeyden geçerim. Fakat Allah'ın Resûlü'nden vaz geçemem.

– Demek alacağından vaz geçiyorsun?

– İcap ederse onun için canımdan da geçerim.

Azılı müşrik, bu coşkun iman karşısında bakakalmıştı.

Nebiyyi Muhterem'in Peygamberliklerinin beşinci yılı.

Allah'ın Resûlü emir buyurdular:

– Çektiğimiz çile büyük. Dileyenler Habeşistan'a gitsin. O günlerde Hz. Ali 15 yaşında.

Büyük, derin, ulvî, ince delikanlı şahsiyetinin eşiğinde.

Hz. Ali (kerremallahu vechehu) nin bu devredeki hayatı, Kâinatın Efendisi'nin hayatı içinde erimiş. Ciğerlerine nefes nefes çektiği hava bile O'nun soluğudur.

Artık yepyeni bir tecellînin zuhuru bekleniyor.

Ebû Tâlib
Ölüm Döşeğinde

Nihayetsiz olan mülkün seyyidi, Kevser havuzunun sahibi, Allah'ın Sevgilisi 49 yaşlarında, Hz. Ali'ninki de 19.

Peygamber amcası ve Hz. Ali'nin babası Ebu Tâlib, 87'sinde, ölüm döşeğinde.

Başucunda, Allah'ın Resûlü, kardeşi Abbas, oğlu Ali.

Kâinatın Efendisi, Ebu Tâlib'e dalgın dalgın baktılar ve fısıldadılar:

– Amca, şehadet getir de, Kıyamet gününde sana şefaat edebileyim!

Ebu Tâlib gözlerini açtı, tekrar açtı; sonra doğrulur gibi yaptı ve başını mukaddes yeğenine doğru bıraktı. Ağır ağır:

– Kardeşimin oğlu, dedi; eğer Kureyşliler "ölümden korktu da Müslüman oldu" demeyecek olsalardı, seni sevindirmek için hemen İslama girerdim.

Şu çarpıcı levhaya bakınız:

Ölüm döşeğindeki ihtiyar şövalye, hâlâ dâvayı "korktu, korkmadı" plânında ele alıyor ve hâlâ işi yeğenini sevindirmek veya sevindirmemek gibi nefsanî hatır ve gönül sınırı içinde tutuyor. Tâ başından beri İslamiyete asla düşman olmamış ve İslam Peygamberini himayesine almış, onu gözünün bebeği gibi korumuş olan Ebu Tâlib'in bu hâli hayret vericidir.

Allah'ın Resûlü, Abbas ve Ali, üzgün üzgün bakışıyorlar.

Ruhunu teslim ederken Ebu Tâlib'in dudakları kıpırdar gibi oldu. O zaman Abbas, insanlığın tacına döndü:

– Kardeşimin oğlu, dedi; seni temin ederim ki, istediğin şehadeti getirdi.

Allah'ın Resûlü buyurdular:

– Ben işitmedim!

❀❀❀

Âlemlere Rahmet olarak gelen Allah'ın Resûlü, manzaradan o kadar üzüntü duydular ve bütün insanoğluna rahmet haznesi kalblerinde öyle bir ayrılık acısı hissettiler ki:

– Amca, dediler; Allah tarafından yasak edilmedikçe, daima sana mağfiret dileyeceğim!

Fakat Allah tarafından yasaklayıcı emir geldi:

– ***"Müşriklerin, o çılgın ateşin yaranı (cehennemlik) oldukları muhakkak suretle meydana çıktıktan sonra, artık onların lehine, velev hısım olsunlar, ne Peygamberin, ne de mü'min olanların istiğfar etmeleri doğru değildir."***[6]

Ve Allah (celle celâluh) buyuruyor:

– ***"Hakıykat sen (Habibim) her sevdiğini hidâyete erdiremezsin. Fakat Allah'dır ki kimi dilerse ona hidâyet verir, ve O, hidâyete erecekleri daha iyi bilendir."***[7]

İşte insanlığı topyekûn saran hikmet ölçüsü.

Var oluşun hikmeti, ölümsüzlük rehberi, gerçek hayatın kurucusu, yıkılmaz çatının mimarı Cenâb-ı Muhammed (Sallallahû aleyhi ve sellem) in amcası, Allah'ın Arslanı ve Evliyalar Sultanı Hz. Ali'nin babası Ebu Tâlib böyle gitti.

Yakıcı, çarpıcı, kül edici bir tecellî.

---

6 Tevbe, âyet: 113

7 Kasas, âyet: 56

O Ebu Tâlib ki, bir bahçivan edâsıyla gülistana hizmet etti. Hidayet güllerinin suyunu verdi, böceklerini temizledi, goncalarını yetiştirdi sonra bir demet toplayıp "al kokla!" dedikleri halde, bir nefes olsun koklayamadan ruhunu teslim etti. Böyle bir insanın nasibi sadece ağlatıcıdır.

Artık Hz. Ali'nin acısını ve üzüntüsünü hayâl ediniz. Ateş parçası delikanlının gözlerinden iplik iplik yaşlar nasıl akmaz?

Yüce Rabbimizin akıl ermez sırları.

❁❁❁

Zaman gelecek Abbas Müslüman olacak ve Allah'ın Resûlü'ne soracaktır:

– Ey Allah'ın Resûlü! Sana bu kadar yardım eden, şefkat gösteren insanın bu hareketlerinden kazanacağı hiçbir şey yok mu?

– Var, buyuracaklar Allah'ın Resûlü; ben onu Cehennemin tâ dibinde buldum ve en serin yerine çıkardım.

Bir kimse bir yere iyilik tohumu attı mı onun saadet başaklarını mizanda bulacaktır. Mizanda kötülükle beraber, hiçbir iyilik yoktur ki, teraziye girmeyecek olsun.

HÜZÜN YILI

Peygamberliklerinin onuncu yılı. Bu yılı andıkları zaman, Allah'ın Resûlü, şöyle derdi:

– Hüzün yılı.

Ebu Tâlib'in arkasından, Peygamber kalbini acıtan, yakan, kavuran bir ölüm daha.

Tam yirmibeş yıllık zevce. Kâinatın Efendisi'ne bütün varlığını teslim eden, Hz. Ali'ye de en sıcak annelik kucağını açan büyük kadın. İlk Müslüman; ve meleğin bizzat Allah'tan getirdiği selâma nail insan Hz. Hatice validemiz de öldü.

Namazını bizzat kıldırdılar; her şeye ve herkese saadet bahşeden gözlerinde billur billur yaş, (Haticetü'l-Kübrâ) nın üstüne atılan kara toprağa uzun uzun bakıp döndüler.

İlklerin ilki Hz. Hatice'yi toprağa verirken, Cenâb-ı Ali'nin de içi sızladı. En sıcak anne kucağından mahrum olmanın derin üzüntüsü içinde gözleri yaşlı. İslam'da ebedî dirim yolculuğuna çıkan, büyük ve eşsiz kadının bıraktığı boynu bükük delikanlı.

Ebu Tâlib'le Hz. Hatice (radıyallâhu anha) nın ölümlerini fırsat bilen Kureyş büsbütün kudurdu.

Allah'ın Sevgilisi'ne ve Müslümanlara ettikleri cefâ hadde hesaba gelmez oldu.

Nebiyyi Muhterem'in hakikat nuruna bakan mukaddes gözleri ufuklarda.

Muhite doğru ilk çıkış tecrübelerini Tâif'e doğru gösterdiler. İlk istikamet Tâif. Yanlarına, eski köle ve ebedî âşık, Harise oğlu Zeyd'i aldılar ve Mekke'ye birkaç konak yoldaki Tâif'e orada yaşayan Sakîf oymağına gittiler.

Kalbleri mühürlü insanlar Allah Resûlü'nün etrafını sardı.

Alık alık, şaşkın şaşkın, bakıyorlar.

Kâinatın nur mayası buyuruyorlar:

– Allah'a inanınız! Ortaksız ve benzersiz Yaradanı ve O'nun Resûlü'nü doğrulayınız!

Sefil Tâifliler, iman etmek şöyle dursun, Kâinatın Tâcı'nın başına taş yağdırdılar ve mübarek ayaklarını yaraladılar. Kandan nalınları boyandı. Eski köle ve ebedî âşık Zeyd bin Harise (radıyallâhu anh) atılan taşlara karşı kendisini perde ediyordu. Taş geldikçe o tarafa dönüyor ve Allah'ın Resûlü'ne dokunmasın diye karşı duruyordu. Zeyd'in başı da birkaç yerinden taşla yaralandı.

Muazzez sahabî Hz. Zeyd (radıyallâhu anh), Kâinatın Efendisi'ni korumak için ne kadar uğraştı ise de ikisi de tepeden tırnağa yaralandılar.

Bin zahmetle Mekke'ye döndüler.

MİRAÇ

Peygamberliklerinin onuncu yılında, Hz. Ali (kerremallahu vechehu) yirmisindeyken meydana gelen Miraç mucizesini, Allah'ın Resûlü, sahabîlerine anlatırken, bunların başlarında Hz. Ali vardır. Hz. Ali ve Hz. Ömer (radıyallâhu anh) in bulunduğu ve en ulu sahabîlerden birçoğunun imzalarını taşıyan "İsrâ" hadîsini, her mü'min, kalbinin en derin köşesine nakşetmiştir.

Miraç gecesinin sabahı. Kâinatın Efendisi, (İsrâ) yı haber verdiler. Dinleyenlerde hayret, dehşet, ibret. Mü'minler hemen kabul ettiler.

Haber, dalga dalga, tufan tufan Mekke'yi tuttu. Kâfirlerin çarpık yüzleri allak bullak. Henüz teslimiyet sırrının en büyük dehası Hz. Ebu Bekir (radıyallâhu anh) in haberi yok. Müşrikler bu müthiş haberi ona götürdüler:

– Yâ Ebâ Bekir, dediler; şimdi buna da mı inanacaksın?

– Bunları söyleyen O mu?

– Evet, O söyledi!

– O söylediyse doğrudur!

Çılgın müşrikler başları önlerinde Hz. Ebu Bekir'in yanından uzaklaştılar.

Cihan Sıddîk'ının bu ölçüsü ebedî metod.

– O söylediyse doğrudur!

MUCİZE

Miraçtan iki yıl evvel, ebedî hayat müjdecisi 48 ve Hz. Ali 18 yaşındayken, (İnşikak-ı Kamer) mucizesi meydana geldi.

Gökte ay, kendisine doğru kalkan ve bütün kâinat nizamına memur bulunan mukaddes parmağın işaretiyle ikiye bölündü ve Hira Dağı'nın iki yanında iki parça hâlinde görüldü.

Mehtaplı bir gece. Ayın on dördü. Ayın hayran hayran daldığı O ebediyet güzeli. Ve ay, O güzelin işaretiyle iki parça oluyor.

Etrafında, şaşkına dönmüş, çarpılmış, yıkılmış, mucize isteklisi karaltılar. Çeneler kirişsiz, ağızlar açık. Mü'minler en derin ve en ulvî hayranlık içinde tekbir getiriyorlar. Bu İlahi manzarayı seyredenler arasında Hz. Ali'yi hayâl edelim. O ki, her an her nefes, Allah'ın Sevgilisi'yle beraber.

YENİ ÇIĞIR

İki defa girişilen Habeşistan hicretinden sonra yol, Medine istikâmetinde yön bulmaya başlamıştı.

Allah'tan, küfre silâhla karşı çıkmak emri geldi. Ve bundan böyle karargâh Medine.

Levlâke Levlâk Ufku'nun nurlandırıcı güneşi, Mekkeli sahabîlerine emir buyurdular:

– Teker teker, üçer beşer, Medine'ye göç etmeye başlayınız!

Öncüler harekete başladı.

Bir devre sonra isimleri "MUHACİRLER" diye anılacak olan muazzez sahabîler bölük bölük Mekke'den çıkıp Medine yönünde yola revan oldular.

Mekke'de Allah'ın Resûlü'yle, yanından ayırmadığı Hz. Ali ve en sâdık dostu Hz. Ebu Bekir (radıyallâhu anh) den başka kimse kalmadı.

Kureyş kâfirleri, İslam'ın "DARÜ'L-ERKAM"na karşılık, öteden beri kendi meclis evi olan "Darü'n-Nedve" de toplandı.

Tartışıyorlar:

– Gittiler!

– Evet.

– Mekke'de O'ndan ve en yakın iki kişiden başka kimse kalmadı!

– Öyle!

– Artık bu son fırsattır!

– O'nu öldürmekten başka çare kalmamıştır!

– Gece evine girip işini bitirelim!

❀❀❀

Plân tamam. Gece varlık nurunun evine girecekler ve uykuda öldürecekler. Bir sürü sefil müşrik bu işi üstüne aldı.

Cenâb-ı Ali (radıyallâhu anh), Kureyş kâfirlerince Allah'ın Sevgilisi'ni paramparça etmek kararı verildiği o ân, O'nun, kâfir hücumuna karşı kendisine ayırdığı iki destekten biridir.

GECE

Kâinatın Efendisi her şeyi biliyorlar.

Gece. Hem de ne garip gece. Zifirî karanlık her yanı tutmuş. Her tarafta öldürücü bir sessizlik. Evlerinde Allah'ın Resûlü ve Hz. Ali 23 yaşlarındaki fokur fokur iman kaynayan ateş delikanlı.

Karşı karşıya oturmuşlar. Allah'ın Resûlü'nün mesafelere hayat veren mukaddes gözleri Cenâb-ı Ali'yi süzüyor. Aralarında sessizliğin çağlayanı, nağme nağme köpürerek akıyor.

Nihayetsiz olan mülkün seyyidi:

– Yâ Ali, dediler; Ben Allah'ın emriyle Medine'ye hicret ediyorum!

– Evet, ey Allah'ın Resûlü!

– Sen birkaç gün daha burada Mekke'de kalacaksın. Bendeki emanetleri tek tek sahiplerine teslim edecek ve yola çıkıp bana yetişeceksin!

– Evet, ey Allah'ın Resûlü!

– Şimdi ben gidiyorum! Sen benim yatağıma yat! Böyle icap ediyor!

– Başüstüne, ey Allah'ın Resûlü!

Allah'ın Arslanını yatırdılar ve bir köşeye çekilip "Yâsîn" sûresini tilâvete başladılar.

Mukaddes dudaklarında, şu âyet:

– "Biz onların önlerinden bir sed, arkalarından bir sed çektik. Böylece onları sarıverdik. Artık görmezler."[8]

Âyeti okuduktan sonra ayağa kalktılar. Hazret-i Ali'ye veda ettiler, kapıyı araladılar ve sessizce dışarı süzüldüler.

Peygamber evinin civarında karaltılar. Hain bükülüşler, hançer hançer bakışlar, etrafı kolluyor. Pencereden göz attıkları odada, Kâinatın Efendisi'ni yatakta biliyorlar. Başına yorganı çekmiş, huzur ve sükûn içinde uyumakta.

Efendiler Efendisi, hiç ses çıkarmadan kapıdan çıktı. Dudaklarında ve kalblerinde aynı âyet, yerden bir avuç toprak alıp, hain büzülüşler içinde bekleşen kâfirlerin üstüne doğru serpti. Ve metanetle yürüyüp sokağı bitirdi, köşeden saptı ve karanlıklar içinde uzaklaşıp gitti.

Toprağın serpildiği küfür delilerinden hiçbiri en küçük bir şey hissetmemiş, sadece görüş ve anlayışlarının perdelenmesiyle kalmıştır. O kadar hissiz ve şuursuz varlıklar hâline gelmişlerdi ki, sanki önlerinden bir insan değil, bir rüzgâr, bir gölge, bir buğu geçmiştir.

Muazzez sahabîlerden İbni Abbas (radıyallâhu anh) diyor ki:

– O gece Allah Resûlü'nün saçtıkları topraktan kimin üzerine isabet ettiyse o, Bedir cenginde kılıçtan geçti.

ALLAH'IN MELEKLERE EMRİ

– Koşun, Ali'yi korumakla vazifelisiniz!

Allah'ın yüce fermanıyla Cebrail ve Mikâil gökten indiler. Cebrail (a.s.), Ali'nin başucuna, Mikâil (a.s.) de ayak ucuna geçti. Cebrâil'den Hz. Ali'ye hitap:

– Yâ Ebâ Tâlib'in oğlu! Saadet sana olsun ki, Allah, Meleklerine seninle övünüyor.

---

8 Yâsîn, âyet: 9.

Ve bu münasebetle inen âyet.

– ***"İnsanlardan öyleleri de vardır ki, nefslerini Allah'ın rızası yolunda satın alırlar."***[9]

Saadet hanenin çevresindeki kâfirler hâlâ kapıdalar. Birdenbire içeriye dalmaya cesaret edemeyip biraz daha vaktin geçmesini, ortalığın ışıldamasını ve yatakta farzettikleri Allah'ın Resûlü'nün uyanmasını beklediler.

Hâin kâfirlerin kör gözleri hep pencerede.

Aralarında hiç konuşmadan, nefes bile almadan bekliyorlar.

Uzaktan, tıpkı kendileri gibi kâfirin biri göründü. Küt küt yürüyerek geldi. Ve eliyle yerleştirmiş gibi, hissiz ve duygusuz bekleyen sefillerin önünde durdu. Karanlık ağzını açıp avaz avaz bağırdı:

– Ne bu hâliniz? Kimi bekliyorsunuz?

– Sus sus! Ne yapıyorsun? İçeriden duyulur!

– Duyulacak veya duyulmayacak bir şey yok! Siz söyleyin ne bekliyorsunuz?

– O'nu bekliyoruz!

– Ne yapacaksınız?

– Ânı gelince eve girip işini bitireceğiz!

Karanlıkta, yeni gelen sefil adamın kahkahalarından şimşekler çakmaya başladı. Adam, kah kah, gülüyordu:

– O, sizin hâlâ beklediğiniz, çoktan çıkıp gitti! Ey sersemler, siz ayakta uyuyun, durun!

Kâfirler dondu.

Hep beraber kapıya yüklenip içeriye daldılar. Kâinatın Efendisi'nin mübarek yatağında bir vücut. Ellerinde kılıç, ok ve kamalar, örtüyü çekiverdiler.

---

9 Hâşiye: Bu âyetin Hz. Suheyb-i Rûmî hakkında nâzil olduğu da söyleniyor. Bakara, âyet: 207.

Hazret-i Ali. İmânın billûrlaşmış nurdan âbidesi Hz. Ali (kerremallahu vechehu), mahmur gözlerini oğuşturuyor ve soruyor:

– Ne istiyorsunuz?

– O'nu, Efendini!

– Beklediğiniz çoktan çıkıp gitti!

– Nasıl olur?

– Oldu işte!

– Peki nereye gitti?

– Bilmiyorum!

– Söyle!

– Bilmediğim şeyi söylemeye memur değilim!

Suikastçı kâfirler ok gibi kapı istikâmetinde sokağa ve karanlığa saplandılar. Her tarafı didik didik ediyorlar.

Levlâke Levlâk Ufku'nun nurlandırıcı Güneşi Cenâb-ı Ahmed (Sallallahû aleyhi ve sellem), en büyük sıddîkiyet ve teslimiyet örneği Hz. Ebu Bekir (radıyallâhu anh) in kapısında. Ebedî âşık ve en sâdık dost Hz. Ebu Bekir (radıyallâhu anh), Allah Resûlü'nün bu şereflendirişi karşısında, hayrette; bütün gönlünü ve varlığını âlemler Efendisi'nin hizmetine sermiş:

– Buyursunlar, ey Allah'ın Resûlü!

– Medine'ye göç emri verildi, yâ Ebâ Bekir, gidiyorum!

– Anam babam sana feda olsun; ben de beraber miyim, ey Allah'ın Resûlü?

– Evet, yâ Ebâ Bekir!

Sıddîk-ı Ekber, saadetin son noktasında. Gözlerinde elmas elmas yaş, rica ediyor:

– Binilecek iki devem var! Biri senin biri benim, ey Allah'ın Resûlü, kabul buyur?

Hz. Ebu Bekir (radıyallâhu anh) in nice hediyesini kabul etmiş bulunan Kâinatın Efendisi, bu defa, hicreti nefsiyle ve malıyla tamamlamak için devenin parasını ödeyip aldılar.

❀❀❀

Hazret-i Ebu Bekir (radıyallâhu anh) in müstesna kızı, ileride Peygamber zevceleri arasında en müstesnası Hz. Âişe babası tarafından çağırılıyor:

– Âişe, yol eşyamızı hazırlayın!

Aceleyle giyecekleri ve yiyecekleri hazırlanıyor. Allah'ın Resûlü ve Allah Resûlü'nün en büyük dostu, yanyana, hemencecik yola revan oluyorlar.

Mekke dışındalar.

Uçsuz bucaksız kum denizi. İki çift ayak kumlara batıp çıkıyor. Kumlar, bu iki çift ayağı öpebilmek için, yürüdükleri istikamette, karış karış kuyruğa girmiş gibidir.

YOLLARDA

Güneşin ilk ışıklarıyla beraber Mekke çalkalanmaya başladı. Mekke'de kasırga. Mekke'de öyle bir fırtına koptu ki, kâfirler deliye döndü. Duran adamın karşısında dişlerini gösteren ve hırlama tecrübeleri yapan mahlûk, o adam ardını dönüp yürümeye başlayınca nasıl köpürür?

Öyle köpürdüler.

Küme küme, grup grup toplandılar, heyecanlı heyecanlı konuşuyorlar:

– Gittiler ha! Nasıl olup da kaçabildiler? Bizimkilerin başına ne geldi ki, avucunun içindeki adamı kaçırdı?

Ve uzaklaşan mukaddes yolcuların ardından dört bucağa saldırdılar. Bütün yolları, bütün istikametleri didik didik ettiler, her tarafı vıcık vıcık aradılar, taradılar.

Ele geçirebildikleri hiçbir şey yok.

Yok, yok, yok!

O eşsiz güzeli yakalayıp getirecek olana yüz deve mükâfat vâdettiler.

Kâfirlerin domuz burnu, kumlardaki ayak izlerini bir bir eleyerek, çölü kum kum inceliyor.

Bu defa yine Hz. Ali'nin başına üşüştüler. Onu fena halde kıstırıp ip ucu koparmaya çalıştılar:

– Söyle, Efendin nereye gitti?

– Bilmediğimi söyledim!

– Muhakkak biliyorsun!

– Muhakkak bilmiyorum!

– Nasıl olur, bir şey bilmemen kabil mi?

– Bilmediğimi biliyorum!

Bütün sıkıştırmalarına rağmen, Hâşim ve Abdülmuttalip kolunun en soylu halkalarından Allah'ın Arslanı Ali (radıyallâhu anh) ye bir şey yapamadılar.

İlim ve hikmet kutbu Cenâb-ı Ali (kerremallahu vechehu), Allah Resûlü'ndeki emanetleri sahiplerine teslim ederken, ilk serinin sonuncu muhaciri olarak Mekke'den çıkmaya hazırlanıyor.

Sevr Mağarası'nda olup bitenleri "Hz. Ebu Bekir" isimli eserimizde anlatmıştık.

Şimdi ondan sonrasına devam edelim:

Mekke'de Hz. Ebu Bekir (radıyallâhu anh)'in kızı Esma. Sefiller, onun evinin kapısını sardılar avaz avaz bağırıyorlar:

– Söyle, baban nereye gitti?

– Bilmiyorum!

– Bilirsin, bilirsin de söylemek istemiyorsun.

– Bilmiyorum, dedim ya!

Putperestler zavallı kızın iman aynası berrak yüzüne tokadı yapıştırdı, kulağından küpesi düştü.

Cenâb-ı Ali (radıyallâhu anh), bütün işlerini tamamladı, gizlice Mekke'den çıktı ve Medine istikametinde hızlı hızlı yol almaya başladı.

Dağlar, dereler, çöller aştı.

Nihayet Medine yakınlarındaki Kubâ köyü.

Kubâ'ya Medine'den ırmak ırmak insan akıyor. Köyde garip bir kaynaşma.

Kevser sakisi Hz. Ali (radıyallâhu anh), uzaktan bir fevkalâdelik yaşandığını anladı Kubâ'ya girer girmez öğrendi ki, bütün insanoğluna Allah Müjdesini getiren Efendisi oradalar. Tehlike geçtikten sonra mağaradan çıkmışlar, develerini ve kılavuzlarını bulmuşlar, Medine'ye doğru yol alıp Kubâ'ya varmışlar. İşte şimdi Kubâ isimli köydeler.

Allah'ın yüce hikmetine bakınız ki, İslam'ın ilk mescidi bu köyde yapıldı.

Mescit çabucak kuruldu ve Allah Resûlü tarafından şöyle sıfatlandırıldı:

– "Temeli takvâ üzerine atılan mescit." Peygamberler Peygamberi'nin, muazzez sahabîleriyle toplanıp açıkça namaz kıldıkları ilk ibâdet mekânı olan "Mescid-i Kubâ" da irfan denizine gark olmuş din eri Hz. Ali (radıyallâhu anh), elleri göbeğinin üstünde ve kalbi sonsuzluk âleminde, kâinat imamının arkasındaki ilk safta.

KUBÂ'DAN HAREKET

Kubâ köyünden hareket eden Peygamber kafilesi, içinde Hz. Ali ve yüzlerce sahabî, biraz ileride Salim bin Avf'lara ait topraklarda durdu. Orada, vadinin ortasında, ilk açık ve her şartı yerinde Cuma namazı kılındı.

Tam o vadide, bir mescit yükselecek ve ismine "Cuma Mescidi" denecektir.

İlk cuma namazının ilk hutbesi. Allah'ın Sevgilisi buraların ve ötelerin en ince hikmetleri üzerinde konuşuyor:

– "Ey insanlar! Sağlığınızda âhiretiniz için tedarik görünüz. Muhakkak biliniz ki, kıyamet gününde birinin başına vurulacak ve çobansız bıraktığı koyundan sorulacak, sonra Cenâb-ı Hak ona diyecek, amma nasıl diyecek, tercümanı yok, perdedarı yok. Bizzat diyecek ki, sana benim Resûlüm gelip de tebliğ etmedi mi? Ben sana mal verdim, sana lütuf ve ihsan ettim, sen kendin için ne hazırladın? O kimse dahi sağına soluna bakacak, bir şey görmeyecek. Önüne bakacak, Cehennem alevler içinde karşısında duruyor. Öyle ise her kim ki, kendisini velev ki bir yarım hurma ile dahi olsun ateşten kurtarabilecek ise, hemen o hayrı işlesin, onu da bulamazsa güzel söz ile kendini kurtarsın. Zira onunla bir hayra on mislinden yediyüz misline kadar sevap verilebilir. Vesselâmü âlâ Resûlillâhi ve rahmetullahi ve berekâtühû."

Kâinatın Efendisi'ni vecd ve hayranlık içinde dinleyen sahabîlerin ve Hz. Ali'nin gözlerinden billur billur yaşlar aktı.

Nebiyyi Muhterem (Sallallahû aleyhi ve sellem) cuma namazından sonra develerine bindiler ve etraflarında halka halka sahabîleri ve yanı başlarında Hz. Ali (radıyallâhu anh), Medine'ye hareket ettiler.

Resûller Serveri'nin:

– ***"Ben hikmetin eviyim, Ali de onun kapısıdır!"***

Buyurduğu, ilim ve hikmet kutbu Cenâb-ı Ali (radıyallâhu anh) Âlemler Efendisi'yle Peygamber beldesine gidiyorlar.

MEDİNE

Medine cıvıl cıvıl kaynıyor. Gözlerine İlahi nurun sürmesi çekilen Müslümanlar, evlerinin kapısını açmış, Allah'ın Resûlü'nü davet ediyor. Fakat Resûller Serveri hiç birini seçmeyip işi develerinin duygusuna bıraktılar:

– Bakalım, devemiz hangi evin önünde çökecek? Oraya ineceğiz.

Deve, mübarek hayvan. Evvelâ iki öksüz kardeşe ait boş bir arsada çöktü; sonra kalkıp biraz ilerledi ve muazzez sahabîlerden Hz. Ebâ Eyyubü'l-Ensârî'nin evinin önünde yere oturdu ve bir daha kıpırdamadı. Devenin ilk çöktüğü yer Peygamber Mescidi, ikincisi de inecekleri ev olarak seçildi.

İlim ve hikmet kutbu Cenâb-ı Ali (kerremallahu vechehu) yi, öbür muhacir sahabîler gibi, Medineli Müslümanlardan biri misafir etti; Medine ve Medineliler için ne devlet ki, göklerden yere inen nur, Medine üzerinde karar kıldı.

Medine artık nur yuvası hâline geldi.

Medine halkının mukaddes misafirlerini karşılamaları, ana baba günü çapında bir saadet ve çiçek bayramı oldu. Perde arkasından çıkmayan kadınlar, evlerinin damlarında sıralanmış, bir ağızdan nağme nağme şiirler okumuşlardı. İlahi bir beste hâlinde dudaklardan şu mısralar dökülmüştü:

"Medine'nin veda yokuşu başından,
Üzerimize ayın ondördü doğdu!"

Mini mini çocuklar da, yalınayak, başı kabak, sokak sokak koşuşmuş, bağırmışlardı:

– Allah'ın Resûlü geldi, Allah'ın Resûlü geldi!

Ya genç kızlar? Onlar da bütün gönül kapılarını saâdetli misafirlerine açmışlar, Arap geleneğince, ellerinde defler, ortaya çıkmışlar, şenlik yapmışlardı.

Kâinatın Efendisi, önlerinden geçerken dudaklarında hayâl üstü zarif bir gülümseyiş, küçük kızlara sormuşlardı:

– Beni seviyor musunuz?

– Evet, ey Allah'ın Resûlü, seni seviyoruz!

– Benim kalbim de sizi seviyor!

Hz. HALİD'İN EVİ

Nihayetsiz olan mülkün seyyidi, Ebâ Eyyubü'l-Ensârî Hazretleri'nin evinde 7 ay kaldılar. Devenin ilk çöktüğü yer sahiplerinden alındı ve oraya Mescid-i Saadet yapıldı.

Peygamber Mescidi'nin inşası işinde Hz. Ali (kerremallahu vechehu) en şevkli çalışanlardan. Ellerinde kerpiç, çakıl, taş, dudaklarında mısraların en güzeli, durmadan ve dinlenmeden gidip geliyor.

Ufuk, gaye ve insan, Peygamber de mescide bizzat malzeme taşıyor ve mukaddes dudaklarından şu mısralar dökülüyor:

"Pak olan yürekler bunlardır;
"Ticaret malı Hayber yükleri değil.
"Bu, âhiret ticaretinin yolu ve sevap bunda.
"Yâ Rab, Ensâr ve Muhacirlere sen rahmet eyle!"

Allah Resûlü'nün mübarek ağızlarından, bundan başka bir şiir serpildiği görülmedi. Kendisine Kur'an nazil olan, bu bir kerecik vecd ve şevk ânı müstesna, şiir söyleyemezdi.

Eski ismi Yesrib olan bu şehir, artık Peygamber beldesi nurlu "Medine."

İnsanlığın Efendisi gibi, delikanlı Hz. Ali'nin de ikinci ve sonuncu vatanı.

Mekke'den hicret ederek Medine'ye gelen sahabîlere "Muhacirler" ismi verildi. Medineli sahabîlerin ismi de "Ensâr - Yardımcılar". olarak şekillendi.

Allah'ın Arslanı ve evliyalar sultanı Hz. Ali (radıyallâhu anh), Peygamber otağının son ferdi olarak, kâinatın tâcı'nın hemen ardından yola çıkışlarıyla, muhacirlik şeklinde de büyük bir hususiyete mâlik.

O ateş parçası delikanlı, Resûller Serveri'nin yatağında, ölüm tehlikesine karşı kendisini O'nun yerine koymak gibi bir sadakat ve fedakârlık misali olmakla kalmıyor. Tek başına, her tanesi ateşten bir akrep, kızgın demirden bir çivi, taban ısıran, alev saçan kumlar üzerinde 400 kilometreyi aşıp Allah'ın Resûlü'ne erişmek borcunu da yükleniyor.

Alev kusan kayalar, beyinleri delen güneş, bitmek bilmeyen kum çölü.

Sadece geceleri, sabah ve akşam serinliğinde yollara düşüp, güneşin aman vermez kılıcını sıyırdığı saatlerde iki kaya parçası altında veya kovuklarda gizlenmek.

Ayrıca müşriklerin takibinden saklanmak. Sonra ortalığa gölgelerin ağı düşünce yola revan olmak, vahşi hayvan ulumaları ve yırtıcı kuş ötüşmeleri arasında, mesafelerin bitmez tükenmez şeridini çekmek. Ve bütün bunları Mekke'deki eza ve cefâlardan sonra yapabilmek.

Evet, Allah'ın Arslanı olmaya mahsus bir hususiyet.

Arkadaş! Nefsin başını kalem keser gibi kesmedikçe aşk yoluna ayak atılmaz. Aşk arslanıyla cenk etmek herkesin kârı değil. Bu yolda can da gider, ten de.

Eşsiz Peygamber incisi Cenâb-ı Ali (kerremallahu vechehu), Kubâ köyüne geldiği zaman ayakları yara ve kan içindeydi. İnsanlığın kurtarıcısı, bu kan peltesi ayakları görünce gözlerinden elmas elmas yaşlar akıtmıştı:

– Müjde olsun, ya Ali! Senin hayatın ve ölümün benimledir.

Buyurmuştu.

Allah'ın biricik Sevgilisi'nin ipek ayaklarıyla, yeğeni ve Peygamberlik ilmi beldesinin kapısı Cenâb-ı Ali (kerremallahu vechehu) nin kan peltesi ayakları Mekke ve Medine arasında harekete geçerken, bütün insanlığı da peşlerinde ırmak ırmak akıtıyorlardı. Artık insanlığın kalbi Medine'de atacaktı. Gökten yere inen nur Medine'de karar kılmıştı.

Hicretin beşinci ayında, Allah'ın Resûlü, Mekkeli sahabîlerle, Medineli sahabilerin birçoğunu birbirine kardeş ettiler. Kardeş ki, hem ne kardeş. Ne tarihlerin bildiği, ne de insanoğlunun hayâl edebildiği gerçek kardeşlik. Birbirinin mirasından pay almaya kadar.

Fakat İlahi ferman nâzil olacak ve kan birliği dışında mirasta kardeşlik yasak edilecektir.

Peygamber ölçüsü:

– Bütün Müslümanlar kardeştir!

BENİM KARDEŞİM YOK MU?

Kardeş tutma işinde Hz. Ali (radıyallâhu anh) açıkta kalmıştı. Ne hikmetse ona hiç kimse kardeş gösterilmemişti.

Hz. Ali boynu bükük, mahzun mahzun, birgün Allah Resûlü'nün huzurunda:

– Benim, dedi, kardeşim yok mu?

Levlâke Levlâk Ufku'nun nurlandırıcı Güneşi Cenâb-ı Mustafa buyurdular:

– Senin kardeşin benim!

Ve diğer bir hadîsi şerif:

– Ali (r.a), dünya ve âhirette kardeşimdir.

Taberani'nin Hz. Cabir (radıyallâhu anh) den rivayet ettiğine göre bir hadîsi şerif de şöyledir:

"Cennetin kapısında: Lâilâhe illâllah Muhammedün Resûlüllah. Ve Ali, Resûlüllah Sallâllahü Aleyhi ve Sellemin kardeşidir, diye yer ve gökler daha yaratılmadan iki bin yıl önce yazılıdır."

Cenâb-ı Ali (kerremallahu vechehu), Sonsuzluk Nebisi'nin nasıl kardeşi olmasın ki, nübüvvetin geldiği Pazartesi gününden sonra Salı günü iman etmiş ve yedi yıl gizli namaz kılmıştır.

Hz. Ali, Peygamber beldesi Medine'de, Peygamber Mescidi tarafındaki hücrelerden birinde, kendisine gösterilen yeni mekânında, Peygamber evinin en şanlı temsilcilerinden biri olarak kaldı. Her an ve her nefes şanlı ve ebedî Peygamberimizin aydın bakışlarının ışığı altında yaşadı.

Peygamber evinin öz yuvasında, 23 yaşındaki Cenâb-ı Ali'den sekiz yaş küçük ve artık gelişmiş bir kız vardır ki, altın başaklı lâleleri bile kıskandıracak güzelliktedir. Beyaz buğday benizli, incecik kaşlı, gür kirpikli, kapkara gözlü, mukaddes babasının benzeri, kadınların Efendisi, Hz. Fâtıma (radıyallâhu anha).

Seher vakti bir bahçenin ağaçları arasında bir gül nasıl açılıp âleme güzelim miskler saçarsa, insanlık bahçesinin içinde de Hz. Fâtıma-i Zehra odur. Güller bahçelere nasıl kokular hediye ederse, Peygamber kızı derin ve ince Fâtıma da kadınlık dünyasına yıldız gibi goncalar serper. O öyle bir yaradılışa sahip ki, onun güzellik ışığı denizleri delip geçer de gönül gemilerine kurtuluş sahilini gösterir.

Sonsuzluk Nebisi buyuruyorlar:

– ***"Fâtıma, Cennet kadınlarının efendisidir"***[10]

O, Hz. Ali'nin Mekke'de Nebiyyi Muhterem tarafından eve alındığı yıllarda dünyaya geldi. Mukaddes babasına Peygamberlik geldiği devrede bebekliğini yaşadı. Mini mini, altın topu gibi bir küçük kızken annesi Haticetü'l-Kübrâ'dan öksüz kaldı. Çocuk Ali ile beraber büyüdü. Cenâb-ı Ali'nin ilk delikanlılık çağında olgunlaşmaya başladı.

---

10 Buharî

Şanlı ve Ebedî Peygamberimizin aydın bakışlarının ışığı altında büyümek ne demektir?

Fâtıma-i Zehra (radıyallâhu anha), Peygamber evinin müşterek çatısı altında, birgün bu evin nur soyuna yol açmak üzere, bilmeden, ilahi hikmet icabı, Hz. Ali'yi beklemektedir.

Sıyrılan Kılıç

Artık İslam şevket yolunda ve gittikçe kuvvetlenmekte. Küfür kanserini kökünden biçmek üzere bizzat şifa ve merhametten ibaret olan İslam kılıcı, Allah'ın emriyle, hicretin yedinci ayında kınından çekilmeye başlıyor.

Yedinci ve sekizinci aylarda, Kureyş kervanları üzerine, beyaz bayrak kafilelerle hareket ve cenge girişilmeden geriye dönüş.

Bunun gibi birkaç küçük teşebbüs daha.

Bedir köyüne kadar uzanış ve düşmanı bulamamak yüzünden dönüş. Beyaz sancak Hz. Ali'de.

Bedir köyüne kadar uzayan bütün hareketler. Bütün bu gidiş gelişler.

Derken, o güne kadar Kudüs istikameti olan kıblenin değişmesi ve Kâbe'ye dönmesi.

Kıble değişmesinden bir ay sonra ramazan orucunun farz kılınması.

İmam-ı Ali (kerremallahu vechehu) nin, bütün gönlüyle kucakladığı ve ömrünce gıdalandığı ibâdet. Aslî kıble tecellisinin peşinden, nefsi kırbaçlamanın ibâdet şekli olan oruç.

Dört isimli Bedir başlamak üzere.

Bedir GAZASI

Dört ismiyle, Büyük Bedir, Koca Bedir, İkinci Bedir, Kanlı Bedir. İslamın küfre karşı ilk büyük harbi ve İslam kılıcının büyük örsü Bedir.

Mekke taraflarında meşhur bir köy ve orada bir kuyu. Bedir.

İman kınından sıyrılıp çekilen bu kılıç, Bedir gazasında dövüldü ve sonra bütün insanlığa, ucunda ebedî şifayı taşıdı. Yemen'den tutun da tâ Bizans'a, Hindistan'dan İspanya'ya kadar üç kıtayı şahdamarlarından birbirine diken İslam kılıcı, ilk defa Bedir gazasında ateşe girdi, dövüldü ve ebedî hareket suyunu orada içerek elmaslaştı.

İşte bu sebeple, Bedir cenginde bulunan bir sahabî sonraki gazaların şerefini topyekûn nefsinde toplar ve üstünlerin üstünü sayılır. Hz. Ali (radıyallâhu anh) de bunların içinde. Bedir şehametinin başlıca kahramanlarından biri olmuştur.

Bedir'e destanlık çapında bir kahraman arıyorsanız, o da, Hz. Ali'dir.

HAREKET

Başta Allah'ın âlemlere en büyük kurtarıcı olarak gönderdiği Resûlü, etrafında halka halka sahabî, Ramazanın onikinci günü Medine'den hareket ettiler.

Hepsi 300 kişi veya biraz fazla. Cengâver 3 at, 70 deve. Cengâverlerin çoğu Ensar'dan.

Gaye, Kureyş ulusu Ebu Süfyan kumandasında Suriye'den gelmekte olduğu haber alınan zengin Kureyş kervanını basmak. Büyük bir harp kopacağından ve bir büyük çığır açılacağından belki kimsenin haberi yok.

Ebu Süfyan, Allah Resûlü'nün hareketini haber aldı.

Hemen Mekke'ye dört nala bir adam saldı:

– Müslümanlar üzerimize geliyor. Yetişin!

Mekke'de cıvıl cıvıl bir kaynaşma. Az bir zaman içinde, zırhlı, tulgalı, tepeden tırnağa silâhlı bin kişi toplandı. Gelin gibi telli pullu atlar üstünde, Bedir köyüne doğru son atılış. Küfür safında 100 at, 700 deve, 1000'den fazla cenkçi. Evet; 3 at, 70 deve, 300 inanmış insana karşı, bütün bunlar.

Peygamber kafilesi henüz Revha dolaylarında.

Haber geldi:

– Bütün Mekke, binden fazla cengâver, kervanının imdadına koşuyor. Yetişmek üzereler. Kervan da sahil yolundan kaçıyor.

Kâinatın Tacı sahabîlerini çevrelediler:

– İşte apaçık vaziyet! Ne dersiniz? Allah iki nimetten birinin bizim olduğunu haber verdi. Ya kervan, ya Kureyş ordusu.

Sıddîk-ı Ekber'den bir güzel fikir. Hz. Ömer'den de bir güzel fikir.

Mikdad Hazretleri en taşkın vecd içinde:

– Ey Allah'ın Resûlü, dedi; Rabbin sana ne emrettiyse onun üzerinde ol! Vallahi biz sana, Yahudilerin Musa Aleyhisselâma dediği gibi: **"Git, Rabbinle beraber düşmanlara karşı çık! Biz buradan kımıldamayız!"** diye bir söz söyleyecek değiliz! Biz, bu bedende can taşıdıkça senin izindeyiz.

Bütün insanoğluna Allah müjdesini getiren Sonsuzluk Nebisi mukaddes ellerini kaldırıp Hz. Mikdad'a dua etti. Ve sahabîlere dönüp buyurdu:

– Ey insanlar!

Bir lâhza durdular. Ensâr büyüklerinden Saâd İbn-i Muaz (radıyallâhu anh) atıldı:

– Ey Allah'ın Resûlü! "İnsanlar" diye hitabından ve bizi zümreleyişinden anlıyoruz ki, sözün tümüyle hepimize. Amma buradaki çokluk Ensâr olduğuna göre bize. Bizi, ismimizi anmadan vazifeye çağırıyor ve ettiğimiz vaadi tutmamızı istiyorsun, öyle mi?

– Evet, yâ Saâd, hitabım sizedir!

– Öyleyse ey Allah'ın Resûlü! Biz bütün gönlümüzle sana iman ettik. Seni doğruladık, getirdiğin her şeyin Allah'tan ve hak olduğuna inandık. Senin muradın neyse bizimki de o. Sen, bir yakasından girip öbür yakasından çıkacağız diye deryaya atılsan, biz de arkandan atılırız.

Biz düşmandan korkan ve kaçan bir topluluk değiliz. Cenk günü sabır ve tevekkül göstericileriz. Umarım ki, muradına erişesin. Al bizi istediğin tarafa sür!

Şu muazzez sahabîdeki imana bakınız. Bir yanardağ gibi fokur fokur iman kaynıyor.

❁❁❁

Kâinatın Efendisi'nin mukaddes yüzlerinde Cennet tebessümleri.

Buyurdular:

– Yürüyün ve Allah'ın lûtfüyle şad olun! İşte, Kureyş'in tek tek düşüp uzanacakları noktaları görüyorum!

Ve mübarek elleriyle o noktaları birer birer gösterdiler.

Var oluşun hikmeti, ölümsüzlük rehberi, gerçek hayatın kurucusu, yıkılmaz çatının mimarı Cenâb-ı Peygamber, Kureyş kervanını değil, ordusunu seçmişlerdi.

– İstikamet Bedir, ileri!

Bütün sahabîler can-ı gönülden bu fikre baş eğdi.

MEYDAN

Bedir, kızgın kum düzlüğünden ibaret bir saha. Kumlar Peygamber ordusunun ayaklarının altını öpebilmek için saadetle kaynaşıyor. Bütün zaman ve mekânın Peygamberi arkasında gelenler, bu kızgın kumlukta mevzi aldılar. Karşılarında daha evvel gelip mevzi alan Kureyş kâfirleri. Su düşman safının arkasında. Peygamber ordusunun ayak bastığı saha ise insanı ve hayvanı içine doğru çeken, yutan bir kuraklık girdabı. Ne içmeye ve abdest almaya suları var, ne de yere basmaya imkânları. İnsan, at, deve, bütün canlılar, dizlerine kadar kumda.

Müthiş bir manzara, müthiş bir an.

Yakan, kavuran, eriten, pişiren sıcak.

Kureyş kâfirlerinin niyeti, Müslümanları ateş ve susuzluktan eritip teslim almak.

Aşağılık şeytan durur mu? O da vesvese vermede. Tereddüt, kaygı.

Sahabîler arasındaki ıstırap, kum üstündeki kaynar hava dalgalarına karışmış, göklere doğru buram buram tütüyor.

Birden ilahi imdat. Göklerden sebil sebil, bardak bardak boşalan yağmur.

Kum, insan, hayvan, dağ, taş, her şey suya doydu. Gözlerde saadet ışığı. Ortalığa ferahlık, ruhlara emniyet ve adalelere kuvvet oldu.

CENK BAŞLIYOR

Peygamberler Peygamberi, ağaç dallarından bir gölgelik yaptırdılar ve altına geçtiler. İlk büyük İslam cenginin Peygamber karargâhı.

Gurur ve kibir heykeli kâfirler er dilediler.

İlk olarak küfür safından üç kişi çıktı: Rabia oğulları Utbe ve Şeybe ile Utbe'nin oğlu Velid.

Bunların karşılarına Medineli sahabîlerden Avf, Muaz ve Abdullah ibni Revahâ dikildi.

Kâfirler bunları görünce avaz avaz bağırdılar:

– Siz kimsiniz? Kim oluyorsunuz da bizim karşımıza çıkıyorsunuz?

İslam arslanları isim ve şöhretlerini sayıp, ilâve ettiler:

– Biz Ensar'danız! Allah Resûlü'nün Medine'li yardımcılarından.

Kâfirler büsbütün kudurdu:

– Bizim sizinle işimiz yok! Siz bizim dengimiz olamazsınız!

Ve karanlık suratlarını Peygamber otağına çevirip nârayı bastılar:

– Yâ Muhammed! Bize içimizden, kanımızdan, soyumuzdan denk olanları çıkar!

Kevser havuzunun sahibi, hayâ ve sır kaynağı ebedî Resûl, mukaddes parmaklarını oynattılar:

– Yâ Ebâ Ubeyde!

– Yâ Hamza!

– Yâ Ali!

Kâinatın Efendisi, amca ve yeğen, en yakın akrabalarını çıkarıyorlardı, kuduz kâfirlerin karşısına.

Bu İslam cengâverleri, küfür safındakilerden birçoğunun da aynı derecede yakını idi.

Evet; iki düşman saf içinde, baba, oğul, kardeş, yeğen, amca, birbirine karşı. Biri iman dâvası için cenk ediyor, diğeri küfre hizmet. Onları birbirinden ayıran ve birbirine düşüren neden ne kadar kuvvetli.

İnkılâpların inkılâbına bakın ki, kabile gayretinden başka hiçbir şey gözetmeyen ve hiçbir gaye tanımayan Arap, şimdi bütün bu bağları bir hamlede ayağının altına almış Peygamber elinden ölümsüzlük iksîri içerek en büyük gayeyle dolmuştur.

Küfrün alık adamları, usulen, yeni gelenlere de şan ve şöhretlerini sordular:

– Siz kimsiniz?

Üç büyük iman arslanı teker teker şerefli unvanlarını saydı.

Küfürden cevap:

– İşte tam istediklerimizsiniz sizler, bize denksiniz!

Karşılıklı yürüdüler, kılıçlar pırıltılı kavisler çizdi.

Müslüman cenkçilerin en yaşlısı Ebu Ubeyde Hazretleri. Küfrün en genci Velid ile karşılaştı. Hz. Hamza'ya Utbe düştü. Allah'ın Arslanı ve Evliyalar Sultanı Cenâb-ı Ali'ye de Şeybe.

Kılıçlar ışıldadı.

Hz. Ali'nin şanlı kılıcı, hasmının silâhını mum gibi büken ve eriten bir yıldırım inişiyle her şeyi bitirdi. Kâfirin feryadı gökleri tuttu:

– Öldüm!

Kâfir bir darbede diklemesine ikiye biçilen bir odun hâlinde yere yuvarlandı. Bir kan havuzu halini alan kumlar üzerinde debelene debelene canı çıktı.

Hz. Hamza (radıyallâhu anh) da Utbe isimli kâfire aynı akıbeti biçmekte geç kalmadı. Fakat yaşı biraz ilerlemiş olan Ebu Ubeyde Hazretleri, genç hasmı önünde biraz zorlanır gibi oldu. Ve müthiş bir iman hamlesiyle savurduğu kılıcına, düşmanı kadar kendisi de hedef oldu. Hamlesinin dehşetinden, kendisini de dizinden yaraladı. Hamle tam genç kâfire geçmek üzereyken, Allah'ın Arslanı Hz. Ali ve beraberinde Hz. Hamza, atıldılar, bir hamlede kâfirin işini bitirdiler, Ebu Ubeyde Hazretlerini kurtardılar.

Cenâb-ı Ali (kerremallahu vechehu) hadiseyi şöyle anlatıyor:

– O gün meydana ilk olarak Rebia oğlu Utbe çıktı. Arkasından, oğlu Velid ile kardeşi Şeybe. Nida edip er dilediler. Ensardan birkaç kişi ilerleyip karşılarında yer aldı. Bunların kim olduklarını öğrenince kendileriyle işleri olmadığını ve ille amca oğullarını istediklerini söylediler. Allah Resûlü'nün emriyle Ebu Ubeyde, Hz. Hamza ve ben çıktık. Hz. Hamza Utbe'yle karşılaştı; ben Şeybe'yle. Ebu Ubeyde ise Velid'e saldırdı. Ebu Ubeyde'yle Velid birbirini ezerken, ben ve Hz. Hamza işimizi bitirip onun yardımına koştuk ve rakibini yere serdik.

Üç azılı kâfir, kanlar içinde ve kum üstünde ruhsuz yatıyor. Açık gözler ve çarpık suratlarıyla, nur indiğine inanmadıkları semaya bakıyorlar.

Allahım Beni Mahzun Etme!

Kâinatın Efendisi karargâhlarında. Yanlarında en büyük sıddîkiyet ve teslimiyet örneği Hz. Ebu Bekir (radıyallâhu anh).

Taraflar arasında ferdî cenk bitince, küfür cephesinden bir gürültü, bir şamatadır, koptu. İki taraf da birbirine yaklaşmaya başladı. Dehşet ânı. O ân, meydana çıkan manzara müthişti. Pusatlar içinde, birbirine sıkı sıkıya yapışmış yürüyen bin kişi. Tepeden tırnağa zırhlı ve silâhlı kâfirler topluluğu. Ellerinde kılıçlar ve topuzlar, suratları karmakarışık ve kan yuvası gözleri alabildiğine açık, gurur ve kibir içinde hücum ediyor. Öbür tarafta sadece 300 insan, silâh ve teçhizatça noksan, sadece alınlarında semavî bir ışık, ilerliyor.

Bu 300 kişinin belki her biri bir orduya bedel amma, sayıda üçte bir.

Allah'ın Resûlü, mukaddes ellerini iki yana açtılar ve gökyüzüne doğru uzanıp dua etmeye başladılar.

– Yâ Rab, şu iman topluluğunu helâk edersen, yeryüzünde sana ibâdet edecek kimse kalmaz!

Mukaddes ellerini o kadar açtılar ki, omuzlarından örtüleri düştü. Sadakat ve dostlukta en büyük, büyükler büyüğü Hazret-i Ebu Bekir (radıyallâhu anh), örtüyü yerden alıp omuzlarına koydu ve dedi:

– Ey Allah'ın Resûlü! Dua ve niyaz seni bu kadar üzmesin. Elbette ki, Allah, sana vaadini yerine getirecek.

Sonsuzluk Nebisi ümmeti için titriyor; en büyük sahabî ise O'na, ümmeti adına güvenini belirtiyor.

Saflar, düzen ve tertibe girerken iki rekât namaz kıldılar ve yine ellerini arşın ötesine dek uzattılar:

– Allahım, beni mahzun etme! Bana vadini lütfet! Allah'ın Arslanı ve Evliyalar Sultanı Hz. Ali (radıyallâhu anh), o sırada, elinde kılıç, hem saftaki yerine, hem de Nebiyyi Muhterem'in yanına gidip gelmektedir. Bizzat kendisi anlatıyor:

– Defalarca Allah Resûlü'nün yanlarına gidip geldim. Başları secdedeydi, durmadan "Yâ Hayy, Yâ Kayyum!" diye nida ediyorlardı.

Peygamber ordusu tam cenk nizamına girince, Allah'ın Resûlü, bir ân uykuya dalar gibi oldular ve hemen gözlerini açıp hitap ettiler:

– Yâ Ebâ Bekir, müjdeler olsun!

Ve zırhlarını üzerlerine alıp, dillerinde şu âyet gölgelikten çıktılar:

– "Yakında o cem'iyyet bozulacak, onlar arkalarını dönüp kaçacaklardır."[11]

Meleklerin sultanı Cebrail'i görmüşler ve müjdeyi almışlardır.

Hak ve adalet güneşi Hz. Ömer (radıyallâhu anh) diyor ki:

– Bu âyet-i kerime nâzil olunca hükmünün ne zaman, nerede tahakkuk edeceğini bilmiyordum. Vakta ki Resûlüllah Sallâllâhü aleyhi ve sellem Bedir günü zırhını giyip bu âyeti okudu. O zaman bunun hakikatına vâkıf oldum.

---

11 Kamer, âyet: 45.

Bu âyet-i kerîme peygamberliğin hak olduğuna dair delildir. Çünkü Mekke'de nâzil olduğu halde hicret-i seniyyeden sonra vukua gelen Bedir muharebesinde tahakkuk etmiştir.

Mucize üstüne mucize.

Bütün insanoğluna Allah müjdesini getiren Nebiyyi Ahir zaman, saflara doğru ilerlediler, yerden bir avuç kum aldılar ve yaklaşan kâfirlere doğru saçtılar:

– Yüzleri kara olsun!

Oklar uçmaya başladı. Derken.

İki taraf, kılıç, gürz, hançer, mızrak, birbirine girdiler.

Müthiş bir boğuşma başladı. Toz, duman, nâra, çığlık, demir sesleri; at ve deve iniltileri. Ve gerilerden hücum işareti veren esrarlı davul gümbürtüleri. Bu gümbürtüler insanlardan mı, meleklerden mi, yerden mi, gökten mi, belli değil.

Peygamber ordusu, sağa, sola ve öne, daima öne kılıç sallıyor. Yanlarında, tanımadıkları, görmedikleri, hiçbir şeye benzetemedikleri acayip insanlar var. Beyazlar giyinmiş, başları beyaz sargılı insanlar.

Ve cenk eden Müslümanların kulaklarında, bilmedikleri, hiçbir şeye benzetemedikleri esrarlı nidalar:

– Dayanın! İleri atılın! Düşman zayıf! Allah sizinle!

Evet, Yüce Allah mü'minlerle beraberdi. Ve Allah buyuruyor:

– "Hani siz Rabbinizden imdâd istiyordunuz da O da: "Muhakkak ki ben size meleklerden birbiri ardınca bin- (lercesi) ile imdâd ediciyim" diyerek duanızı kabul buyurmuştu."[12]

Düşman saflarına doğru korkunç ve müthiş kasırga gibi bir cereyan. Görülmemiş bir hava dalgalanışı; yakan, eriten, kül eden bir âfet. Feza büyüklüğünde bir ağzın üfürüğü gibi bir hal.

---

12 Enfâl, âyet: 9.

Kimsenin ne eşini, ne de benzerini rüyada bile görmedikleri atlar ve üzerlerinde pervane gibi dönen, kükreme sesi çıkaran, şakırdayan kılıçlar.

Ve Allah'ın Arslanı Hz. Ali (kerremallahu vechehu) yıldırımdan bir gülle gibi düştüğü yeri yakıyor. Sahabî safının en önünde, en yüksekte ve en sert şahlanış içinde durmadan kılıç sallıyor.

Bedir köyüne kadar Müslümanların siyah renkli iki sancağından birini taşıdıktan ve ilk keşif vazifesini yerine getirdikten sonra şimdi de, elinde kılıcı, bin kişiye karşı sanki tek adam, öyle bir arslan ki, bin kişiye değil, sayısız insana bedel tek adam.

Atlıyor, deliyor, kesiyor, yıkıyor, deviriyor, küfür ormanını ot biçer gibi biçiyor, iman arsasını açıyor, küfrün beynine şimşek şimşek iniyor. Ayakta; önde, sağda, solda tek kâfir bırakmıyor.

Müslümanların destan yatağı o gün, meleklerin öldürdüklerinde hususî nişanlar, boyunlarında ve parmaklarında kara kara lekeler. Ve Hz. Ali (kerremallahu vechehu) nin kılıcını yiyenlerde ne kol, ne bacak, ne kelle. Hz. Ali'nin kılıcı kendilerine değer değmez düşen başlar.

3 atı ve 70 devesiyle 300 inanmış adam, 100 at ve 700 devesiyle bin kâfiri, bir tırpanda 4–5 ısırgan kolaylığıyla biçti. Hem öyle bir biçti ki, yerler kan havuzu haline geldi. Göklerin takvâ askeriyle, toprağın iman askeri yanyana. Müslüman cangâverlerin kılıcıyla düşen başların yanında, yine Müslümanların kılıcı uzaktan kendilerine döner dönmez devrilen kelleler.

Allah Resûlü'nün yerden alıp attıkları bir avuç kumdan kendisine bir zerre değmemiş kâfir yoktur.

Allah buyuruyor:

– ***"Onları siz öldürmediniz, fakat Allah öldürdü onları. Attığın zaman da (Habîbim) sen atmadın, ancak Allah attı."***[13]

---

13 Enfâl, âyet: 17.

Gurur ve kibir heykeli Kureyş dize geldi. Kureyş büyüklerinin birçoğu kılıçtan geçti, bir çoğu esir oldu. Bir kısmı da tabana kuvvet Mekke istikametinde kaçtı.

Bedir sahnesi, mucizeler yatağı oldu.

Müslümanların şanlı kılıcı küfür ormanını ot biçer gibi biçti. Nice sahabi ile beraber Hz. Ali (kerremallahu vechehu) de, dehşet ve korkuyla gördü ki, Allah'ın Resûlü daha evvel kim nereye düşecek diye gösterdiyse, o, orada can vermiş.

SON SAHNE

Allah Resûlü'nün muazzez sahabilerinden Ukkâşe Hazretleri öyle cenk etti ki, elindeki kılıç kırıldı, kabzasına kadar indi.

Ukkâşe (radıyallâhu anh) hemen Kâinatın Efendisi'nin yanına koşup güdük kabzayı gösterdi. Allah'ın Resûlü, kendisine kalınca bir değnek verdi:

– Bununla dövüş!

Hz. Ukkâşe, Peygamber elinden aldığı değnekle yine hücuma geçti. Sonuna kadar cenk. Bir de ne görsün? Elindeki kalınca değnek nefis bir kılıç olmamış mı? Ondan sonra Ukkâşe Hazretleri hangi gazaya gittilerse, ellerinde hep o esrarlı kılıç.

Aradan aylar, yıllar geçti. Harikaların ardı arası kesilmedi. Yıllar boyu Bedir sahasından geçenler, derinlerden, toprak altındaki gizli dehlizlerden, nöbet ve hücum temposu tutan davul sesleri duymakta ve dehşetle, ibretle ürpermekte.

Bedir sahası harikulâdelikler yatağı oldu.

Bedir ganimetlerinden Allah'ın Arslanı ve Evliyalar Sultanı Hz. Ali'ye, 1 kılıç, 1 kalkan ve 1 deve düştü.

Sonsuzluk çapındaki İslam zaferinin kaynak noktası. Büyük Bedir, Koca Bedir, İkinci Bedir, Kanlı Bedir işte budur.

İslamın elmas kılıcı, Bedir gazasında dövüldü ve sonra bütün insanlığa, ucunda ebedî şifayı taşıdı.

Bütün İslam yayılışının enerji çekirdeği Bedir.

Ve bu İslamın enerji kaynağı Bedir de, Peygamber emrinde timsallik bir kahraman arıyorsanız, O Allah'ın Arslanı Hz. Ali (radıyallâhu anh) dir.

O gün nice başları devirdi, kesti, Ali;
Safların en önünde nefes nefesti Ali!

Ebedî Hareket

Büyük Bedir hamlesinden sonra sıyrılan İslam kılıcı, havada ıslıklar çalarak ebedî hareket rüzgârına yol açmıştır.

Üstüste üç teşebbüs:

Kâinatın tacı, Âmir isimli âmâ bir sahabîyi, onun için bütün yollar karanlık olduğu halde, kendi kabilesinden, Esma bin-i Mervan isimli kâfir kadını öldürmeye gönderdiler. Bu nasipsizler nasipsizi cadaloz kadının işi gücü İslamiyeti ve Allah'ın Resûlü'nü küçük düşürmeye çabalamak.

Âmâ sahabî, kılıcını kâfir kadının göğsüne dayayıp hamle edinceye kadar gözleri açık bir insandan daha emin adımlarla gidip ulvî vazifesini yerine getirdi.

İslam aksiyonu bir ân gevşemeden köpürmekte devam ediyor. Bütün bunlarda ve İslam kılıcının daldığı her istikamette, bayrak, hep Hz. Ali'nin elinde.

İkinci teşebbüs, Selim oğulları üzerine. Bomboş çöl. Hepsi tabana kuvvet kaçmış. Geriye dönüş. Giderken ve gelirken, çöl rüzgârının nazlı nazlı dalgalandırdığı bayrak Hazret-i Ali (kerremallahu vechehu) de.

Medine âleminde üç büyük Yahudi kabilesi vardır:

Bunlardan Beni Kaynuka oğulları ahitlerini çiğnedi.

Hâdise şu:

Kuyumculuk yapan bir Yahudi, dükkânına gelen Müslüman bir kadına pusu kurdu. Yüzünü görmek istediği kadından mukavemet görünce, sinsi sinsi yerinden kalkıp kadının sarkan örtüsünü bir tarafa iliştirdi. Kadın hiçbir şeyden habersiz işini bitirip kalkınca üzerinden örtüsü düşüverdi. Başı ve vücudu açıldı. Hayâ ve edep timsâli Müslüman kadın hemen çığlığı bastı. Yahudiler üşüşüp kahkahalarla manzaraya bakıyorlar.

Yoldan geçen bir Müslüman bu iğrenç manzarayı görünce birden irkildi ve bir arslan gibi atılıp Yahudi'yi bir yumrukta öldürdü. Yahudiler de dağdan inen bir canavar gibi o Müslümanın üstüne atılıp onu parçaladılar.

İşte Müslümanlarla Yahudiler arasındaki ilk hâdise.

Allah Resûlü'nün başbuğluğunda, Kaynuka oğulları üzerine yürüyüş. Muhasara.

Yahudiler aman dilemeye mecbur edildi.

Yalvardılar:

– Ey Allah'ın Resûlü! Biz ettik, sen etme!

Ebedî Hayat Müjdecisi'nin muradları sadece Yahudi tehlikesini önlemek. Bütün Yahudi'lerin bağlanmasını emrettiler.

Araya münafıkların başı Abdullah bin Übey bin Selûl girdi. Öyle dil döktü, öyle yalvardı, öyle ayak diredi ki, Allah'ın Resûlü şu emri verdiler:

– Medine'den çıkıp gitsinler! Bu diyarda kendilerinden tek kişi kalmasın!

Her şeylerini bırakıp başlarını aldılar. Nasipsiz nasiplerine doğru gittiler.

Onların ezelî ve ebedî nasipleri sadece bu. İhanet ve sonra zillet.

Hazret-i Ali (kerremallahu vechehu), ellerini şanlı kılıcına dayamış Yahudi'lerin Şam istikametinde gidişini seyrediyor.

Ebu Sufyan, Bedir kılıcından uzak kalıp kaçırdığı kervanın başında Mekke'ye ayak basınca, kendisini Kureyş'in başbuğu ve reisi mevkiinde buldu.

Bedir gazasında ense köklerine İslam kılıcını yiyen Kureyş kâfirleri, bitkin ve perişan, geriye dönmüşler; ve Kureyş'in reis çapında 24 ulu kişisinin kılıçtan geçtiğini haber vermişlerdi.

Bedir'e vesile olan kervanı sahil boyunca kaçırıp Mekke'ye can atan Ebu Süfyan, bozgunu ve müthiş hezimeti haber alınca, gülünç bir söz etti:

– Asker tertipleyip Muhammed'in üzerine varmadıkça karıma yaklaşmamaya ve vücuduma ıtırlı yağ sürmemeye yemin ederim!

Aradan bir müddet geçince, karısına yaklaşmamaya ve vücuduna ıtırlı yağ sürmemeye tahammülü kalmayan Ebu Süfyan sadece sözü yerine gelsin diye 200 süvariyle çıkıp Medine önlerine geldi. İşe bakınız ki orada, zavallı bir hurma ağacını yaktı ve müdafaasız bir Müslümanı şehit etti.

Ve övünerek çığlığı bastı:

– İşte ahdim yerine geldi! Artık dönebilirim!

Peygamberler Peygamberi, bir bölük İslam süvarisiyle dört nala yetiştiler. Atın, kılıcın, okun ve bayrağın olduğu yerde Hz. Ali olmaz mı?

Ebu Süfyan, uzaktan İslam süvarilerinin bir sel gibi geldiğini görünce, bütün kuvvetini kaçmaya verdi. Allah Resûlü'nün üzerine varmaktan ve ondan hesap sormaktan dem vuran gülünç adam, öylesine kaçtı ki, yükünü hafifletmek için nesi var nesi yok yollara savurdu.

Allah'ın Resûlü beş gün kadar takip kolu ile dolaştıktan sonra nur şehri Medine'ye döndüler.

HARP HİLEDİR

Allah'ın Sevgilisi buyurdular:

– Harp, hud'adır!

O gün bugün değişmemiş, bundan sonra da değişmeyecek ve kıyamete kadar sürecek hikmet.

Kâab bin-i Eşref isimli Yahudi yılan dilini hep Allah Resûlü'nün aleyhinde işletiyor. Boyuna Allah'ın Resûlü'nü hicvediyor ve Kureyşlileri kışkırtıyor. Bunun yılan dilini koparmak lâzım.

Sordular:

– Kim bu adamı öldürür? Muhammed bin-i Mesleme atıldı:

– Ben öldürürüm, ey Allah'ın Resûlü!

– Var git ve eğer elinden gelirse öldür!

– Gittiğimiz zaman ne türlü hile kullanalım?

– İçinize ne doğarsa. Bu işde hile câizdir.

Beş kişi gidip, azılı din ve Peygamber düşmanının güzel bir tertiple canını cehenneme yolladılar ve başını kesip getirdiler.

Kâinatın Efendisi, kafilenin döndüğü saatte namaz kılıyorlardı. Tekbir seslerinden zaferle döndüklerini anladılar ve tebessüm buyurdular.

Peygamber düşmanı Yahudi cezasını başı ile ödedi. Öteler âleminde çekeceği ceza da caba.

Seni Benden Kim Kurtarabilir?

Enmâr Gazvesi.

Dâsûr bin Hâris isimli bir kâfir vardı. Kahramanların kahramanı olmak sevdasına düştü. Sâlebe ve Muharip oğullarından bir çete kurdu. Yıldızları parlamaya başlayan Müslümanlara bahadırlığın ve cengâverliğin ne demek olduğunu göstermek arzusuyla yağmaya koyuldu.

Allah'ın Resûlü vaziyeti haber alınca Medine'yi Hz. Osman'a bırakarak 450 atlı ile çetenin peşine düştüler. Çete, korkusundan yüksek dağların tepelerine sindi ve Peygamber kafilesini gözetmeye başladı. Sahabîler Benî Sâlebe'den birini yakalayıp Allah Resûlü'nün huzuruna getirdiler. Adama teklif edildi:

– İslama gel, kurtuluşa er!

Adam teklifi hemen kabul etti. Onu Hz. Bilâl'in yanına verdiler.

O sırada biraz yağmur yağdı ve Allah Resûlü'nün elbiseleri ıslandı. Allah Resûlü yağmur dinince tenha bir yere çekildiler ve elbiselerini çıkarıp kuruması için bir ağaç dalına astılar. Ve bu tenha noktada biraz uzandılar.

Tepelerden Allah'ın Resûlü'nü kollayan bir düşman gözcüsü, hemen reisleri Dâsûr'a koştu:

– Ne duruyorsun? Koş! Muhammed, işte şuracıkta, yapayalnız uzanmış yatıyor!

Teke tek cenkleşmede kendisini cihanın en büyük kahramanı bilen Dâsûr, kılıcını kaptığı gibi dağdan indi, hiç kimseye görünmeden sürüne sürüne ilerledi ve birdenbire Allah Resûlü'nün karşısına dikiliverdi:

– Seni benden şimdi kim kurtarabilir?

Diye haykırdı.

Allah'ın Resûlü cevap verdiler:

– Allah.

Ve hemen ayağa fırladılar.

Dağ gibi bir adam olan Dâsûr, elinde kılıcı hamle etmek üzere. Allah'ın Resûlü, elinde bir silahı yok, bir heybet âbidesi, başları ulvîlik âleminde, Dâsûr'a doğru azametle yürüdüler.

Dâsûr'da hayret, dehşet. Henüz bir iki adım atmışlardı ki, Dâsûr'un gözleri dehşetle açıldı ve elinden kılıcı düştü.

Kâinatın Efendisi yerden kılıcı aldılar ve Dâsûr'a çevirdiler:

– Ya seni benden şimdi kim kurtarabilir?

Dâsûr, aynı dehşet içinde haykırdı:

– Allah bir, ve sen O'nun Resûlüsün!

Peygamber elindeki kılıç havada adeta dondu ve yavaş yavaş yere indi.

Dâsûr ebedî kurtuluşa ermiştir ve artık emniyettedir. Oymağını İslama davet etmek üzere hemen yollara düştü. Artık o bir sahabîdir.

İşte Allah'ın Arslanı ve Evliyalar Sultanı Hz. Ali'nin şahsiyetindeki şecaat ve celâdet çağlayanı bu kaynaktan fışkırıyor! O, dünyaya gözünü açtığı andan itibaren ebedî ve şanlı Peygamberimizin aydın bakışlarının ışığı altında büyüdü.

O kaynaktan fışkırmanın imtiyazına bakınız: Bir harp esnasında Hz. Ali (radıyallâhu anh), dev gibi bir kâfiri yere serdi ve göğsüne oturdu. Kılıcını kaldırıp kafasını gövdesinden ayıracağı zaman, kıskıvrak bağlanmış olmaktan kuduran kâfir, onun nur oymağı olan mübarek yüzüne tükürüverdi. O zaman Hz. Ali (kerremallahu vechehu) derhal kılıcını yere indirdi ve haykırdı:

– Ey kâfir! Ben seni Allah için öldürecektim! Sen yüzüme tükürdün ve nefsimi incittin! Şimdi bu hâl ile seni öldürsem nefsim için öldürmüş olurum! Kalk, bırakıyorum seni!

Bu manzara karşısında kâfir hayret ve dehşet içinde kalmıştı.

Allah'ın Arslanı ve Evliyalar Sultanı Hz. Fatıma ile Evleniyor

Âlemin Rahmeti, cihanın en büyük zîneti, nihayetsiz olan Mülkün Seyyidi Cenâb-ı Ahmed (Sallallahû aleyhi ve sellem) in:

– ***Müslümanların efendisi ve müttekilerin imamı ey Ali, merhaba!***

Diye - buyurduğu büyük insan, Peygamber kızı derin ve ince Fâtıma (radıyallâhu anha) ile evleniyor.

Kâinatın Efendisi'nin en küçük ve en sevgili kızı! Hz. Meryem, Hz. Âmine, Hz. Hatice ve Hz. Âişe gibi yeryüzünün en büyük kadınları arasında, halkanın en üstünlerinden biri ve kendi sınıfının en ilerisi. Kadınlık dünyasının semasında pırıldayan bir güneş. Peygamber gülistanında yetişen solmaz çiçek.

Fâtıma, isimleri. Zehra ve Betûl de, lâkapları ve sıfatları.

(Fatm), Arapça'da kesmek mânâsına. Fâtıma; kendisi ve zürriyeti Cehennem ateşinden kesilmiş.

Zehra, beyaz ve nuranî yüze deniyor.

Betûl, kendisini Allah'a vermiş ve ruhunda ondan başka hiçbir alâkaya yer bırakmamış mânâsına geliyor. Ve işte bu vasıflarıyla sevdiği ve uyduğu erkek, aynı sıfatların eri, ilim ve hikmet kutbu Hz. Ali.

Âlem bu âhenkte bir çift görmedi. Nur nesli, kol kol bunlardan gelecektir.

Birgün derin ve ince Fâtıma (radıyallâhu anha) mukaddes babasına içecek su getirmişlerdi. O zaman 15 yaşını doldurmuş olan Hz. Fâtıma (radıyallâhu anha), Nebiyyi Muhterem'in elinden su bardağını alıp dönerken, kızlarının gelinlik çağına gelmiş olduğunu gören Allah'ın Resûlü hayırlı bir kısmet vermesini Cenâb-ı Hak'tan dilemişlerdi. O gece Cuma gecesi idi ki, rahmeti sonsuz olan Rabbimiz Meleklerin sultanlarını Cebrail, Mikâil, Azrail ve İsrafil (a.s.) ve diğer büyük Melekleri huzuruna davet ederek Habib-i Edîbi Cenâb-ı Ahmed (Sallallahû aleyhi ve sellem) in kızları Hz. Fâtıma'yı kullarından en çok sevdiklerinden Ali bin Ebî Tâlib'e nikâhladığını ve Cebrail (a.s.) ve bir bölük melekle de bu hususu Hz. Peygambere emir ve tebliğ ederek İslam şeriatının hüküm ve icaplarına göre nikâhlarının kıyılmasını istediğini bildirdi.

Cebrail (a.s.) Allah'ın emrini Sonsuzluk Nebisi'ne tebliğ eder etmez Nebiyyi Muhterem saadetle tebessüm buyurdular ve Hz. Ali'ye haber gönderdiler.

Halbuki daha önce Fâtıma-i Zehra'yı istemeye evvelâ Hz. Ebu Bekir gitmişti:

– Ey Allah'ın Resûlü; kızın Fâtıma'yı Ali'ye istemeye geldim.

Allah'ın Resûlü cevap vermediler.

Aynı hareketi Hz. Ömer tekrarladı. Yine cevap alamadı.

İkisi birden Hz. Ali'ye gidip dediler:

– Git kendin iste! Öyle görünüyor.

İZDİVAÇ

Gönlünde okyanuslar dalgalanan ulvî delikanlı, Allah Resûlü'nün huzurunda.

Gözleri yerde ve dili düğüm düğüm bağlı, muradını arzetti.

Kâinatın Efendisi Cennetler gibi tebessüm ederek Hz. Ali'nin haline bakıyorlar.

Cenâb-ı Ali (kerremallahu vechehu) sustu.

Allah'ın Sevgilisi, mukaddes dudaklarında sonsuz mânâlar aydınlatan bir gülüşle sordular:

– Dünyalık olarak neyin var, yâ Ali?

– Bir zırhımla bir atım var; ey Allah'ın Resûlü!

– Atın sana lâzımdır; git zırhını sat, parasını getir!

Cenâb-ı Ali (kerremallahu vechehu), zırhını Hz. Osman (radıyallâhu anh) a 480 dirheme sattı. Hz. Osman (radıyallâhu anh) zırhı satın alıp parasını Hz. Ali'ye verdikten sonra zırhı da hediye olarak geri verdi. Bunu duyan Nebiyyi Muhterem Hz. Osman'a pek çok dua ettikten sonra:

– Osman Cennette benim öz arkadaşımdır!

Buyurdu.

Cenâb-ı Ali (kerremallahu vechehu) nin para avuçlarında, gözleri yerde ve dili düğümler içinde, yine Allah Resûlü'nün huzuruna çıktı:

– Zırhımı sattım ve parasını getirdim, ey Allah'ın Resûlü!

Âlemin Fahri mukaddes elini uzatıp bu paradan birazını aldı ve Hz. Bilâl-i Habeşi'ye verip emir buyurdu:

– Yâ Bilâl! Al bu parayı, çarşıya çık, biraz gül yağı, gül suyu al. Geri kalan para ile de bal al ve mescidin bir kenarında temiz bir kab içinde su ile eziniz. Bal şerbeti yapınız ki, nikâh kıyıldıktan sonra içelim. Ensâr ve muhacirlerden mevcut bulunan sahabîlerimi mescide davet eyle ve Fâtıma-i Zehra ile Ali'nin nikâhlarının kıyılacağını halka ilân et.

Peygamber bülbülü Hz. Bilâl (radıyallâhu anh) Allah Resûlü'nün emirlerini yerine getirdi. Sahabî ulular Hz. Ebu Bekir, Hz. Ömer, Hz. Osman ve Hz. Abdurrahman bin Avf mescide gelip oturdular. Diğer sahabîler de akın akın Peygamber mescidine geldi, mescidin içi dışı cıvıl cıvıl insan kaynıyordu. Allah'ın Resûlü sahabîlerinin huzurunda şu hutbeyi okudular:

– "Bütün hamd ve şükür âlemlerin Rabbine ait ve lâyıktır ki, O, ilahi nimetleriyle öğülen, sonsuz kudretiyle ibâdet edilen, ezelî saltanatıyla boyun eğilen, azabından kendisine sığınılan ve ilahi emri yerlerde ve göklerde hâkim olan Zâttır. O, âlemlerin yaratıcısıdır ki, yüce kudretiyle bütün varlıkları yaratmış ve adaletli hükümleriyle bunları birbirinden ayırıp, onları İslam Dini ve ulu Peygamberi Hz. Muhammed'le (Sallallahû aleyhi ve sellem) şereflendirmiştir. Yüce Allah, evlenmeyi bir kaynaşma, vazife, adalet ve geniş bir hayır kılmıştır. Bununla ilahi hükümlerini temsil ederek insanları ve cinleri vazifelendirmiştir. O öyle kudretli bir yaratıcıdır ki, topraktan ve sudan insanı yaratmış ve ona soy sop vermiştir. Rabbim her şeye kadirdir. Allah'ın emri hükmüne; hükmü de takdirine tesir eder. Her hükmün bir takdiri ve her takdirin de bir kitabı vardır. Cenâb-ı Hak, istediğini var, istediğini yok eder. Asıl kitap O'nun katındadır.

Şimdi Rabbim bana, kızım Fâtıma'yı Ali bin Ebî Tâlib'e nikâhlamamı emir buyurmuştur. Ben de sizi şâhid kılıyorum ki, Ali (radıyallâhu anh) mevcut gelenek ve Allah'ın emriyle söyleyeceğim şeyi kabul ederse 400 dirhem gümüş mehirle kızım Fâtıma'yı Ali bin Ebî Tâlib'e nikâhladım. Rabbim kendilerinin varlıklarını bir araya getirsin ve bunu kendilerine mübarek kılsın. Nesillerini temiz, kendileriyle çocuklarını geniş rahmetinin anahtarı, yüce hikmetinin kaynağı ve Muhammed ümmetinin güvenlik sebebi eylesin. İşte söyleyeceğim söz bundan ibarettir. Rabbim'den kendim ve sizin için mağfiret dilerim."

Kâinatın Efendisi'nin bu mübarek sözlerinden sonra Cenâb-ı Ali (kerremallahu vechehu) ayağa kalktı ve şu kısa hutbeyi okudu:

– "Bütün hamd ve şükürler, ibâdet ve medh ü senalar, üzerimize sonsuz nimetleri yayılmış ve yetişir, kudret ve fevzi samedaniyyesi bizleri kaplamış olan Cenâb-ı Rabbü'l-Âlemîne mahsustur. Varlığı zarurî olan yüze Zâtından başka ilâh olmadığına öyle bir şahadet ederim ki, o şahadet, ilahi rızasına muvafık, mutabık ve makbul olsun. Bunun için de bâki olan Rabbimize hamd ü senalar olsun. Huzurunda bulunduğumuz Hz. Muhammed Mustafa'ya da salât ü selâm ve teşekkürler ederim ki, mübarek kızları Hz. Fâtıma-i Zehra'yı 400 dirhem mehirle bana nikâhlamıştır. Ey Allah Resûlü'nün sahabîleri; ey din kardeşlerim! Şüphesiz Peygamber Efendimizin buyurduklarını sizler işittiniz ben de şâhid ve razıyım. Allah, sözlerimize vekildir."

Sahabîler Allah'ın Resûlüne sordular:

– Ne buyuruyorsunuz ey Allah'ın Resûlü?

– Evet, dedi; şâhid olunuz, ben de Fâtıma'yı Ali'ye nikâhladım!

Sonra Nebiyyi Muhterem'in emriyle bir tabak taze hurma getirdiler. Allah'ın Resûlü:

– Haydi bu hurmadan alınız, yiyiniz.

Buyurdular.

Herkes sevinç ve memnuniyetle yediler. Büyük aşk ve vecd adamı Hz. Bilâl (radıyallâhu anh) de bal şerbeti dağıttı, onu da afiyetle içtiler ve dediler:

– Allah bu nikâhı, uğurlu ve mübarek kılsın, ilahi bereketlerine, bunları ve nesillerini dâhil etsin.

Bütün sahabîler Hz. Ali'yi tebrik ettiler. Mescidin içi bir çiçek bayramını andırıyordu. Herkesin yüzünde saadet nurları pırıldıyordu.

Saffet ve ismet levhalarının en dokunaklısı.

Allah'ın Sevgilisi nikâhın kıyıldığını mübarek kızları Hz. Fâtıma'ya haber verirken mukaddes gözlerinden elmas elmas yaşlar akıyordu. Hz. Fâtıma-i Zehra sordu:

– Ey benim aziz babam, niçin ağlıyorsunuz, neden üzgünsünüz?

Şefkat ve merhametin en büyük mümessili:

– Kızım, dedi; senin için ağlıyorum. Çünkü sen de benim gibi, anadan mahrum kaldın. Annen Hz. Hatice sağ olsaydı da bugünkü sevincimize katılsaydı. Senin çeyizlerini kendi elleriyle yapardı. Hep beraber sevinir mesut olurduk. Ne çâre, bu hayatın icaplarındandır ki, acı ile tatlı beraberdir. Allah'ın takdiri böyle imiş. İşte kızım, sen de bu durumda gelin oluyorsun da onun için üzgünüm.

Derin ve ince Fâtıma (radıyallâhu anha) da iplik iplik göz yaşları akıtıyordu. Allah'ın Resûlü sordular:

– Sen neden üzgünsün kızım? Eğer seni Ali'ye nikâhladığım için ağlıyorsan, Cenâb-ı Hakk'a yemin ederim ki, ben seni herkesten çok bilgisi ve güzel huyları olan, Müslümanlığı ilk önce kabul eden bir zâta nikâhlamışımdır.

Bu hususta varid olan diğer hadîs-i Şerifler:

– ***"Fâtıma'yı, Ali'ye nikâh etmemi, Allah Teâlâ bana emretti."***

❀❀❀

– Yâ Fâtıma! Cenâb-ı Allah, yer halkına nazar buyurup onlardan iki eri seçerek, birini sana baba ve diğerini de koca yaptığına razı olmaz mısın?

– Ey Fâtıma, dikkat et! Seni ehlimin hayırlısına nikâh etmekte kusur yapmadım.

– Kızım sükût et; seni ehli beytimden bana en sevgili olana nikâh ettim.

Kâinatın Tacı tarafından sahabîler huzurunda Hz. Ali ve Hz. Fâtıma-i Zehra'nın nikâhları kıyıldıktan sonra tahtadan bir sedir, deriden bir şilte ve yastık yaptırıldı. Şilteyle yastığın içine de hurma lifleri dolduruldu.

İşte kâinat dediğimiz varlık sadefinin en büyük; kapılarında sultanlar bekçilik edecek kadar büyük çiftinin olanca eşyası!

O muazzez insanlar dünya güzeline gönül vermediler. Onların gönül toprağında marifetullah ağaçları yeşermişti. İç gözlerine İlahi nurun sürmesi çekilmişti, onlar, şanlı ve ebedî peygamberimizin aydın bakışlarının ışığı altında büyümüşlerdi.

Allah'ın sevgilisi, Ali (radıyallâhu anh) yi çağırdılar:

– Ben evinize gelinceye kadar zevcene yaklaşma!

DÜĞÜN

Seviyk gazvesi dönüşü. Zilhicce ayının 10. günü. İlk Kurban Bayramı. Bayram namazı kılınmış, kurbanlar kesilmiş ve artık bayram âbideleşmiştir.

İşte Allah'ın Arslanı ve Evliyalar Sultanı Hz. Ali ile derin ve ince Fâtıma'nın düğün ayları.

Bütün insanoğluna Allah müjdesini getiren Cenâb-ı Mustafa'nın dadısı Ümmü Eymen, Peygamberler Peygamberi'nin kadri yüce kızı Hz. Fâtıma'yı, Hz. Ali'nin yeni tutulan evine götürüp teslim etti.

Cenâb-ı Ali'den dinleyelim:

– Fâtıma geldi. Evin bir köşesinde oturdu. Ben de uzak bir köşesinde oturdum, öylece bekledik. Allah'ın Resûlü teşrif ettiler.

Levlâke levlâk ufkunun nurlandırıcı güneşi Cenâb-ı Ahmed (Sallallahû aleyhi ve sellem), geliyorlar. Odaya girip bu ulvî manzarayı tebessümle seyrediyorlar. Hz. Fâtıma'dan bir çanak su istiyorlar.

Su. Her şeye hayat bahşeden su.

Su geldi. Suyu mukaddes dudaklarına götürdüler. Sonra derin ve ince Fâtıma'ya hitap ettiler:

– Buraya gel, kızım!

Peygamber gülistanında yetişen hakikat goncası Hz. Fâtıma-i Zehra, babasının, Ufuk, gaye ve insan, Peygamberin karşısına geldi. Allah'ın Sevgilisi, elini ıslatıp Hz. Fâtıma'nın başına ve göğsüne serpti:

– Allah, sizi ve zürriyetinizi şeytandan korusun! Cenâb-ı Ali'yi de çağırdılar, aynı sudan ona da serptikten sonra buyurdular:

– ***Allah'ın ismi ve bereketiyle zevcen senindir.*** *Ve âlemde en ahenkli çiftin evinden ayrıldılar.*

O zamana kadar Fatıma'nın düğün ziyafetinden daha büyüğü görülmedi.

Ey insanlık âlemi! Bu ziyafet nedir biliyor musunuz? Arpa ekmeği, hurma ve ayrıca yağ, yoğurt ve hurmadan yapılan basit bir yemek.

İşte cihanın en büyük sultanlarının saâdetli hayatı.

Biz bunca nimetler içinde yüzerken şükrünü nasıl eda edebiliriz diye düşünebiliyor muyuz? Düşünürsek ve edasına çalışırsak ne güzel. Allah'ın nimetlerini yiyip gaflet koltuklarında kahkaha atanların gözlerine kabir akşamları azap parmaklarını sokacaktır.

NUR NESLİ

Fâtıma-i Zehra ile Cenâb-ı Ali (kerremallahu vechehu) nin nikâhını kıyan bir; evet, bir kıyan vardı ki, o da keremi sonsuz Rabbimizdi.

İlahi hikmet icabı artık nur nesli Hz. Fâtıma-i Zehra ile Aliyyü'l-Murteza'dan meydana gelecektir. Allah Resûlü'nün kızıyla, amcasının oğlundan.

Kâinatın Efendisi'nin erkek çocuklarının yaşamadığını gören Kureyş kâfirleri, Peygamberler Peygamberi için "Ebter=nesli kesik" demek küstahlığını göstermişlerdi. Şânı pek yüce olan Allah da onlara cevap vermiştir:

– "Sana buğz eden (yok mu? İşte asıl) zürriyetsiz olan şüphesiz ki odur."

Fâtıma-i Zehra ile Allah'ın Arslanı ve Evliyalar Sultanı Hz. Aliyyü'l-Murtaza arasındaki zifaf deminden, en derin, en ince ve en esrarlı mânâlardan biri de şudur ki, kapkara insanlığı sabun suyu yerine güneşle yıkamaya memur bulunan Nur Nesli, İlahi müjde ve İlahi hikmet gereğince işte o an yoğrulmaya başlamıştır.

Nur Neslinin, Peygamber kızlarından Fâtıma-i Zehra yolu ve Hz. Ali vasıtasıyla gelişindeki sır, şu hadîsten süzülebilir:

– Doğrusu Allah Teâlâ, her Peygamberin neslini kendi sulbünden yarattı. Benim neslimi ise, Ebu Tâlib'in oğlu Ali'nin sulbünde yarattı.

Ve Allah'ın Resûlü yine buyuruyorlar:

– Her çocuğun babası tarafından da dedesi vardır. Fakat Hasan ile Hüseyin bundan müstesna. Onların baba dedeleri benim.

Görüldüğü gibi hikmet, derin ve ince Fâtıma (radıyallâhu anha) üzerinde mihraklaşıyor. Cenâb-ı Ali (kerremallahu vechehu) ise böyle bir mihraka vasıta olmak sıfatında bir insan oluyor.

Şu hususu da kat'î olarak bilelim ki, İlahi hikmet, nurun Allah Resûlün'den doğrudan doğruya erkek evlâdı vasıtasıyla intikaline mânidir. Çünkü Nebiyyi Muhterem'in erkek evlâdı yaşasaydı onların da Nebî olmaları gerekirdi. Allah Resûlü'nden sonra ise ne Nebî, ne de Resûl vardır. İşte bu sebeple nurun biraz peçelenmiş olarak intikali, Allah Resûlü'yle babaları kardeş olan Cenâb-ı Ali'den gelmektedir.

Birgün sonsuzluk Nebisi, Hz. Abbas'a dediler ki:

– Ey amcam! Allah'a yemin ederim ki, Allah onu (Ali'yi), benden (benim sevdiğimden) daha çok seviyor. Doğrusu Allah, her Peygamberin neslini, kendi sulbünde yarattı; benim neslimi ise bunun (Hz. Ali'nin) sulbünde yarattı.

Ulviyetin bu derecesi.

İnsanoğlunun Ufku buyuruyor:

– Mirac'a çıkarıldığım gece, Rabbime vardım. *(Azze ve Celle)* Ali hakkında bana üç hasletle vasiyet etti:

1- O, Müslümanların efendisidir,

2- Takvâ sahiplerinin velîsidir,

3- Alın ve kolları beyazla nişanlanmışların (seçkinlerin) kumandanıdır.

Hadîs:

– ***"Ali** (radıyallâhu anh) **bendendir, ben de ondanım. O, her mü'minin velisidir."***

– ***"Ben, ilmin şehriyim, Ali de onun kapısıdır. O halde ilim isteyen kimse kapıya gelsin."***

– ***"Hz. Ali'nin insanlar arasındaki hâli, İhlâs Sûresi'nin Kur'an'daki hâli gibidir."***

PEYGAMBER ÇİÇEKLERİ

Hz. Hasan ve Hz. Hüseyin (radıyallâhu anhûma). Peygamber gülistanında yetişen birer saadet çiçeği. Fâtıma-Ali ağacının kâinatı kuşatıcı iki temel dalı.

İlahi vaad ve müjde gereğince Nur Nesli, Hz. Hasan ve Hz. Hüseyin (radıyallâhu anhûma) den o türlü bir ırmak olup çağlayacaktır ki, koca İslam okyanusu içinde en ileri mânâ kahramanlarını yetiştirecek, asırlar ve devirler boyunca Allah ve kemâl gayesinin başbuğları bunlardan çıkacaktır. Buhârâ'dan tutun da tâ Endülüs'e kadar binlerce Seyyid. Ve binlerce Velî.

Nur neslinin anne ve babası ilahi çift, birbirlerine, Allah bağıyla o kadar bağlı yaşadılar ve o türlü dünyayı görmediler ki, gözlerine para, mal, ziynet diye hiçbir şey değmedi.

Fâtıma-i Zehra (radıyallâhu anha), Allah Resûlü'ne Nebilik geldiği zaman doğdular. Allah'ın Sevgilisi Hira Dağı'ndan dönerken, Fâtıma-i Zehra (radıyallâhu anha), büyük ve temiz Hatice'nin kucağında.

Kâinatın Efendisi'nin en sevgili çiçeği. Allah Resûlü tarafından öyle taşkın bir muhabbetle sevilmektedir ki, sefere çıktıkları zaman en son ona veda ederler, onu doyasıya koklarlar, dönüşlerinde de en evvel ona sarılır, onu kucaklarlar.

Aynı neslin erkek kutbu Cenâb-ı Ali (kerremallahu vechehu) ye karşı da Nebiyyi Muhterem'in muhabbet ve sevgisi sonsuzdu.

Bir hadîsi şeriflerinde buyuruyorlar:

– Cenâb-ı Allah, dört kimseyi sevmekle bana emretti ve kendisinin de onları sevdiğini bana haber verdi.

Soruldu:

– Ey Allah'ın Resûlü, isimlerini bize de söyle.

– Ali onlardandır, Ali onlardandır, Ali onlardandır. Bir de Ebu Zer, Mikdad ve Selman'dır.

KEREMLİ YÜZ

Cenâb-ı Ali'nin, her sahabînin nâil olduğu gibi "Radıyallâhu anh=**Allah'ın rızası ona olsun!**" şeklinde yüceltme tâbirinden başka şahsen mâlik olduğu "**Allah yüzünü keremlendirsin**!" mânâsında hususî bir ihtiram unvanı var.

Bu neden?

Bütün ömrünce putlara secde etmemiş bir yüze mâlik olmakla beraber, Sonsuzluk Nebisi'nin kadri yüce kızına bir kere bile dik bakmamış ve daima gözlerini yere indirmiş olmasından; böyle bir hürmetin ulvî çehresini taşımasından ileri geliyor.

İki de lâkabı var:

Murtâzâ ve Haydar.

Murtazâ; razı olunan. Haydar da, Aslan.

Lâkablarından birini, Allah Resûlü tarafından Tebük gazasında halife sıfatıyla nur şehri Medine'de bırakışındaki mânâ, öbürünü de, çocukluğundan beri, kendisinde görülen şecaat seciyesi sağladı.

Peygamber rızâsına ermiş, Allah'ın Aslanı ve Evliyalar Sultanı.

Künyesi, erkek çocuklarına izafetle Ebü'l-Hasan ve Ebü'l-Hüseyin.

Bir künyesi de Ebû Türab, Toprak Babası.

Cenâb-ı Ali (kerremallahu vechehu) nin künyeleri içinde en sevdiği Ebû Türab, takılışı bakımından pek enfes.

Birgün, Allah'ın Aslanı ve Evliyalar Sultanı Hz. Ali ömrünce bir kere bile kırmadığı ve kırılmadığı Fâtıma-i Zehra'nın bir sözünden, nazla karışık şekilde incinir gibi oldu. Saadet yuvasından çıkıp, doğruca Peygamber mescidine gitti. Mescidin bir köşesine çekilip uykuya daldı ve yüzü gözü toprağa bulandı.

O sırada Kâinatın Efendisi muhterem kerimelerini ziyarete gittiler, Hz. Ali'yi evde göremeyince sordular:

– Ali nerede?

– Bana kırılmış olacak ki, evi terk edip gitti!

Allah'ın Resûlü, hemen onu aramaya başladı ve mescitte uyurken buldu. Hz. Ali'nin yüzü gözü toprak içindeydi.

Bu manzarayı gören Kâinatın Efendisi mukaddes elleriyle Hz. Ali'nin yüzündeki toprağı silmeye başladılar ve:

– Yâ Ebâ Türab! diye seslendiler.

Ondan sonra bu lâkap aynı kaldı ve her söylenişinde Cenâb-ı Ali (kerremallahu vechehu) ye fevkalâde sevimli geldi.

Allah'ın Arslanı ve Evliyalar Sultanı Hz. Ali (kerremallahu vechehu), orta boylu, güler yüzlü, büyük gözlü, buğday benizli, gür sakallı, geniş omuzlu, iri kemikli, iki omuzunun arası geniş, pazuları kalın, mafsalları ince, elleri kavî, gayet yürekli, insan güzeli, pehlivan yapılı.

Bununla beraber, halîm, selîm, mütevazı, sahî, âdil, zâhid, kerim, kadri yüce, elâ gözlü bir efendiydi.

Terkibinde nur pırıldayan berrak yüzünün en çarpıcı unsuru da, kıvılcım saçan, hummalı, elâ gözler. O gözler Allah korkusu ile gece sabahlara kadar yaş döküyordu.

Elinde avcunda ne varsa hepsini Allah için saçıp dağıtan bir cömertlik sultanıydı. Cömertlik ve eli açıklık, onun gözünde Müslüman'ın başlıca vasfı, ana ahlâkı.

Bakın, cömertliği nereye kadar varıyor:

Halifeliği zamanında huzuruna bir gün bir yoksul geldi:

– Ey Allah Resûlü'nün halifesi, dedi; dört günden beri açım, bir parça yiyecek vermenizi rica ediyorum!

Cenâb-ı Ali (kerremallahu vechehu), kölesine emir verdiler:

– Bu yoksulun istediğini ver, karnını doyur, bütün ihtiyaçlarını gider.

– Peki ama, yiyecekler yanımda değil!

– Nerede?

– Devenin üzerinde.

– Öyle ise deve ile birlikte ver!

– Ey mü'minler Emîri! Bütün develer birbirine bağlı, yiyecek yüklü devenin diğerlerinden ayrılabilmesi için konak yerine varılması icap ediyor.

– Öyle mi?

– Evet.

– Bu bir şeyi değiştirmez ki. Sen bütün develeri o yoksula teslim et.

Bunu duyan köle şaşırıp kaldı. Hayret, dehşet, ibret! Develerin yularını elinden bıraktı, bir kenara çekilip titremeye başladı.

İrfan denizine gark olmuş din büyüğü sordu:

– Bu şaşkınlığın ve korkunun sebebi nedir?

Köle vecd içinde haykırdı:

– Ey mü'minlerin Emîri! Siz cömertlik sultanısınız. Eğer develerin yuları elimde kalsaydı beni de develerle birlikte o yoksula vermenizden korktum. Devletinize hizmetten, yanınızda bulunmak saadetinden mahrum kalmak düşüncesi ile titredim.

Cömertliğin ve ulviyetin böylesi.

Ey dünya güzeline gönül veren insanlar! Ne zaman yaradılışınızın gayesini anlayacaksınız. Dünya davulunu döve döve elinize ne geçer, ömür ipinize muhabbet boncuğu diziniz ki, iki âlemin de saadet baharına erebilesiniz.

İlim ve hikmet kutbu Hz. Ali (radıyallâhu anh), Peygamberler Peygamberinin aydın bakışının ışığı altında büyümüştü. Beş yaşından beri onu bir gölge gibi takip etmiş ve her nefes ondan nur devşirmişti. Âlemde hiç kimse bu yüceliğe eremedi.

Yine o cömertlik sultanı birgün, çoktan beridir meyveye hasret çeken çocuklarının yemiş parasını, yolda alacaklısının sıkıştırdığı bir borçluya verdi; ve Yüce Allah onu yine mucize çapında mükâfatlandırdı; ve Hz. Hasan ile Hz. Hüseyin'i yemişsiz bırakmadı.

OĞULLARI

Hazret-i Hasan (radıyallâhu anh) 3. Hicret yılının Ramazan ayının 15'inde nur şehri Medine'de dünyaya geldi.

Hz. Hüseyin (radıyallâhu anh) ise Hicretin 4. yılında Şaban ayının 5'inde Hz. Hasan gibi Medine'de doğdu.

Nur neslinin iki erkek kolbaşısı, iki nur çocuk.

Allah'ın sevgilisi, topyekûn zaman ve mekânın ve bütün mahlûkatın Peygamberi, alınlarda bir ışık halinde kendilerine kadar nebî nebî gelen ve kendilerinde temelleşen bu İlahi nuru, kendilerinden sonra da bütün zaman ve mekân boyunca nesil nesil kıvılcımlandırmak ve kararan insanlığa saçmakla vazifeli torunlarına aktardı.

İşte koca İslam zemini üzerinde en ileri mânâ kahramanları hep bu nurdan feyiz alarak kararan insanlığı aydınlattı.

ÂL–İ ABÂ

Bu tâbirin kaynağı da şöyle:

Nihayetsiz olan mülkün seyyidi, Kevser havuzunun sahibi, cihanın en büyük ziyneti, Cenâb-ı Risâlet Penâh Efendimiz birgün, nefslerini Allah'a adamış kadınların hurisi, derin ve ince kızı, Hz. Fâtıma'da. Cenab-ı Ali (radıyallâhu anh), biraz evvel küçük bir parça et getirmiş, et pişirilmiş, fakat henüz ortaya konulup yenmemiştir.

Hz. Fâtıma-i Zehra (radıyallâhu anha), pişirdiği eti Allah Resûlü'nün önüne koyarak, hep beraber yemeğe katılmalarını istirham etti:

– Ey Allah'ın Resûlü, buyurun hep beraber yiyelim! Beşi birden sofranın etrafında halka oldular.

Hem nasıl beş?

Evvelâ biri, nihayetsiz olan Mülkün Seyyidi, Levlâke levlâk ufkunun nurlandırıcı güneşi, mahlûk ve insan kadrosunda tek ve eşi bulunmayan Son Resûl. ve onun etrafında, yine her biri kıymetlerinde ayrı ayrı tek, müstesna Bir'ler; Allah'ın Arslanı ve Evliyalar Sultanı Hz. Ali (radıyallâhu anh) ve Peygamber ağacının en ulvî meyvesi Fâtıma-i Zehra (radıyallâhu anha) ve Cennet gençlerinin iki muhterem Efendisi Hz. Hasan ve Hz. Hüseyin (radıyallâhu anhûma).

Kâinatın Efendisi, Fâtıma'yı sağlarına, Hz. Ali'yi sollarına oturttular, Hz. Hüseyin'i de mukaddes kucaklarına aldıktan sonra, bu mübarek topluluğu mübarek abâlarının içinde kuşattılar. Sonra ellerini Allah'ın hacet kapısına yükselttiler:

– Allahım! Bunlar benim ehl-i beytimdir. Sen bunları, nefislerini lekeleyici fenalıklardan temizle, uzak tut, koru!

❁❁❁

İmam Müslim'in Hz. Âişe (radıyallâhu anha) den tahrîc ettiği şu rivayet de buna delâlet ediyor:

– Peygamber (Sallallahû aleyhi ve sellem) bir sabah, üzerinde siyah kıldan ma'mul, nakışlı bir abâ olduğu halde çıkmıştı. Derken Fâtıma geldi. Onu bu abânın içerisine aldı. Sonra Ali geldi, onu aldı. Sonra Hasan geldi. Onu aldı. Sonra Hüseyin geldi. Onu da aldı. Bu suretle hepsi abânın içerisine girmiş oldular. Sonra:

– ***"Ey ehl-i beyt, Allah sizden ancak kiri gidermek ve sizi tertemiz yapmak ister."***

Âyetini okudu.

Allah Resûlü buyuruyor:

– ***Ben, Ali, Fâtıma, Hasan ve Hüseyin kıyamet gününde Arş'ın altında bir kubbedeyiz.***

Cenkler Boyunca

Kılıcın ucunda bir yenik.

Uhut: Bedir gazasından bir yıl sonra oldu. Kureyş kâfirleri, ellerindekilerini, avuçlarındakini serpmişler, parayla sürü sürü asker tutmuşlar, Ebu Süfyan'ı başbuğluğa geçirmişler, Bedir'in öcünü almaya çıkıyorlar.

İmân ile küfrün ikinci büyük cengi. İslam'ın büyük imtihanı Uhut'da verilecek.

Allah Resûlü'nün amcası Abbas, vaziyeti gizli bir mektupla Mekke'den bildirdi.

RÜYA

Sonsuzluk Nebisi cuma gecesi bir rüya gördüler ve sabah olur olmaz rüyalarını sahabîlerine anlattılar:

– Rüyada birtakım sığırların boğazlandığını gördüm. Kılıcımın ucunda bir yenik. Derken sağlam bir zırhın içine elimi sokmuşum.

Sonrasında kendileri rüyasını tâbir ettiler:

– Boğazlanan sığırlar, birçok insanın öldürüleceğine alâmet. Kılıcımın ucundaki yenik, yakın akrabamdan birinin öldürüleceği. Elimi soktuğum zırha gelince, o, Medine.

Öteler âlemini gayb âşinâ gözlerle gören Allah'ın Resûlü, Medine'den çıkmamak tedbirini münasip gördüler. Kureyş ordusu Medine'yi basacak olursa sokak muharebesi yapılsın, barikatlar kurulsun ve gizli noktalardan taş ve okla karşı durulsun. Kendileri bu fikri ileri sürdüler.

Fakat iş birden alevlendi. Bedir cenginde bulunamayan İslam mücahitleri, küfrü, yine açık sahrada püskürtmek ve aynı akıbete uğratmak emelinde.

Yalvardılar:

– Ey Allah'ın Resûlü! Biz bugünü bekliyorduk! Açığa çıkıp Allah için küfür ordusuyla cenk edelim! Korktular, çıkmadılar denilmesin! İzin ver, ey Allah'ın Resûlü!

Allah'ın Resûlü, Cuma namazından sonra nasihat ettiler:

– Sabredip yerli yerinizde kalsaydınız zafer sizindi. Madem ki böyle istiyorsunuz, buyurun, silâhlanın! Artık azim ve gayret!

Düşmanın doğruca üstüne yürümek isteyenler ırmak ırmak taştı. O kadar sevinç ve neş'e duydular ki, Kâinatın Efendisi'nin ilk imâ ve işaretlerine dikkat edemediler.

GİYİLEN ZIRH

Efendiler Efendisi ikindi namazını kıldırdılar. Etraftan gelen gelene. Ordu toplanıyor.

Namazdan sonra evlerine geçtiler. Sıddîk-ı Ekber ve Ömerü'l-Fâruk da beraberindeydi. Müslümanlar da, billur bir ırmak gibi Peygamber evine doğru akıp kapılarının önünde kümelendi.

Saf halinde Allah Resûlü'nün çıkmasını bekliyorlardı. İçlerinden Saâd bin Muaz ve Üseyd bin Hudeyr (radıyallâhu anh), Sonsuzluk Nebisi'nin kapısı önündeki sahabî topluluğuna dediler ki:

– Ey Müslümanlar, iyi etmediniz! Allah'ın Resûlü'nü kendi hâline bırakmadınız! Onun tedbiri, düşmana karşı çıkmak değildi, işi O'na bırakın. Gidin, yalvarın, O'nun isteğine boyun eğdiğinizi söyleyin!

Kapıda bu konuşma olurken, Allah'ın Resûlü, sırtında zırhı ve belinde kılıcı, kapıdan çıktılar. Sahabîler, etrafında halkalandı:

– Ey Allah'ın Resûlü, bizim muradımız sana aykırılık değildi. Ne dilersen onu emret!

Allah'ın Resûlü buyurdular:

– Hiçbir Peygamber, zırhını giydikten sonra, Allah onunla düşmanı arasında hükmedinceye kadar bu zırhı sırtından çıkarmaz.

Uhut, Nur şehri Medine'nin yakınlarında bir dağ. Kâinatın Efendisi bu dağ için şöyle buyurmuşlardır:

– Uhut, bizi sever, biz de onu severiz!

MANZUME

Dinle hikâyemi ne söyler sana,
Nice ibret vardır insan olana.

Şu çocuklardaki imana bir bak,
Çağla onlar gibi sen ırmak ırmak.

Uhut savaşına hazırlık vardı,
Bütün mücahitler toplanmışlardı.

Medine dışına çıkınca ordu,
Allah'ın Resûlü şöyle buyurdu:

"– Küçük çocukları çevirin geri,
Er meydanı değil onların yeri."

Çocuklar çevrildi geriye bir bir,
Râfi aldırmıyor, lâkin, bu nedir?

Sanki ırmak, kükrer, taşar, nur çocuk,
Aşk ile, şevk ile yaşar nur çocuk!

Kendisini boylu göstermek için,
Ne işler yapıyor artık seyredin.

Parmak uçlarına basıyor Râfi,
Diyor: – Boyum uzun olursa kâfi!

Delikanlı gibi dik duruyor hep,
Yüce Nebi kabul eder mi acep.

Gözyaşı dökmede bütün sahabe,
Din için canını edecek hibe.

Dediler: "– Kerem et, âmân ey Nebî!
Ok atıcı yoktur, bu Râfi gibi.

Attığı ok, hedefinden şaşmaz hiç,
Râfi'de kaynıyor, neş'e ve sevinç."

Allah'ın Resûlü izin verdiler.
Lâkin başka biri çıktı bu sefer.

Semüre bin Cündüb derlerdi ona,
Can atıyordu hep Allah yoluna.

Ne yazık ki, henüz yaşı küçüktü,
İşte bu mesele belini büktü.

Geri dönmek bir zül, ne yapacaktı,
Gözlerinden elmas elmas yaş aktı.

İnanmıştı candan Rabbin vahyine,
Cihat etmek idi emeli yine.

Ne yazık ki boyu pek kısa idi,
Onu görür görmez Hazret-i Nebi.

Dedi: "– Sen küçüksün dön Medine'ye,
Tâ buraya kadar gelmeniz niye?

Bütün çocukları çevirdim geri,
Harp meydanı değil onların yeri.

Duymadın mı yavrum, bu emrimi sen?
Al kılıcını da geri dön hemen."

Gelinmezdi aslâ bu emre karşı,
Ne olur büyük olsaydı yaşı.

Semüre düşündü, bir plân kurdu,
Allah Resûlü'ne hemen baş vurdu:

Dedi: "– Ey Nebî! Amân ver hele;
Bir güreş atalım şu Râfi ile.

Gözlerimle gördüm, biraz evvel siz,
O Râfi'yi geri çevirmediniz.

Ondan daha kuvvetliyim şimdi ben,
Güreşelim müsaade edersen.

Yıkamazsam beni geri çevirin,
Din için savaşmak hakkıdır erin.

Ey sevgili Nebi, nurdan çağlayan,
Aşkındır gönlümü yakıp dağlayan.

Senin, aşkın düştü gönül evime,
Lütfetmezsen, kime gideyim, kime?

Bunun üzerine âlemin Nuru:
"– Haydi izin verdim, güreş!" buyurdu.

Öyle sevindi ki küçük Semüre,
Çırpınarak çıktı tâ orta yere.

İnci tanesiydi sanki o kumlar,
Allah'ın hikmeti bir başkalık var.

Dev imanlı iki mücahite bak,
Birbirine hemen açtılar kucak.

Semüre bir arslan, Râfi bir arslan,
Güreşiyorlardı, artık, toz, duman.

Bir eda, bir heybet, bu ne çağlayış,
Görülmüş mü böyle yürek dağlayış.

Bütün sahabenin gözü yaşardı,
Onlarda ne büyük bir iman vardı.

Şimşek gibi birden daldı Semüre,
Ve Râfi'yi vurdu, sırt üstü yere.

Allah Resûlü'nün önüne geldi,
El bağlayıp sessiz sessiz bekledi.

Bir mânâsı vardı bu bekleyişin,
Semüre ehliymiş, hakikat işin.

Allah'ın Resûlü nur saçıyordu,
Neş'e ve heyecan içinde ordu.

Tebessüm eyledi Cennetler gibi,
Dedi: "– Ey nur, ışık, iman sahibi!

İnandım gerçekten kuvvetine ben,
Kılıcını kuşan ve yürü hemen.

Râfi gibi sen de bu orduda kal,
Düşmanlarımıza ok at, kılıç çal.

Kahraman kim imiş göster kendini,
Böyle fedakârlık ister hak dini."

Semüre sevinçten uçuyor artık,
Ona izin verdi en yüce varlık.

Koşa koşa gitti Râfi'ye hemen,
Dedi ki: "– Kardeşim, tasalanma sen.

Haydi gir koluma beraberiz hep,
Bizler Allah için cenk ederiz hep.

İşte kılıç, işte ok, işte mızrak,
Gazanı mübarek etsin yüce Hak."

Atıldı ileri iki mücahit,
Nağme nağme idi dillerde Tevhîd.

Çağladı bir anda iman ordusu,
Rahmet indi, nur indi, gök dolusu.

Ey Hakkın askeri, hazır ol, saf tut;
İşte açıldı yol göründü Uhut!

YÜRÜYÜŞ

Sonsuzluk Nebisi, dört kola böldükleri kıtalara birer sancak verdiler. İslam birlikleri dört koldan harekette. Hz. Ali'nin bayraktarı bulunduğu kol, başlıcası.

Peygamber ordusu bin cenkçi. Yüzü zırhlı.

Küfür ordusu da, 700'ü zırhlı 3000 nefer. Ve üç bin deve. Ayrıca, askerleri gayrete getirmek için def çalan ve kahramanlık şiirleri söyleyen kadınlar. His gıcıklayıcı çığırtkan kadınların başında, Ebu Süfyan'nın karısı meşhur Hind.

Uhut, Müslümanları imtihan süzgecinden geçiren bir gaza. Ve Müslümanlık hesabına bütün bir imtihan.

Şimdi onu Allah'ın Arslanı ve Evliyalar Sultanı Hz. Ali (radıyallâhu anh) bakımından takip edeceğiz.

TABİYE

Peygamberler Peygamberi, Abdullah İbn-i Cübeyr (radıyallâhu anh) emrinde 50 tane keskin nişancıyı İslam ordusunun ardındaki dağ yolunun ağzına tabiye ettiler. Ve o noktanın değerini belirtmek için şöyle buyurdular:

– Bizi kuşların kapıp kaçtığını bile görseniz, benden emir gelmedikçe yerinizden kıpırdamayınız!

Fakat bu emir okçular tarafından unutulacak, ilk toslamada zafere erildiği ve ganimet toplamaya başlandığı hissine kapılarak mevzilerini terk edecekler. Böylece en nazik nokta boş kalacak ve düşman bu noktadan sızarak İslam ordusunu arkadan kuşatacak. Küfür safları gürül gürül çökmek üzereyken bir an için fırsat küfrün eline geçecek. Müslümanlar, düşmanın arkadan hücuma geçtiğini görecek, birbirine girecek, bir kargaşalıktır kopacak ve muhakkak bir zafer, bozguna döner gibi olacak.

Kâinatın Efendisi, çözülüş karşısında, son vaziyeti görmek için bir iki adım atınca, küfür sırtlanları dağdan inmiş canavar gibi koşuştular. Yüce Allah'ın Âlemlere Fahr olarak gönderdiği Sevgilisi'ni taş yağmuruna tuttular. Allah Resûlü'nün alnı, yanağı ve alt dudağı yaralandı; ve dünyanın en güzel diş sırasından biri kırıldı. Başlarındaki tulgaya bir kılıç indirdiler. Tulganın iki halkası kesildi ve mukaddes yanaklarına gömüldü. Hz. Ebu Ubeyde, halkayı dişleriyle çekip yanaklarından çıkardı. Müslümanlar düşsün diye yer yer çukurlar kazmışlardı. Taş yağarken Allah'ın Resûlü o çukurlardan birine yan üstü düştüler. Hz. Ali (kerremallahu vechehu) koşup mübarek ellerine yapıştı, Talha bin Ubeydullah da kucakladı ve ayağa kaldırdılar.

Allah'ın Resûlü, elleriyle yüzlerinin kanını silerken, bu işi yapan için:

– Allah seni zelil etsin!

Buyurdular.

Allah o lânetlinin üzerine bir dağ keçisini musallat etti. Yabani keçi bu kâfire o kadar boynuz çaldı ki, onu paramparça etti. Böylece ebedî azap diyarına gönderdi.

Allah'ın Resûlü kanlarını silerken şöyle buyuruyorlardı:

– Eğer kanımdan toprağa bir damla düşseydi gökten azap yağardı.

❁❁❁

Bir lânetli atılıp Allah Resûlü'nün yanında cenkleşen Musâb Hazretleri'ni şehit etti; sonra karanlık ağzını açıp avaz avaz bağırdı:

– Muhammed öldürüldü!

Ortaklık büsbütün karıştı. Kılıç şakırtıları, at kişnemeleri, deve iniltileri. Toz, duman, çığlık.

En başta Hz. Ali (radıyallâhu anh) olmak üzere, tam 12 sahabî, Varlığın vücut hikmeti Peygamberler Peygamberini korumak için, oklara kendi vücutlarını siper ettiler. Etraflarında et ve kemikten bir hisar meydana getirdiler.

Allah Resûlü'nün yanıbaşında, Allah'ın Arslanı ve Evliyalar Sultânı Hz. Ali, elinde kılıcı, nur merkezine sokulmak isteyen, bahadırlık iddiasındaki bütün başları düşürüyor.

Şehit olan olana.

Kâinatın Efendisi'nin mukaddes kucağında, Onun mübarek yüzüne baka baka, gülümseyerek can veren Sahabî.

Ve Şehitlerin Efendisi, Peygamber amcası Hz. Hamza (radıyallâhu anh).

Vahşi isimli bir Habeşli köle vardı. Allah'ın Arslanı Hz. Hamza'yı öldürmek karşılığı azad edilecekti. Ayrıca Ebu Süfyan'ın karısı Hind onu servete, saadete boğacaktı.

İşte bu Vahşi. O anda ismi gibi vahşî. (ileride İslama can atacak ve affa uğrayacak, sahabî zincirinin en küçük halkalarından biri olacak.)[14]

---

14 Hâşiye: Hz. Hamza'yı şehit eden Vahşi, İslam güneşi ve Nübüvvet nuru her tarafı aydınlatınca Müslüman olmak istedi, fakat bazı âyetleri buna engel görerek Nebiyyi Muhterem'e bir mektup yazdı:

– Ey Allah'ın Peygamberi! Her ne kadar ben Müslüman olmak istiyorsam da Kur'an'daki, "Onlar ki Allah'ın yanına başka bir tanrı daha -katıp- tapmazlar. Allah'ın haram kıldığı cana haksız yere kıymazlar, zina etmezler. Kim bunlar -dan birini- yaparsa cezaya çarpar." meâlindeki bu âyet buna mani oluyor. Çünkü ben bu üçünü de işledim. Tevbe etmem için yol var mıdır?

Bunun üzerine, "Ancak tevbe eden, inanıp yararlı iş işleyen kimselerin işte Allah onların kötülüklerini iyiliklere çevirir. Allah bağışlar ve merhamet eder." meâlindeki âyet nâzil oldu.

Sonsuzluk Nebisi bu âyeti yazıp Vahşi'ye gönderdi.

Vahşi işi daha sağlama bağlamak için yine mektup yazdı:

– Ey Allah'ın Resûlü! Yazdırıp gönderdiğiniz âyette –Âmel-i sâlih şart koşuluyor. Bu amel-i sâlihte bulunup bulunamayacağımda şüpheliyim. Yani buna güç getirip getiremeyeceğimi bilemiyorum.

Bunun üzerine, "Şüphesiz ki Allah, kendisine eş tanınmasını yarlığamaz. Ondan başkasını, dilediği kimseler için, yarlığar. Kim Allah'a eş tutarsa muhakkak pek büyük bir günâh ile iftira etmiş olur." meâlindeki âyet indi. Allah'ın Resûlü bunu da Vahşi'ye yazdırıp gönderdi.

Vahşi âyette ikinci bir şart ile karşılaşınca tekrar mektup yazdı:

– Ey Allah'ın Resûlü! Âyette bir şart var: Allah beni bağışlamayı dileyecek mi, dilemeyecek mi? bilemiyorum.

Ve bu defa da şu âyeti kerîme nâzil oldu:

– "De ki: "Ey nefislerine karşı hadden aşırı hareket edenler, Allah'ın rahmetinden ümidinizi kesmeyin. Çünkü Allah bütün günâhları yarlığar, şüphesiz ki O, çok yarlığayıcıdır, çok esirgeyicidir."

Vahşi bu ilahi müjdeyi alınca hemen Peygamber şehri Medine'nin yolunu tuttu ve Allah Resûlü'nün huzuruna gelip İslama can attı.

Hâşiye: Allah'ın yenilmez arslanı ve Allah Resûlün'ün sevgili amcası Hazret-i Hamza (radıyallâhu anh) nın mübarek cesedine karşı gösterilen vahşet gerçekten tüyler ürperticiydi. Bu işi, beyinleri küfür kezzabıyla kavrulan insanlar yapıyordu, imansızlık insanı işte bu kadar canavarlaştırıyordu. Fakat gün gelecek, gönül semalarında hidâyet güneşi pırıldayacak, Risâlet-i Ahmediye'nin nurları Mekke ufuklarında cevelân edecek ve o kadar vahşete dalmış insanlar birden gözü yaşlı bir ceylâna dönecektir. Hind de bunlar arasında olacak ve İslam'a can atıp ebediyetin solmazlığına erecektir.

Şimdi onun İslam'a girişini kısaca beyan ediyoruz:

Nihayetsiz olan mülkün seyyidi ve Kevser Havuzu'nun sahibi Cenâb-ı Mustafa (Sallallahû aleyhi ve sellem) Mekke'yi fethettiler ve bütün Kureyş'e eman verdiler. Sonra Safa Tepesi'ne çıkıp oturdular. Kendisine önce erkekler biat etti, peşinden bütün Kureyş kadınları. Hind dahi tebdil-i kıyafet ederek Varlık Nuru'nun huzuruna çıktı.

Herkesin imdadına yetişen Cenâb-ı Mustafa onu bağışladılar. Hazret-i Hind samimiyet tüten bir gönülle affını diledi ve iman devletine erdi. Sonra evine gelip mankafalı putların karşısına geçti ve haykırdı:

– Bu kadar vakit size aldanmışız!

Ve ne kadar put varsa hepsini bir bir devirdi, parçalayıp sokağa attı. Böylece sahabiler dizisinden birisi de o oldu (radıyallâhu anh).

Bir taşın arkasına gizlendi, bahadırlar bahadırı Hz. Hamza'yı kollamaya başladı. Hz. Hamza (radıyallâhu anh), ortalıkta arslan gibi fırıl fırıl döne döne, önüne çıkan küfür sırtlanlarını devire devire, Vahşi'nin olduğu yere yaklaşıyor.

Vahşi, gayet iyi bildiği uzaktan silâh atma san'atıyla, siperden mızrağını attığı gibi Peygamber amcası Hz. Hamza'yı yere seriyor. Büyük bahadırın vücudundan gürül gürül kanlar kumların üzerine akıyor.

Arkasından Hind, Ebu Süfyan'ın karısı Hind; İslam ordusunda dağınıklık yüz gösterip küfür fırsata geçince, yanındaki çığırtkan kadınlarla muazzez şehitlerin üzerine atıldı.

Hind, Hz. Hamza'nın karnını ve göğsünü yardı, ciğerlerini çıkardı, bir parça kesip aldı ve ağzında çiğnemeye başladı. Yutamadı ve tükürdü. Vahşetin en tüyler ürperticiliğini yapmıştı.

Ve başımız üstünde bir kudret şemsiyesi gibi duran gök kubbe, o âna değin böyle bir cinayet görmedi.

Ve İslam ordusundan niceleri şehit oldu.

Varlığın sebebi olan Peygamber buyuruyor:

– Şehitlerin Efendisi Hamza-i İbn-i Abdülmuttalib'dir!

Küfür ordusunun başbuğu Ebu Süfyan ilerledi ve Allah Resûlü'nün etrafındaki sahabî siperine doğru haykırdı:

– Aranızda Muhammed var mı?

Emir verildi:

– Hiç cevap vermeyin!

Sustular.

– Ebu Bekir orada mı?

Cevap yok.

– Ömer orada mı?

Yine cevap yok.

Ebu Süfyan nârayı bastı:

– Muhammed, Ebu Bekir ve Ömer ölüler arasında!

O zaman hak ve adalet güneşi Hz. Ömer dayanamadı ve ortalığı çınlattı:

– Yalancı! Allah düşmanı yalancı! Saydıkların hep hayatta. Sen bundan sonra başına geleceğe bak!

Kâinatın Efendisi, yanındaki sahabîlerle dağ tarafına doğru çekiliyorlar. İbn-i Halef isimli lânetli bir kâfir görünüyor. Dört nala üzerlerine seğirtiyor. Gelirken de avaz avaz bağırıyor:

– Gösterin bana şu Muhammed'i!

Sahabîler davranmak istiyor, Allah'ın Resûlü bırakmalarını söylüyor. Nasipsiz kâfir tam yaklaşınca bir sahabinin mızrağını çekip atıyorlar. Mızrağı sağ göğsünden yiyen lânetli kâfir, atının üstünden yuvarlanıyor ve birkaç kere tekerlendikten sonra serilip kalıyor. Canı cehennemi boyluyor.

Nebiyyi Muhterem (Sallallahü aleyhi ve sellem), etrafındaki sahabilerle, imtihan meydanından ebedî zafere doğru, çekiliş yollarında ilerlediler. Hz. Ali (kerremallahu vechehu), kalkanına su doldurup Allah'ın Sevgilisi'nin yaralarını sildi.

Abdest alındı; herkes oturduğu yerde, kâinatın İmamı'nın arkasında öğle namazını kıldı.

Allah'ın Arslanı

Allah'ın Arslanı ve Evliyalar Sultânı Hz. Ali'nin Uhut cenginde, bu tüyler ürpertici korkunç denemede, göklerin imtihan heyetinden aldığı not, yakıcı ve kül edici derecede müthiş.

Şimdi onu adım adım takip edelim:

İmân ordusuyla küfür ordusu karşılaşır karşılaşmaz, küfür safından, dev gibi müthiş bir insan fırladı ve müminlere doğru heybetle yürüyüp haykırdı:

– Siz Muhammed'in dinine bağlananlar, kılıçlarınızın bizi Cehenneme göndereceğini iddia ediyorsunuz! Öyleyse er meydanına çıkın da görüşelim! Ben de size diyorum ki, bizim kılıçlarımız da sizi Cennete gönderecektir. İşte size iddianıza göre bir fırsat. Aranızda Cennete girmek isteyen ve hele benim karşıma çıkabilecek olan biri varsa, işte meydan hemen gelsin ve boyunun ölçüsünü alsın.

Bir elinde Kureyş kâfirlerinin bayrağı, bir elinde kılıç, bu alaycı ve küçültücü lafları eden lânetli karşısına, bir sıçrayışta, İslam safından bir genç çıktığını gördü.

Bu genç, İslamın bayraktarı Hz. Ali (radıyallâhu anh) idi.

Dâvetine koştuğu nasipsiz adam da, küfrün bayraktarı, meşhur cengâver Ebi Talha oğlu Talha.

Peygamber ordusunun 26 – 27 yaşlarındaki genç ve güzel Arslanı Hz. Ali, ağzından kıvılcım saçan, köpükler fışkıran küfür ejderi Talha'ya karşı cephe aldı ve ortalığı inletti:

– Çağırışına ve İslam kılıcının kâfiri nereye göndereceğini ispata ben geldim!

Yılan başlı, sırtlan suratlı Talha kahkahayı bastı:

– Sen mi? Akrabamdan bir genç! Acımıyor musun şu gençliğine, şu güzelliğine?

İmânın billûrlaşmış nurdan âbidesi Hz. Ali (radıyallâhu anh), sol elindeki kalkanıyla örtünüp, sağ elindeki kılıcını hamle vaziyetinde tutarken kükredi:

– Bırak bu saçma lâfları! Ya Talha bin Ebi Talha; sana evvelâ Müslüman olmanı, hak dine girmeni, kurtuluşa ermeni teklif ediyorum! Nasıl, teklifimi kabul ediyor musun?

Küfür kuduzu Talha'nın köpük saçan karanlık ağzı hakaretle açıldı:

– Küstaha bakın siz! Bir de bunu teklif ediyorsun, ha!

Ve bir sırtlan gibi derhal hücuma geçti Talha. Allah'ın Arslanı bu saldırışlara karşı yalnız kalkanını kullanarak kendisini korumakla yetindi. Talha'nın ağzından burnundan köpükler saçılıyorken ve saldırışlarını hızlandırmaya devam ederken birdenbire Hz. Ali'nin şanlı kılıcı parlayıverdi. Havada iki şimşek pırıltısı ve üstüste iki hamle.

Gökleri inleten bir feryâd:

– Öldüm!

Lânetli kâfirin ayağı ikiye ayrılacak şekilde kesilmiş ve küfrün sözde cengâveri yere düşmüştür.

Yerde beynine kurşun yemiş bir yılan gibi kıvrılan küfür ejderinden bir inilti:

– Yâ Ali! Akrabalığımız aşkına bana acı! Beni sağ bırakacak olursan bir daha Müslümanlara kılıç çekmemeye söz veriyorum!

Allah'ın Arslanı, kılıcını kaldırmış, ayağının dibindeki küfür sırtlanının kafasını uçurmak üzere. Tam o anda Hz. Ali (radıyallâhu anh) gördü ki, yerde bu türlü yatan kâfirin, düşerken örtüsü sıyrılmış ve edep yeri meydana çıkmıştır.

Nefretle kılıcını indirdi Cenâb-ı Ali; ve sefil leşin yanından ayrılıp başkalarıyla vuruşmaya gitti.

Sahabîlerden bazıları Hz. Ali'nin bu ulvî tenezzülsüzlüğünden bir mânâ çıkaramadılar ve kâfirin boynu vurulmadığı için aralarında söylendiler. Cenâb-ı Ali'yi Allah'ın Resûlü takdir buyurdular. Lânetli kâfirin başını biraz sonra başka bir sahabi kesti! Küfür bayrağı, Talha'dan öbür kardeşlere geçti. Onlar da hep birden Hz. Ali'nin üstüne çullandılar, fakat çok geçmeden birer birer yere serildiler.

Küfür bayrağı dördüncü olarak Ertad bin Sercil'in elinde. Karşısında yine Hz. Ali (radıyallâhu anh). Ertad'ı cansız yere sermeye, Allah'ın Arslanının bir vuruşu yetti.

Cenâb-ı Ali (radıyallâhu anh), kılıcını yıldırımdan bir gülle gibi kâfirlerin beynine indiriyor ve küfür ormanını ot biçer gibi biçiyordu.

Uhut'da Peygamber emrinde bir destan kahramanı arıyorsanız, işte o Hz. Ali'ydi.

Okçuların yerlerinden ayrılıp İslam cenahını açık bırakmaları ve düşmanın o boşluktan sızıp Müslümanları çevirmesi üzerine doğan müthiş karışıklığı Hz. Ali (radıyallâhu anh) şöyle anlatıyor:

– İslam askeri iki ateş arasında kalmıştı. Çok şehit verdik. Halbuki kâfirler biraz evvel yenilmiş gibiydi. Ben kâfirler üzerine olanca kuvvetimle hamle ediyor, önüme çıkan kâfirleri bir bir deviriyordum. Bir karışıklıktır, gidiyordu. Bu esnada Allah'ın Resûlü'nü kaybettim. Dönüp dolaştım; kendisini yerdeki şehitler arasında aradım, bulamadım. Bir aralık müthiş bir ıstıraba düştüm, acı ile kıvrandım. Peygamber şehit olmuşsa benim için hayatın hiçbir mânâsı kalmamış demekti. Bir taraftan ızdıraba batarken bir taraftan sakınacak bir şey kalmadığını anlıyor, her tarafa dalıyor, saldırıyordum. Saldırdıklarım önümde eriyor, birer birer devriliyordu. Fakat ne çıkardı? Artık gözümde hiçbir şey yoktu! Biricik emelim, Allah ve Resûlü'ne kavuşmaktı. Bu murada ereyim diye çarpışıyordum. Birden ne görsem iyi? Allah'ın Resûlü, uzakça bir yerde, hareketlerimizi seyrediyorlar. Kuvvet ve cesaretim öyle yükseldi ki, bu defa galip gelmek için çarpışmaya başladım, saldırdım, saldırdım.

Yine Allah'ın Arslanı anlatıyor:

– Allah'ın Resûlü'nü kılıçların bürüdüğü, okların her yandan hedef aldığı bir sırada, yalnız Talha'nın, O'nun önünde kendisini siper ve kalkan yaptığını görmüşümdür.

O zaman ben bir tarafta kâfirlerin bir birliğini üzerimden atmaya uğraşıyordum.

Ebu Dücâne, başka bir tarafta müşriklerden bir birlikle boğuşuyordu.

Küfür ordusundan bir birlik görmüştüm. İçlerinde İkribe b. Ebî Cehl de bulunuyordu. Kılıçla aralarına daldım. Çevremde halka halka oldular ve kılıçlarını bana havale ettiler. Üzerlerine atıldım, sonuncusuna kadar hepsini kılıçla kestim ve hepsini dağıttım.

Sonra, içlerine ikinci bir dalış daha yaptım. Ecel gelmediği için, vardığım gibi sapasağlam, geri döndüm. Allah, mukadder olan işi yerine getirir.

Allah'ın Arslanı yıldırımdan bir gülle gibi kâfirlerin tepesine indikçe kâfirler kaçacak delik arıyorlardı ve bütün gayretleriyle Hz. Ali (kerremallahu vechehu) yi öldürmek istiyorlardı.

Saîd b. Müseyyeb'in rivayetine göre: Cenâb-ı Ali'ye 16 kere kılıç vurulmuştu. Yere düştükçe de, Cebrail (a.s.) tarafından kaldırılmıştı.

❁❁❁

Yine Hazret-i Ali'den:

– Allah'ın Resûlü, Uhut günü; "Zekvan b. Abd-i Kays hakkında kimde bilgi var?"

Diye sordular. Ben ileri atılıp:

– Ey Allah'ın Resûlü, dedim; ben onu gördüm! Peşinden bir atlı koşuyor ve: "Sen kurtulursan, ben kurtulmayayım!" diyordu. Nihayet yetişip atını onun üzerine sürdü.

Zekvan, yaya idi. Atlı adam haykırdı:

– Al bunu da benden! Ben İlâc'ın oğluyum.

Ben ona doğru koştum. Ayağına kılıçla vurup uyluğunun yarısını kestim. Sonra onu atından düşürerek üzerine çöktüm. Kılıcımı boğazına dayayıp bir vuruşta kafasını kopardım. O Ebülhakem b. Ahnes b. Şerik b. İlâc-ı Sakafi idi.

Müthiş sahnelerden biri daha:

Cenk esnasında Hazret-i Talha'nın baş ve gövde damarlarından birisi kesilmişti. 66 yerinde yarası vardı. Vücudunun her yerinden oluk oluk kan akıyordu. Çok kan kaybı yüzünden bu büyük kahraman bayılmıştı.

Allah'ın Sevgilisi, Hazret-i Ebu Bekir (radıyallâhu anh) e dediler ki:

– Amcanın oğlu ile ilgilenmeni sana tavsiye ederim!

Sıddîk-i Ekber hemen koştu ve Hazret-i Talha'yı baygın bir halde buldu. Yüzüne gözüne su serpti. İmânın billurlaşmış nurdan âbidesi gözlerini açtı ve sordu:

– Yâ Ebâ Bekir! Allah'ın Resûlü ne yapıyor?

– İyidir, beni sana o gönderdi.

Muazzez sahabî yattığı kumlar üstünde sevinçle haykırdı:

– Allah'a şükürler olsun. O Âlemlerin Efendisi sağ olduktan sonra, benim için her musibet hiçtir.

Ve gözlerinden inci tanesi gibi sevinç yaşları akıttı.

❁❁❁

Hazret-i Talha'yı Sonsuzluk Nebisi'nin huzuruna getirdiler. Allah'ın Sevgilisi, mukaddes elleriyle onun bedenini sığadı ve şöyle dua etti:

– Allahım! Ona şifa ve kuvvet ver!

Hazret-i Talha (radıyallâhu anh) birden doğruldu ve sapasağlam bir hâle geldi hemen kılıcını eline alıp düşman saflarına saldırdı. Kâfirleri bir bir devirerek ilerledi.

O esnada, Âmir b. Lühey oğullarından, yelesi ve kuyruğu kara, kızıl, doru atlı bir kâfir iman ordusuna doğru geldi ve karanlık ağzını açıp avaz avaz bağırdı:

– Ben, Ebû Zâtülved'im! Gösteriniz bana Muhammedi. (Sallallahû aleyhi ve sellem).

Büyük cengâver Hz. Talha (radıyallâhu anh) hemen o kâfirin önünü kesti ve kılıcını şimşek hızıyla atının bacaklarına çaldı. At, kuyruğunu iki bacağı arasına sokup sindi. Hazret-i Talha bir ceylân gibi sıçradı, mızrağını kâfirin tâ göbeğine sapladı.

Lânetli kâfirin feryadı göklere çıkıyordu:

– Öldüm!

Böyle bağıra bağıra cehennemi boyladı.

Allah'ın Resûlü çiçek çiçek bir tebessümle Hazret-i Talha'ya şu ismi taktılar:

– Talhatulhayr = Hayırlı Talha!

Allah Resûlü'nün azılı düşmanlarından biri de Abdullah b. Humeyd isimli lânetliydi.

İnsanlığın Efendisi'ni görünce atını mahmuzladı. Kendisi, demir zırh içinde ve miğferliydi. Tepesinden tırnağa kadar silâhlanmıştı. Avaz avaz bağırıyordu:

– Ben Züheyr'in oğluyum! Gösterin bana Muhammed'i!

Vallahi, ya onu öldürürüm, yahut onun yanında ölürüm!

Allah Resûlü'nün âşık-ı şeydalarından Hazret-i Ebû Dücâne hemen kılıcını çekti, o kâfirin önünü kesti ve haykırdı:

– Gel yanıma! Ben, Allah Resûlü'nün mukaddes vücudunu, kendi vücudumla koruyan kişiyim!

Ve bir arslan gibi ileri atıldı. Kâfirin atının bacaklarına müthiş bir darbe indirdi. At kişneyerek olduğu yere sindi. Bu defa kılıcını küfür ejderine havale etti:

– Al bu da ben Hareşe'nin oğlundan!

Küfür delisini bir vuruşta biçti ve canını cehenneme yolladı.

Allah'ın Sevgilisi bu müthiş boğuşmayı seyrediyor ve şöyle dua yapıyordu:

– Allahım! Hareşe'nin oğlundan ben nasıl razı isem, sen de razı ol!

İŞTE İMAN

Hakikî mü'min isen gel ihlâsını göster,
Mukaddes din senden bu fedâkârlığı ister!

Şimdi ihlâs, iman, aşk sahibi yüce insanları görelim.

Muazzez sahabîlerden Enes b. Mâlik (radıyallâhu anh) anlatıyor:

Uhut günü Allah Resûlü şehit oldu dedikleri zaman, Medine'nin her tarafında çığlıklar koptu. Gözlerden iplik iplik yaşlar, gönüllerden hicran ırmakları aktı.

Ensâr kadınlarından birisi kardeşini, oğlunu, kocasını ve babasını karşılamaya çıkmıştı. Çünkü onların hepsi de Allah yolunda şehit olmuştu.

Onların hangisinin ölüsüne önce rastladığını bilmiyorum. Sonuncu şehidi gördüğü zaman sordu:

– Ey gaziler, kim bunlar?

Cevap verdiler:

– Kardeşin, baban, kocan ve oğlundur!

– Siz bana Allah Resûlü'nden haber veriniz, O nasıl?

– Allah'a hamd olsun. O, iyidir ey filânın annesi!

– O'nu bana gösterseniz de bir görsem olmaz mı?

– Olur.

– Nerede Allah'ın Sevgilisi?

– İşte önündedir.

Büyük ve ulvî kadın hemen koştu. Âlemin Fahri'nin mukaddes eteğinden tuttu ve en taşkın cezbe haliyle şöyle dedi:

– Anam, babam sana feda olsun, ey Allah'ın Resûlü! Sen sağ olduktan sonra, her felâket hiç gelir bana!

Nebiyyi Muhterem pırıl pırıl bir tebessümle bu aşk ve iman kadınını süzüyordu.

Bu destanlık ve muhteşem iman sahibi kadına iffet ve ismet incisi Hazret-i Âişe Validemiz "Harre" denilen yerde rastladı. Kadın Hazret-i Âişe'yi görünce bir ceylân gibi sıçradı ve ona ilk müjdeyi verdi:

– Hiç üzülmeyiniz, Allah Resûlü'nün şehit olduğu yolundaki haberler yalandır. Bizzat gidip Uhud'da O'nu gördüm.

Dirayet ve zarafet timsâli Hazret-i Âişe Validemiz sordu:

– Sen bu haber üzerine mi gitmiştin Uhut'a?

– Evet. Resûl-i Ekrem şehit oldu, denince dünya başıma yıkılmıştı da sanki ben altında kalmıştım. Ne yapacağımı şaşırdım, O'nun aşkıyla tutuşup yandım ve komşularla birlikte hemen Uhut'a koştum. Âlemlerin Rabbi olan Allah'a mahlûklarının sayısınca hamd olsun ki, İnsanlığın Efendisi hayatta ve ona bir zarar erişmemiştir.

– Peki, bu deve kimin devesi, nereye götürüyorsun böyle?

– Bunu bana Uhud'da verdiler. Çünkü şehitlerimi başka türlü Medine'ye nakledebilmem mümkün değil!

– Yoksa devenin üzerindeki mahfe içinde şehit mi var?

– Evet, şehitler var!

– Kim onlar?

– Biri kardeşim Abdullah!

– Diğeri?

– O da oğlum Hallad.

– Başka var mı?

– Var!

– Kim o?

– Kocam Amr bin Cemuh!

İşte İslam'ın altınla doldurduğu kalblerdeki saffet ve ulviyet.

Mü'min olanın ne hoş, ne ulvî yanışı var,
Âlemlerin Rabbini gönülden anısı var!

MEDİNE'DE DURUM

Müthiş bir söylenti:

– Allah'ın Resûlü şehit olmuş!

Nur şehri Medine'nin havasına münafık ağızların üflediği bu zehir üzerine, Peygamber kızı Fâtıma-i Zehra (radıyallâhu anha) hemen Uhut yoluna düştü.

O sırada Allah'ın Arslanı Hz. Ali, Sonsuzluk Nebisi'ni siperleyen 12 sahabî arasında, kılıcını ölüm cereyanından bir perde gibi kullanıyor, uzanan her şeyi kesip biçiyor, vücutlar üzerinden kafaları koparıp atıyor, yakıp kül ediyor.

Aşkın ve imanın büyüklüğüne bakın ki; Allah Resûlü'nü koruyan sahabîler arasında, Nesibe isimli, ordunun arkasından gizlice yola çıkıp gelmiş bir de kadın vardı. Bu kadın, Uhut gazası günü silâhını aldı. Şafak vakti evinden çıkıp cenk yerinde Allah'ın Resûlü'ne yetişti. Onun gözleri önünde kâfirlerle dövüştü. Öyle bir kuvvetle kılıç sallıyordu ki, görenler erkek cengâver sanırdı. Hz. Ali'nin yanı başında dövüşen bu kahraman kadın, küfürden yediği bir kılıçla omuzu delinip yere düştü. Sonra yarası iyi oldu ve ömrü boyunca, Uhut yadigârı, omuzunda derin bir çukur taşıdı.

İşte o aşk ve iman kadını anlatıyor:

– Allah Resûlü'nün önünde durup kâh kılıç ve kâh okla düşmanı def ederdim. Müslümanlar dağılınca Peygamberler Peygamberi'nin yanlarında az insan kaldı. Bir lânetli kâfir gelip; Muhammed neredeDir, bana gösterin o kurtulursa ben kurtulmayayım, dedi ve saldırdı. Ben de mel'una karşı durdum. Bana bir kılıç vurdu. Ben de ona bir kılıç çaldım. Amma o Allah düşmanı üzerine iki kat zırh giymişti. Kılıcımı işletemedim.

O gün Hz. Ebu Dücane, vücudunu Allah'ın Resûlü'ne siper etmişti. Vücuduna üstüste oklar saplandıkça, acısından yalnız başını kaldırıyor ve hiç kıpırdamıyordu.

Saad bin Ebi Vakkas (radıyallâhu anh), Sonsuzluk Nebisi'nin yanlarında durup kâfirlerin üzerine ok yağdırıyordu. Resûl-i Ekrem terekesindeki okları çıkarıp ona veriyordu ve:

– Hüdâ senden razı olsun, al şunları da at!

Diyordu.

Hz. Saad (radıyallâhu anh) bir taraftan oklarını müşriklere atıyor, bir taraftan da Allah'ın Resûlü ona:

– At, anam babam sana feda olsun!

Diyerek atılacak ok yetiştiriyordu. Hz. Saad okları attıkça, Allah'ın Resûlü, "İlahi, bu senin okundur, onu düşmana yetiştir."

diyor ve "İlahi, sana dua ettiğinde Saad'ın duasını kabul et, İlahi, atışını doğrult dâvetine icabet et." buyuruyordu.

Hz. Ali (radıyallâhu anh) diyor ki:

– Allah Resûlü "Fedake ebî ve ümmî = Anam babam sana feda olsun." kelimelerini Hz. Saad'dan başka bir kimseye söylemedi.

Yetişen Hz. Fâtıma-i Zehra (radıyallâhu anha) Allah Resûlü'nün yaralarını temizliyor, kana batmış mübarek sakalını yıkıyor; Hz. Ali (kerremallahu vechehu) de kalkanıyla su taşıyor.

Hz. Ali'nin Yaralanışı

Cenâb-ı Ali (kerremallahu vechehu) nin vücudunda küfür okunun ucundan bir parça. Cerrahlar Hz. Ali'ye ısrar ettiler:

– Yâ Ali! Parçayı vücudundan çıkarmamız lâzım! Acısına dayanacaksın!

– Olur! Ama ben namazdayken almanız lâzım. Ancak o zaman dayanabilirim!

– Pekâlâ!

– Allahü Ekber!

Cenâb-ı Ali (radıyallâhu anh) bin vecd ile namaz kılıyordu. Ok parçası çıkarıldı ve yara bağlandı.

Hz. Ali (radıyallâhu anh) selâm verdikten sonra yanındaki cerrahlara sordu:

– Ne oldu, çıkardınız mı parçayı?

Namaz vecdi içinde hiçbir acı duymamış, hiçbir şeyin farkında olmamıştı. Cerrahların gözleri hayret ve haşyetle açıldı:

– Hiç acı duymadınız öyle mi?

– Kafesteki kuşu salıverdikten sonra kafesi parçalayacak olursanız kuşun bundan haberi olur mu?

– Olmaz!

– Bizim can kafesinin kuşu da namazdayken uçup gitti.

Bu hâdiseyi başka bir eserimizde manzume olarak yazmıştık. Buraya aynen aktarıyorum:

Bin taş atsan, durmaz yine çağlar su,
İşte böyle olur erlik kokusu.

İmam-ı Ali'yi getir yâdına,
Ne büyük bir sultan, gel de bak O'na.

Allah'ın arslanı cenk ediyordu,
Lâkin hâin düşman bir pusu kurdu.

Kâfir bir ok alıp taktı yayına.
Şimşek hızı ile fırlattı ona.

Saplandı Ali'ye kâfirin oku,
Sen sun, yâ İlahi, dermandan koku.

Bin dert, bin ıstırap, ne yapsın Ali,
Bu meydan böyledir, gördün mü hâli?

Cerrahlar dedi ki: – Ey gönlü duru!
Bu iş var ya bu iş, zorun da zoru.

Söyle oku nasıl çıkaralım biz?
Canın pek yanacak, var endişemiz.

İmam-ı Ali'de aşk kıvılcımı,
Dedi: – Namazda hiç duymam acımı,

Ben durayım yüce Rab huzuruna,
O zaman neşteri vurunuz bana.

Hemen tekbir alıp durdu namaza,
Gark oldu bir anda neş'e ve haza.

Cerrahlar güçlükle çıkardı oku,
Lâkin Ali'de yok, ıstırap, korku.

Hepsinin açıldı hayret gözleri,
Dediler: – Bu ne iş, ey Hakkın eri?

Ali'nin yüzünde bir nur meltemi,
Vuslat rıhtımına varmıştı gemi.

Dedi: – Uçup gitse kafesteki kuş,
Sonra kır kafesi, kuşa ne olmuş.

İşte benim uçup gitti can kuşum,
Namazdayken aynen kafes olmuşum.

Kureyş kâfirleri çekilmiş, nur şehri Medine'den koşup gelen derin ve ince Fâtıma (radıyallâhu anha) mukaddes babası ve âlemler Efendisi'nin yaralarını silmiştir.

Bütün insanoğluna Allah Müjdesini getiren Cihan Peygamberi, el ayak çekildikten sonra cenk meydanını dolaştı, şehitleri ve bu arada kıymetli amcaları Hz. Hamza'yı görüp göz yaşlarını tutamadı. İşte Uhut, Peygamber sözünü dinlememenin ebedî ibret dersi olarak tarihe geçti.

Ebedî hayat müjdecisi, Uhut meydanında, dudaklarında sonsuzluk tebessümüyle yatan şehitlere bakıp buyurdular:

– Bunların Allah yolunda can verdiklerine ben şahidim. Allah yolunda yara alanlar, kıyamet gününde mezarlarından o türlü kalkacaklar ki, yaralarından kan boşalacak; kanları al renkli ve rayihası misk olacak.

Uhut gazasının akşamı batan güneş, tam 70 şehidin başı üzerinden geçti. Bu şehitlerden Hazret-i Hamza (radıyallâhu anh) Medine'den şöyle dua ederek gelmişti:

– Yâ Rab! Bana şehadet nasip eyle! Öyle ki, burnumu ve kulaklarımı kessinler ve sen bana onlar nerede diye sorduğun zaman, Sen'in ve Resûlü'nün uğrunda kesildi diyeyim!

Evet böyle dua yapan muazzez sahabinin burnunu ve kulaklarını kestiler, iman aynası berrak yüzünü delik deşik ettiler.

Uhut gazası üstüne perde indiği gecenin sabahındayız. Henüz yaralarının sargıları değişmeden sefere çıkmaya hazırlanan 600 sahabî. Medine'den 4–5 saatlik bir yürüyüş mesafesinde Hamra Esed mevkiine hareket ettiler.

Gaye ne kadar ince: Uhut cenginin bozgunla bitmediği hissini verecek bir gösteri. Defalarca geriye dönmeyi ve Müslümanları topyekûn imha etmeyi isteyen düşman, Müslümanların her zamankinden daha canlı bir halde yürüyüşe çıktığını haber alınca, dört nala Mekke istikametinde gözden kayboldu.

Müslümanlar hesabına büyük bir imtihan olan Uhut'dan sonra İslam aksiyonu bir nefes olsun durmadı. Arada birkaç küçük seferler tertip edildi, bunların hepsinde de sancak Hz. Ali'nin elindeydi. O Allah'ın Arslanı, Allah'ın nurunu söndürmek sevdasına düşen ve bahadırlık iddiasında olan nice küfür ejderinin kafasını kopardı.

HENDEK GAZASI

Ahzâp veya Hendek gazası. Ahzâp, hizipler demek. Bu cenk, Allah'ın Resûlü'ne karşı, küfrün, küme küme, yumak yumak olup hep birden harekete geçme tecrübesi.

Hicretin beşinci yılında Şevval ayında oldu.

Bu hâdise tamamiyle Yahudi eseri. Allah'ın lanetine uğramış Yahudi her devirde olduğu gibi o günlerde de sinsi sinsi çalışıyor, İslamı, gelişme çığrı olan ikinci devresinde, bütün kuvvetleriyle bir araya gelip boğmak istiyor. İman vecdinin tam zıddı dalâlet, ihtiraslarıyla bütün kâfirleri ayağa kaldırıyor.

Kâinatın Efendisi bütün bu plân ve hazırlıklardan ânı ânına haberli tedbir düşünüyorlar. Büyük aşk ve vecd adamı Selman Farisî Hazretleri, Allah Resûlü'nün huzuruna çıktı:

– Ey Allah'ın Resûlü; dedi; küfrün bu birlik hücumuna karşı ilk tedbiriniz müdafaa harbi olmalıdır. Bunun için de Medine önlerine hendek kazalım. Benim memleketimde usul böyledir.

Resûller Serveri bu fikri pek beğendiler ve hemen hendek kazılmasını emir buyurdular.

Binlerce sahabi, başlarında İnsanlığın Efendisi ve yanıbaşında Hz. Ali, günlerce hendek kazdılar, taş ve toprak taşıdılar.

Ebedî hayat müjdecisi, hem kazma vuruyor, hem de şair sahabîlerden Abdullah bin Revâha'nın şu mısralarını okuyorlar:

Nimet bu dünyada değil, ötelerde.
Yâ Rabbi, Ensâr ve Muhacirlere sen acı!

Sahabîler de ırmak ırmak taşmış, şu mısralarla cevap veriyorlar:

Biz o kimseleriz ki Muhammed'e bağlandık;
Ömrümüz boyunca izinde cihat etmek üzere.

Kazı sürüp giderken mucizeler de birbiri arkasından geldi. Hendek boyunca karşılarına çıkan ve hiçbir tedbirle parçalanamayan koca bir kaya, Allah Resûlü'nün bir vuruşuyla toz duman oldu. Ve 10–15 kişilik bir yemeği binlerce kişi yiyip bitiremedi. Daha nice nice mucizeler. Göklere doğru fışkıran nur kıvılcımı.

DÜŞMAN

Kazılması yirmi gün süren hendeğin önünde, birdenbire düşman. Fakat en tehlikeli düşman ise Medine çevresinde. Hâin Yahudi. Kazılan hendek, karşıdan gelen kâfirlere engel. Ya arkadaki Yahudi ne olacak?

Yine müthiş bir imtihan.

Cepheden gelen kâfirler hendeğe kadar yanaştı ve o güne dek hiç rastlamadığı ve rüyada bile görmediği bu engel karşısında apışıp kaldı. Hendek boyunca deli gibi at sürdüler, ileri geri koştular ama, sızabilecek tek bir nokta bulamadılar. Büsbütün kudurdular.

Ok cengi.

Karşılıklı bir ok cengidir başladı. Havada gidip gelen okların çekirge bulutu. Düşmanın atlı hücumu, ok yağmuru altında tökezledi. Atını zıplatıp Hendekten karşıya atlamak isteyen bir kâfir, hendeğin içine atıyla beraber düştü, ezilip gitti. Gizlice hendeğin içine yol bulan bir küfür grubu. Aralarında, Kureyş'in, bahadırlıkta eşsiz tanıdığı Amr İbni Abdud. Hz. Ali'nin arkadaşları Hz. Zübeyr ve diğer cengâverler, Amr İbni Abdud'un yoldaşlarına karşı çıkarken, o da Arap Yarımadası'nın en usta, en bahadır cenkçisi bilinen Amr'ı karşıladı. Amr, ağzından kıvılcımlar saçarak Hz. Ali'ye öyle bir kılıç indirdi ki, Hz. Ali'nin kalkanı ikiye bölündü ve yere düştü. İki taraf, hayret ve ibretle bu müthiş boğuşmayı seyrediyor. Kalkanı ikiye bölünüp parça parça yere dökülen Allah'ın Arslanı Hz. Ali, bu müthiş madde pehlivanı önünde artık bir şey yapamayacak hissini verir ve kuduz kâfir hemen ikinci hamlesine davranırken; evet, tam o anda. Cenâb-ı Ali (kerremallahu vechehu), kalkansız ve müdafaasız, kılıcını şimşek hızıyla sağdan sol tarafa kaldırıp küfür ejderi Amr'ın sağ ense köküne öyle bir indirdi ki, küfür heyulasının boynu gırtlağına kadar kesildi. Hz. Ali'nin kılıcı ölüm saçıyor. Tek saniye içinde aynı noktadan bir indiriş daha. Amr'ın imansız başı düştü. Sefil adamın leşi yerde bir kan havuzu içinde yüzmeye başladı.

Allah'ın Arslanı ve Evliyalar Sultânı Hz. Ali'nin Peygamber elinden aldığı "Zülfikâr" isimli kılıçla vuruşundaki hız, şiddet ve iman, buzları kaynatacak kadar müthiş.

Küfür safından nâralar yükselirken, Müslümanların Tekbir sesleri nağme nağme göklere çıkıyor; ve Arap Yarımadası'nın yenilmez cenk ejderi, başı bir yanda, leşi bir yanda, bir kan havuzu içinde yatıyor.

Amr İbni Abdud'un peşinden Hz. Ali'ye saldırmak isteyen bir kâfir de dünyaya geldiğine pişman oldu. Hz. Ali'nin şanlı kılıcı onun da kafasını bir saniye içinde yere düşürdü.

Yine karşılıklı ok atışları devam ediyor. Müşrikler, kan çanağına dönmüş gözlerle Müslümanları süzüyor. Medine içine de casuslar sızdırıp gerideki düşmanı dürtüklüyor. Hâin Yahudi fırsatı ganimet biliyor ve kıpırdamaya başlıyor. Bu hâl, sahabîlerden bazılarının Medine'ye akmasına sebep oluyor.

Önü korumak, arkayı korumak derken, Kâinatın Tacı sahabîler demetinin en sağlamlarından yalnız 300 kişi arasında kaldılar. Ne tarafa baksan düşman. Ön, arka hep düşman ve günlerdir süren muhasara.

Hz. Huzeyfe anlatıyor:

– Bu vaziyet karşısında, dizlerimin üstüne çökmüş, melûl melûl oturuyordum. Allah'ın Resûlü yanıma geldiler. Gidip Kureyş saflarından bir haber getirmemi emrettiler ve dua buyurdular. Kalbimde ne kadar sıkıntı varsa bir anda uçup gitti. Karanlık ve rüzgârlı bir geceydi. Müslümanların en dertli gecesi. Çıktım, kâfirlerin arasına karıştım. Oraya vardığım zaman görülmemiş bir rüzgâr beni uçurmaya başladı. Dönmeye mecbur oldum. Yolda birtakım atlılar gördüm. Bana bağırdılar:

– Çabuk Allah'ın Resûlü'ne haber ver, Allah kâfirlerin hakkından geldi.

Peygamber duası:

– Ey Kitap indiren Rabbim. Ey hemencecik gören Allahım! Müşrikler ile Yahudilere bozgun ver, aralarına zelzele ve ızdırap düşür, durmayıp gitsinler.

İşte o gece Nebiyyi Muhterem'den Arş'a yükselen dilek.

Gece.

Ses ve hareketi yutmuş bir gece.

Birdenbire kıyamet.

Kasırga. Bir rüzgâr ki kum denizinin dibine kadar işlemekte, çölü okyanus dalgalarıyla kabartmakta.

Bir kıyamet ki şimşek şimşek düşmanların başında patlıyor. Düşman tarafında, at, çadır, silâh, ne varsa rüzgâr rüzgâr uçuyor. Develer acı acı bağırıyor.

Düşmanın ordugâhı birbirine girdi. Ebu Süfyan avaz avaz bağırmaya başladı:

– Ey Kureyş topluluğu! Durulacak zaman değil.

Devesinin üstüne zıpladığı gibi o müthiş kasırganın önünde bir yapraktan farksız, Mekke'ye doğru süzülürken herkes onun arkasına düştü. Gökler, müşrikleri Mekke'ye doğru üfleyip duruyor. Kâfirler öyle bir dehşete düştüler ki canlarını Mekke'ye zor attılar. Âyet meali:

– ***"Biz onların üzerine rüzgâr saldık ve gözlere görünmez askerler gönderdik."***

Ahzâp gazası, iman ordusuna bir destan daha kazandırmıştır.

Cenâb-ı Ali (kerremallahu vechehu) nakli:

– Allah'ın Resûlü kâfirlere beddua ettiler: Kâfirler bizi uğraştırıp ikindi namazından alıkoydu. Allah kabirlerini ve evlerini ateşle doldursun.

HAİN

Gerilerin müthiş hâini Kurayzalılar. Mekke müşriklerinden aldıkları işaretle Medine içine kadar girmiş ve hıyanetini açığa vurmuşken, Kureyş ordusunun perişan hâlini görünce ne edeceklerini şaşırdılar, hemen ülkelerine geri döndüler ve surlarını kendilerine siper ettiler, kalın duvarların arkasında akıbetlerini beklemeye başladılar.

Bütün insanoğluna Allah Müjdesi'ni getiren Cihan Peygamberi, Hz. Âişe'nin hücresine gidip kılıcını astı.

Hitap Melekten:

– Sen silâhını asıyorsun ama, melekler, silâh elde bekliyor. Lâhza geçirmeden Kurayza üzerine yürü!

Sokak sokak nida:

– Ey insanlar! Muharebede ibadeti kazaya kalanlar namaza durmasın!

Hemen herkes toplansın! Namaz, toplu olarak başka yerde kılınacak!

Sahabîler hemen toplandı. Kurayza muhasara edildi. Namazlar orada kılındı.

20 gün süren muhasara.

Yahudiler İslama davet edildi, fakat kabule yanaşmadılar. Nasipsiz nasiplerinde kaldılar. Allah'ın Arslanı ve Evliyalar Sultânı Hz. Ali (radıyallâhu anh) kükredi:

– Ya ben amcam Hz. Hamza'nın içtiği şerbetten içerim ve bu tatlı candan geçerim yahud bu kal'anın içine dalarım!

Cengâverliğiyle meşhur bu Yahudi oymağı, Hz. Ali'nin karşısına kimi çıkardıysa tepelendiğini gördü. Cenâb-ı Ali (kerremallahu vechehu) nin Uhut'tan sonra Benî Kurayza meydanında gösterdiği kahramanlık destan çapında. Otuzuna doğru yol alan bu iman gencinin elinde kılıç, yıldırımdan bir kamçı. Her kime dokunsa yakıp kül ediyor.

Yahudiler işin çıkmaza girdiğini görünce, Allah'ın Sevgilisine haber gönderdiler:

– Saad bin-i Muaz hakem olsun. Ne derse makbulümüz.

Uhut cenginde yaralanan ve son demlerini yaşayan büyük sahabîyi sedye ile getirip Allah Resûlü'nün huzuruna çıkardılar. Kâinatın Efendisi, Saad Hazretlerine hitap ettiler:

– Saad, seni hakem tutuyorlar. Söyle, bu insanlar hakkında hükmün nedir?

– Hükmüm şudur ki, ey Allah'ın Resûlü; bütün malları alınsın, çocukları ve kadınları esir edilsin, erkekleri de baştan başa kılıçtan geçirilsin.

Sonsuzluk Nebisi buyurdular:

– Allah'ın hükmüyle hükmettin, yâ Saad! Yahudi ihaneti böylece cezasını buldu.

Ve yüce hakem Saad bin-i Muaz, aldığı ok yarasının tesiriyle şehit.

Allah'ın Resûlü:

– Saad'ın ölümünden Rahman'ın Arş'ı titredi.

Buyurdular.

Saad Hazretlerinin mezarı gül bahçesi gibi koktu.

Âlemlerin Rabbine gönül vermişsen eğer,
Hidâyet denen parlak nura ermişsen eğer,

Ruhuna bir pencere açacaktır ulviyet;
Aşk bahçesinden nice güller dermişsen eğer!

Altıncı Yıl

Bu yıl büyük ve toplu hareket yok. Bu yılın birçok keşif ve baskın hareketleri arasında, Hayber Yahudilerine yardım ettikleri haber alınan Benî Saad üzerine yine Hazret-i Ali gönderildi. Emrinde 100 atlı, rüzgâr gibi uçuştular, Hayber Kalesi yakınında Benî Saad'ı tosladılar. Kâfirler çil yavrusu gibi dağılıp yüksek tepelere can attılar. 500 deve 2000 koyun, ganimet.

SULH

6. yıl Zilkade ayında, Nebiyyi Muhterem, Kâbe'yi ziyaret niyetini izhar ettiler. Yanlarına 1500 sahabî aldılar ve yola revan oldular.

Yol, yol.

Irmak ırmak akıyorlar.

Kum denizi Peygamber kafilesinin ayaklarını öpebilmek için olanca vecdiyle kaynıyor.

Önde Kureyş'in içini ve dışını keşfedip bildirmek üzere gönderilen vazifeliler haber getirdi:

– Kureyş bir sürü asker toplamış. Yola çıktığınızı duymuşlar. Niyetleri sizi, Allah'ın evini ziyaretten alıkoymak.

Sahabîlerle meşveret.

Fikirlerin en güzeli Hz. Ebu Bekir'den:

– Ey Allah'ın Resûlü, sen Allah'ın evini ziyaret niyetiyle çıktın. Gayemiz kılıç kullanmak değil. Doğru Kâbe'ye yönelelim! Ziyaretten alıkoyacak olanlara karşı cenk!

Nihayetsiz olan Mülkün Seyyidi buyurdular:

– Allah'ın izniyle yürüyün!

Kureyş tarafından da Peygamber kafilesini keşfe çıktılar. Halid İbni Velid kumandasında bir süvari grubu, uzaklardan Müslümanları kollamaya memur edildi. Peygamberler Peygamberi emir buyurdular. Hemen bu süvarilerin üzerine varıldı. Halid, kollamaya memur olduklarının birdenbire karşısına çıktığını görünce hayret ve dehşete düştü. "Ata bin!" emrini verdiği gibi dörtnala Mekke'yi boyladı:

– Müslümanlar geliyor!

Âlemin Rahmeti, cihanın en büyük zîneti Cenâb-ı Ahmed (Sallallahû aleyhi ve sellem), çöken develerinin üstünde, Kureyş'e bir bildiri gönderdiler:

– Allah'ı tâzime aykırı düşmeyecek her işde Mekkelilere her müsaade verilmek şartıyla sulh istiyorlarsa, kabule hazırız.

Ve develerini sürdüler. Deve bir silkinişte kalktı; neşeli neşeli yola revan oldu.

Mekke'den 4–5 saat uzaklıkta Hudeybiye isimli köye indiler. Su kenarına oturdular. Sahabîler, çölün alev alev kavurduğu ciğerlerini tek damla fazlasını taşıyamaz bir sünger gibi suya kandırdılar. Öyle içtiler, öyle yudumladılar ki, su çabucak bitti, yatağının ıslak dibi göründü.

Kâinatın Efendisi, tirkeşlerinden bir ok çıkarıp buyurdular:

– Şunu suyun kaynak noktasına koyunuz!

Bütün gözler o noktada.

Habbe habbe kaynayan, kabaran, taşan su.

Peygamber Mucizesi.

Sahabîlerden bir zat, Allah Resûlü'nün bildirisini Kureyş'e anlatmak üzere Mekke'ye gitti.

Kureyş kâfirleri önce kahkahayla güldüler. Sonra sulha rıza gösterdiler, şartlarını ileri sürdüler:

1 – Kâbe ziyaretinden bu sene vaz geçilsin.

2 – Taraflar arasında 10 sene cenk olmasın. Kureyş elçisi bu şartlarla Hudeybiye'ye geldi ve Allah Resûlü'nün huzuruna çıktı. Allah'ın Resûlü, Hz. Ali'ye emrettiler:

– Yaz, en başa: "Rahman ve Rahîm olan Allah'ın ismiyle" diye yaz!

Süheyl hemen atıldı:

– Olmaz!

– Niçin?

– Biz "Rahman" ve "Rahîm" isimlerini bilmiyoruz. Sadece "Allah'ın ismiyle" diye yazılsın!

Sahabîlerde fırtına:

– Senin dediğin hiç olmaz!

Cenâb-ı Ali (kerremallahu vechehu), elinde kâğıt ve kalem vazifesi gören birer âlet, herkesten fazla "Olmaz!" diyen nazarlarla bakıyor.

Peygamberler Peygamberi Hz. Ali'ye buyurdular:

– Yaz, Ali, dediği gibi yaz; sadece "Allah'ın ismiyle" diye yaz!

Ve Cenâb-ı Ali, Besmeleyi, "Rahman" ve "Rahîm" isimlerinden ayrı olarak yazınca, Kâinatın Efendisi ilâve ettiler:

– Yaz: "Allah'ın Resûlü Muhammed, o şartla sulhu kabul eder ki."

Süheyl yine atıldı:

– Eğer biz Senin Allah Resûlü olduğunu kabul etseydik, hiç Kâbe'yi ziyaretine mâni olur ve seninle cenkleşir miydik?

Herkes dondu.

Hz. Ali büsbütün hayrette.

Resûller Serveri buyurdular:

– Ben Allah'ın Resûlü'yüm ve siz beni yalanlıyorsunuz!

Sonra Hz. Ali'ye hitap ettiler:

– Yâ Ali, "Allah'ın Resûlü" sözünü o nâmeden çıkar.

Hz. Ali'nin beynine yıldırım düşmüş gibi. Çıkarmak mı, "Allah'ın Resûlü" sözünü nâmeden silmek mi? Bunu yapmak kabil mi?

Hz. Ali'nin iman aynası berrak yüzünde tırmık tırmık acı:

– Ey Allah'ın Resûlü! Ben yalnız bunu yapamam!

– Ali, nâmeyi bana ver ve o kelimelerin yerini göster!

O, Âlemin Tacı, güneşin mum ışığına ihtiyaçsızlığı gibi, bütün ilimlerin üstüne çıkmış olarak, ümmîdir. Fakat kâinat kitabının yegâne muallimi de yine kendisidir.

Hz. Ali nâmeyi uzattı ve "Allah Resûlü" kelimelerinin yerini gösterdi. Allah'ın Resûlü o kelimeleri sildi. "Muhammed Bin-i Abdullah" tâbirini koydular ve sulh oldu.

Kâbe ziyareti bir yıl sonra olacak.

Kâbe ziyaretinde kılıçlar kınından çıkmayacak.

Müslümanlar Mekkeli mü'minleri götüremeyecekler.

Kureyş'ten Medine'ye gidenler iade edilecek.

Cendel'in Çilesi

Müthiş, bir hâdise oldu.

Mekke'den kaçan, ayakları zincirli, vücudu tırmık tırmık yara, Müslüman delikanlı Cendel, Allah Resûlü'nün huzuruna çıkıverdi. Eza ve cefa fırınında pişirilen, çekmediği işkence kalmayan bu Müslüman, o anda Sonsuzluk Nebisi'nin karşısında azametle neticeyi bekleyen Kureyş elçisi Süheyl'in oğlu değil mi? Cendel, bu hâle kâfir babasının eliyle getirilmiştir; ve işte şimdi zincirlerini kırıp Mekke'den kaçmış, Hudeybiye'ye can atmış, Kâinatın Tacı'na sığınmış bulunuyor.

Oğlunu bu vaziyette gören Süheyl'in gözleri kan çanağı. En soğuk dehşet içinde sırıtıyor. Âlemlerin Fahri ve sahabîleri ise, rikkat ve hassasiyetin en sıcağı ile dopdolu.

Sırtlan yürekli kâfir, hançerleyici gözlerle oğlunu tartakladıktan sonra Allah'ın Sevgilisi'ne döndü:

– Bu iş yerinde oldu, dedi; bakalım ahdinizi tutacak mısınız? Oğlumu bana teslim edecek misiniz?

Cendel'in ayaklarından gürül gürül kanlar boşanıyor, mahzun mahzun Allah Resûlü'nün mukaddes yüzüne bakıyor.

Ne yapsınlar şimdi? Teslim etseler, bu masum ve mazlum gencin hâli nice olur? Etmeseler ahde sadakatsizlik.

Bu dâvada yine bütün fedakârlık Müslümanlara düşüyor. Hem de, ayakları zincirli, Mekke'den kaçıp gelen Müslümana.

Masum genç, kâfir babaya, yâni zulmün eline teslim edilecektir. Çünkü başka çare yoktur.

Sahabiler, ağlayan, inleyen, göz yaşı döken, dövünen ve:

– Beni kâfirlere teslim etmeyiniz!

Diye çırpınan mü'min delikanlı karşısında artık tahammül edemez hâle geldiler. Hz. Ömer (radıyallâhu anh), büsbütün köpürdü. Hepsi de bu masum gencin verilmemesini istiyor. Merhamet ve hassasiyetin esas kaynağı olan Cihan Peygamberi, mazlum gence hitap ettiler:

– Sana büyük bir fedakârlık düşüyor! Sabret, dayan, katlan! Allah sana ve senin gibilere pek yakında kurtuluş ve saadet kapısını açacaktır!

Mazlum genç, Peygamber hitabındaki ulvî mânâyı iman idrakiyle kavradı. Nefsini İslam dâvasına feda etmekteki değeri anladı, acılarını unuttu, kanlar ve zincirler içinde Mekke yolunu tutmaya razı oldu.

❁❁❁

Allah'ın Resûlü, Kureyş elçisini alıkoydular. Anlaşmayı Hz. Osman ile gönderdiler. Mekkeliler, Süheyl'in alıkonulup Hz. Osman'ın gönderilmesine şaştılar.

Hayret, dehşet!

Hz. Osmanı aralarında tuttular, geriye göndermediler.

Vakit geçiyor ve Hz. Osman dönmüyor!

Hudeybiye en taşkın heyecan içinde kaynıyor. Hattâ Hz. Osman'ın öldürülmüş olduğu da söyleniyor.

Allah'ın Resûlü, bir ağaç altında bütün sahabîleri yeni bir bîata davet ettiler:

– Osman iade edilmedikçe son nefesimize ve son damla kanımıza kadar çarpışmaya ahdediyoruz!

Herkes sıra ile elini Sonsuzluk Nebisi'nin eline koydu. Allah'ın Resûlü, sağ elini, sol eline götürüp:

– Bu Osman'ın biatidir!

Buyurdular.

Biat merasimi derin bir vecd ve heyecan içinde, son nefere kadar devam etti.

Hâdiseyi duyan müşrikler, Hz. Osman'ı hemen salıverdiler ve anlaşma böylece yerine geldi.

İlahi hitap:

– Sana hakiki sûretde bîat edenler ancak Allah'a bîat etmiş olurlar. Allah'ın kudreti onların kudretleri üstündedir.[15]

İşte Hudeybiye, büyük fethin ilk ve ruhî köprübaşısını ele geçiren hikmet ve incelik kaynağı bir teşebbüs olarak nihayetlendi. Zahirde Müslümanların aleyhine gibi duran bu tecellinin en parlak bir istikbalden haber verdiği, İlahi fermanla anlaşıldı:

– Biz hakıykat sana (Hudeybiye musalahası ile) apaşikâr bir feth (zafer yolu) açdık.[16]

İşte bu âyet-i celîle bütün "acaba?"ları eritti.

HAYBER

Allah'ın Arslanı Hz. Ali ve İslam kahramanlarının destan yatağı, bu hisarlarla çevrili belde, nur şehri Medine'nin şimalinde ve Şam istikametinde, sekiz konaklık mesafede.

Var oluşun hikmeti, ölümsüzlük rehberi, gerçek hayatın kurucusu, yıkılmaz çatının mimarı Cenâb-ı Ahmed (Sallallahû aleyhi ve sellem) Efendimiz, Hicretin yedinci yılı başında, 10 Muharrem sabahı, Hayber kalesinin burçlarına karşı, ebediyet âlemi İslam sancağını dalgalandırmaya başladılar.

---

15 Sûre-i Feth, âyet: 10

16 Sûre-i Feth, âyet: 1

Kaleye gece vardılar ve sabah oluncaya kadar beklediler. Sabah olup da, Yahudiler ellerinde kazma, kürek, işlerine gitmek üzere şehirden çıktıkları zaman birdenbire Peygamber ordusunu karşılarında gördüler ve avaz avaz bağırdılar:

– Vallahi, işte Muhammed ve işte O'nun askerleri!

Allah'ın Sevgilisi de, onlara, ellerindeki kazma küreklere bakıp buyurdular:

– Hayber harap oldu!

Hayber'de Yahudilerin kümelendiği bu kale artık çökecektir.

Hikâyeler, efsaneler yatağı Hayber.

Gizli mahzenlerinde ejderhaların bekçilik ettiği, demirden kuşaklar ve granitten cübbelerle muhafazalı belde.

Gerçek iman sahipleri için hiçbir set ve engel bulunamayacağı malûm.

O güne kadar sancaklar, hep beyaz, kol kol bazı gruplara veriliyordu. İlk defa olarak Peygamber sancağı hâlinde tek bayrak, Hayber seferinde kullanıldı.

Allah'ın Sevgilisi, kalenin ön burçlarına karşı, ellerini semaya kaldırdılar:

– Allahım! Bizi bu şehrin kötülüklerinden koru! Din ve emirlerinin feyz ve bereketinden şu şehir halkını faydalandırmamıza da izin ver!

Bayrak Allah'ın Arslanı'nın elinde, aynı zamanda onun kumandanlık filâması.

Hz. Ali kumandasında bir hafta dış kulelere hücumla geçti. Kulelerden birkaçı zaptedildi. Fakat ana istihkâmlar zaptedilip şehir düşürülemedi.

GÖZ AĞRISI

Tam o günlerde Allah'ın Arslanı Hz. Ali'ye yapışan müthiş bir göz ağrısı, kumandayı bırakmasına sebep oldu.

Ağrı ki, hem ne ağrı?

Hiçbir uzvun ağrısına benzemeyen, hiçbir imkân bırakmayan, insanı kıvrım kıvrım kıvrandıracak derecede korkunç, göz bebeklerine ateşten iğneler batırılmış gibi yakıcı.

Levlâke levlâk ufkunun nurlandırıcı güneşi, Hz. Ali'nin yerine, cihan Sıddîk-ı Hz. Ebu Bekir'i seçtiler. Fetih yine müyesser olmadı.

Peşinden, Hz. Ömer'i denediler. Yine olmadı.

Bütün insanoğluna Allah müjdesini getiren Cihan Peygamberi, sancağı mukaddes ellerine alarak nida ettiler:

– Yarın sancağı öyle bir kimseye vereyim ki, Allah ve Resûlü'nün sevdiği insan olsun, fetih onun elinden gerçekleşsin.

O gece sahabîlerde dalga dalga heyecan. "Acaba bayrak kime nasip olacak?" diye, heyecandan gözlerini yummuyorlar.

Şafakta, heyecanla Allah Resûlü'nün etrafını sardılar. Kâinatın Efendisi buyurdular:

– Bana Ali'yi çağırınız!

– Baş üstüne, ey Allah'ın Resûlü, fakat Ali'nin gözleri ağrıyor, hiçbir tarafa kıpırdayamıyor.

– Bana Ali'yi çağırınız!

Hemen çağırdılar. Hz. Ali, gözlerinin acısı her tarafına sinmiş, takatinin son haddiyle koşarak geldi:

– Buyur, ey Allah'ın Resûlü!

Allah'ın Sevgilisi ona doğru ilerlediler, mukaddes parmaklarını uzattılar ve Hz. Ali'nin göz kapakları üstüne yerleştirdiler:

– Allahım! Bu gözlerden, yanıklığı da, donukluğu da al ve onları iyi et!

Mukaddes parmaklar dokunur dokunmaz Hz. Ali'nin gözlerinde ağrıdan eser kalmadı.

Sonsuzluk Nebisi sancağı, Hz. Ali'ye verdiler. Hz. Ali (radıyallâhu anh) sancağı Peygamber elinden teslim alınca aşkla haykırdı:

– Ey Allah'ın Resûlü; kâfirleri, bizden olacakları âna kadar üstüste kırıp geçireceğim!

Âlemlerin Fahri'nden şu öğüdü aldılar:

– Adam kırmakta acele etme! Evvelâ kâfirlerin ortasına kadar ilerle! Onları İslama davet et, onlara İslamın şartlarını bildir! Sen de bilki, Allah senin elinden birine hidâyet eriştirecek olursa, kızıl tüylü develere sahip olmaktan bu sana yeğdir.

Allah'ın Arslanı ve Evliyalar Sultânı Hz. Ali (radıyallâhu anh), saflarını nizamladı. Ve burçlara doğru heybetle ilerledi.

Orada ve açıkta, zırhlar içinde, her yanında silâh asılı, kale gibi bir adam kendisini bekliyor. Bu şöhreti bucak bucak cihanı tutmuş adam. Merhab adlı Yahudi cengâveri. Ağzından köpükler, gözlerinden kıvılcımlar saçılıyor ve öküz gibi böğürüyor:

– Er diliyorum: Karşıma çıkacak kim var?

Allah'ın Arslanı ortalığı inletti:

– Ben varım! Geliyorum!

Hz. Ali (radıyallâhu anh), Uhut cenginde Peygamber efendimizden aldığı meşhur "Zülfikâr" elinde, adım adım, küfür heyulâsına yaklaştı.

Ulvi teklifini yaptı:

– İslama gelin, kurtuluşa erin!

Kale yapılı ve demir kabuklu kâfir gürledi:

– Asla! Asıl sen er meydanına gel!

– İşte geliyorum!

Şöhreti yedi iklim, dört bucak, her tarafa yaygın Yahudi cengâveri Merhab'ın Zülfikâr altında yere serilivermesi, göz açıp kapama gibi bir şey oldu. Cenâb-ı Ali'nin bir hamlesiyle yıldırım çarpmış gibi yere serildi.

Sanki göklerin bütün öfkesi tufan tufan başına yağdı, düşen kafası bir top gibi yuvarlandı.

Hz. Ali'nin, Zülfikârı ilk havalesinde, Merhab, kalkanıyla korunmak istemiş, kalkan ikiye bölünmüş. Hayber'in meşhur cenkçisinin tulgası da yarılıp çenesine kadar geçmiştir. Küfür ejderi Merhab, "Ne oluyorum?" diyemeden kafası düşürülmüştür.

Yahudiler tarafından müthiş bir uğultu. Merhab'ın yerini almak isteyen birkaç cenkçi de burunlarının üzerine yere serildi. Hz. Ali'nin kılıcı yıldırımdan bir gülle olmuş değdiğini biçiyor, yakıyor, kül ediyordu.

Bu hâli gören Yahudiler, kuyrukları tutuşmuş canavarlar gibi, şuursuz kütle halinde Hz. Ali'ye saldırdı.

Hz. Ali'nin arkasındakiler de yetişti ve bir kıyamettir koptu. Toz, duman, nâra, kılıç şakırtıları. Kıyasıya bir kapışma. Allah'ın Arslanı, en önde, bir kar makinesinin ilerleyişi gibi, düşmanı açarak ve iki yana saçarak, yolu dümdüz ediyor. Müthiş bir boğuşma, müthiş bir ân.

Evet, tam bu ân elinden kalkanı düştü. Yere eğilip onu alabilecek vaziyette değil. Ne yapsın şimdi Ali (radıyallâhu anh)? Hemen önündeki kulelerden bir levha söktü ve eline alıp döndü, bu ağır demir kütlesini siper diye kullanmaya başladı.

İslam saflarından Tekbir sesleri göklere yükseliyor. Bu müthiş manzarayı gören kâfirler hayret ve dehşetle titriyor.

Allah'ın Arslanı ve Evliyalar Sultânı Hz. Ali (kerremallahu vechehu) Hayber'de, kahramanlığının, hiçbir kartalın yükselemeyeceği zirve noktasına çıktı. Ve orada bulutların sedef döşemesi üzerinde, insan üstü bir kuvvetle abîdeleşmiş bir timsal oldu.

❁❁❁

Hayber gazası bir ay devam etti.

Müslümanlardan 15 şehit.

Yahudilerin 93'ü ebediyyen ruhsuz.

İslam hücumu karşısında halkaları sökülen ve gidip gelmeye başlayan koca Hayber kapısını, Allah'ın Arslanı Hz. Ali (radıyallâhu anh) bir omuzlayışta devirdi. Sonradan kapının kaldırılıp yerine takılması için yetmiş kişinin çalışması icap etti.

Allah izin verince neler olmaz ki.

O, Allah Arslanı ve mâna sultânı, Allah dilerse bütün Hayber kalesini fındık gibi avucunda tuzlabuz edebilecek kerametlerin sahibiydi.

İmanından hız alan yüce bir erdi Ali,
Kahramanlık ne imiş, işte, gösterdi Ali.

Senden Razıyım, Yâ Ali

İmanın billûrlaşmış nurdan âbidesi Cenâb-ı Ali (kerremallahu vechehu), siyah bayrağı zafere ulaştırır ulaştırmaz hemen Allah Resûlü'nün huzuruna can attı. Allah'ın Resûlü şu ebediyet müjdesini verdiler:

– Senden razıyım, yâ Ali!

Gönlü billurlardan daha duru olan Allah'ın Arslanı ağlamaya başladı.

Sonsuzluk Nebisi sordular:

– Niçin ağlıyorsun, yâ Ali, sevincinden mi, hüznünden mi?

– Saadetimden ağlıyorum ey Allah'ın Resûlü; senin rızandan üstün saadet mi olur?

– Yalnız ben razı değilim, yâ Ali, Allah ve Melekleri de senden razı.

Hz. Ali (kerremallahu vechehu), başına konan bu gökler dolusu devlet karşısında büsbütün kendinden geçti.

FETİHLER ZİNCİRİ

Mukaddes İslam artık cihanı topyekûn nura boğmak üzere. Dünya ve kâinat çapında bir hareket programı üzerinde ilerliyor. Hayber'in kale kapısıyla beraber bütün küfür kapıları da yıkılıp gidiyor. Ve peşpeşe İslam zaferleri birbirini takip ediyor. Bütün bu cenklerde kahramanımız Hz. Ali (radıyallâhu anh), küfür ormanını ot biçer gibi biçerek İslam arabasına yol açıyor.

❀❀❀

Hudeybiye anlaşmasının üzerinden tam bir yıl geçmişti. Peygamberler Peygamberi emir verdiler:

– Geçen yıl kafilede bulunan hiçbir fert geri kalmasın. Kâbe'yi ziyarete gidiyoruz!

2000 sahabîlik bir kafile. Haremde kesilecek 60 deve de beraberlerinde.

– Lebbeyk, Allahümme, Lebbeyk!

Allah'ın mukaddes evini ziyarette dalga dalga gökleri tutan ses:

– Lebbeyk, Allahümme, Lebbeyk!

Kâinatın Tacı, Kusvâ isimli develerine binmişler, etrafında dalga dalga insan, Mekke'ye inen yokuştan süzülüyorlar.

Allah Resûlü'nün devesini, dünyanın hiçbir sanatkârına nasip olmamış bir şeref halinde, şâir Hz. Abdullah bin Revâha çekiyor. Allah'ın Arslanı da yanı başlarında.

Nebiyyi Muhterem, sahabîlerine, Kâbe'nin etrafındaki ilk üç tavafın sert ve hızlı adımlarla yapılmasını emrettiler.

Aynen emrettiği gibi yapıldı.

Mekke'de üç gün kaldılar. Bu arada Kureyş kâfirleri, onlara, esrarlı bir akvaryumdaki renk renk balıkları süzen dağ kedisi gibi baktı.

Üç gün henüz dolmuştu ki, Hz. Ali'ye baş vurdular:

– Yâ Ali! Git efendine söyle: Üç gün geçti, Mekke'yi terketsinler!

Cenâb-ı Ali (radıyallâhu anh), vaziyeti Allah'ın Resûlü'ne bildirdi.

Dönüyorlar. Kıyamete kadar çıkmamak üzere Mekke'ye girecekleri güne doğru Mekke'den ayrılıyorlar.

Arkalarında ciğerleri parçalayıcı bir çığlık. Arkalarından mini mini bir kız çocuğu koşuyor:

– Durun, durun! Amca, amca, beni bırakma!

Bu çığlığı atan küçük kız, Allah Resûlü'yle, Yeğeni ve damadı Hz. Ali'nin amcaları, Uhut şehidi Hz. Hamza'nın küçük kızı. Koşuyor, çığlık atıyor, yere kapanasıya, yüzü gözü parçalanasıya koşuyor:

– Amca, amca, beni de yanına al!

Gözlerinden iplik iplik yaşlar akan ve içinde kasırga kopan Hz. Ali'ye idi bu yakarış:

– Amca, amca, beni bırakma!

Bu küçük yavruyu, bir müddet sonra teyzesine verilmek üzere ilk bakımı için Hz. Ali'ye teslim ettiler:

– Fâtıma baksın!

Gerçekte bu çığlık, bütün insanlığın çığlığıydı:

– Beni bırakma, beni bırakma!

İnsanlık âlemi, mahşerî bir sahada kollarını göklere kaldırmış, Âlemlere Rahmet olanın, sonsuzluk sarayı merdivenlerinde dalgalanan etekleri arkasından haykırıyor:

– Beni bırakma, beni bırakma!

O'nun eteğine uzanan eller hiçbir zaman boş kalmayacaktır.

Bil ki, nuru sönmez bir güneş Nebî,
Can bahşeden Hudâ onun sahibi.

MÛTE

Âlemin Rahmeti, cihanın en büyük zîneti, nihayetsiz olan mülkün seyyidi, Hicretin 8. yılında. Haris bin Umeyr'i Peygamber nâmesiyle Basra Meliki'ne, göndermişlerdi. Peygamber elçisi Mûte mevkiine varınca, Bizans İmparatoru'na bağlı, Serçil adlı kâfir, Hâris'i, Peygamber elçisi olduğunu bile bile şehit etti. Böylece, Rum ve İslam dünyaları arasında ilk hesaplaşmanın kapısı açıldı.

Haber, Peygamberler Peygamberi'ne gelince son derece üzüldüler. İlk dört Müslümandan biri, azatlı köle ve hizmetçi, ebedî hür ve efendi, Zeyd bin Hârise'yi 3 bin sahabinin başına geçirdiler ve Mûte istikametinde, Rum âlemine karşı hareket emrini verdiler:

– Sen şehit olursan, yerine Cafer İbn-i Ebu Tâlib geçsin! O da şehit olursa, Abdullah İbn-i Revâha emir olacak. O da şehit olursa Müslümanlar dilediklerini seçsinler!

Peygamber emri:

– Mûte mevkiine kadar gidiniz! Orada da rastlayacağınız kâfirlere İslam'ı teklif ve telkin ediniz! Kabul etmezlerse kılıçlarınıza sarılınız. Ve Allah'tan yardım dileyiniz!

Sonsuzluk Nebisi, Hz. Zeyd'e bir beyaz sancak verdiler ve İslam ordusunu Medine'nin Veda Yokuşu başına kadar uğurladılar.

Peygamber elçisini öldüren Serçil isimli nasipsiz kumandan, onbinlerce kişilik ordunun başında, İslam ordusunu beklemeye koyuldu.

İslam ordusuyla küfür ordusu karşı karşıya. Bir kişinin on kişiyle karşılaşması gibi bir hal. Düşman gerilerde ve kum gibi.

Müslümanlar düşünüyor:

– Bu hâle göre ne yapalım? Allah'ın Resûlü'ne haber verip emir mi bekleyelim, yoksa ileri mi atılalım?

İmanın billûrlaşmış nurdan âbidesi, şâir Abdullah İbn-i Revâha, tereddütleri silip süpürdü ve hedefi apaçık gösterdi:

– Biz emir alarak geldik! Onu yerine getirelim! Allah'a havale ve Resûlü'ne itaat. Hepsi bu.

Peygamber elinden ölümsüzlük iksiri içen şanlı sahabi Hz. Zeyd (radıyallâhu anh) sancağı kaldırdı. İlerlediler. Karşılarındaki düşman dağ gibi.

Hz. Zeyd şevkle hücuma geçti. Fakat ilk hamlede göğsüne yediği bir mızrakla yere kapandı ve şehit oldu. Yerine Hz. Ali'nin kardeşi Cafer geçti. Sancağı elinde, ileriye atıldı. Cafer'in bir kolunu kestiler. Sancağı öbür eline aldı.

O kolunu da kestiler. Sancağı, güçlükle göğsüne bastırdı. Hz. Cafer ruhunu teslim edinceye kadar sancak böyle kaldı. Göğsünde 90 tane ok ve mızrak yarası. Bütün destanlar, efsaneler ve hayâl âleminde eşi ve dengi bulunmayan aşk, iman, İslam ve Hak kahramanı Hz. Cafer (radıyallâhu anh), Allah'ın emriyle düştü. Dudaklarında ölümsüz tebessümler, şehadet şerbetini yudumladı.

Sancağı şair Abdullah İbn-i Revâha (radıyallâhu anh) aldı. O da ruhunu iman dâvası uğrunda verdi. Yücelik makamına erdi.

Bir an için İslam ordusunda bir sarsılma ve gerileme oldu.

Sancağı yerden bir sahabî aldı ve elden ele vererek emniyete ulaştırdı.

Allah'ın çekilmiş kılıcı Hz. Hâlid İbn-i Velîd (radıyallâhu anh) gerileyenlerin önünde duvar:

– Durunuz! Nereye gidiyorsunuz?

Kutbe'nin sesi ortalığı inletti:

– Ey Müslümanlar! Kaçarak ölmektense tırnak tırnağa cenkleşip Allah yolunda şehit olmak daha güzel değil mi?

Hz. Hâlid'in etrafında halkalanış. Artık sancak ve kumanda Hz. Hâlid'te. Akşama kadar müdafaa ve cenk. Halid'in elinde dokuz kılıç kırıldı. Düşmanı ot biçer gibi biçti. Gece. Taraflar birbirinden ayrıldı. Dâhi kumandan yeni bir plân uyguladı. Aracıları öne, öncüleri de arda sürdü, sağ ve sol cenahtakilerin yerlerini birbirleriyle değiştirdi.

Sabah. Yüzbinlik küfür ordusu hayrette. İslam ordusuna yepyeni imdat birlikleri geldiği zannında. Müslümanlar arslanlar gibi kükreyerek ileri atıldı. Yüzbinlik yığınlara karşı, her bir sahabî bir iman tankı şeklinde hücuma geçti. Kâfir ordusu hayret ve dehşetle kaçıyor.

Hz. Hâlid fırsattan tam faydalandı, düşmanın kuşatma yollarını temizledi ve intizam içinde çekilerek ordusunu kurtardı ve Medine'ye döndü. Bu, dâhi bir kumandanın harikasıdır.

İslam şecaatinin büyük destanı Mûte.

Aşk ülkesi bir bahçe, hep güllerle bezeli,
Bu yüce mefkûrenin "Din" dir ancak temeli!

❀❀❀

Mûte cengi devam ederken, Sonsuzluk Nebisi, Peygamber Mescidi'nde. Etrafında halka halka sahabî. Gayb âşinâ gözlerle çizgisi çizgisine muharebeyi takip ediyorlar.

Hz. Zeyd'in şehit olduğunu bildirdiler.

Çok geçmeden gözlerine birer damla yaş indi. Hz. Cafer ve Abdullah bin Revâha'nın şehadetini haber verdiler.

Ve buyurdular:

– İşte Allah'ın çekilmiş kılıcı Hâlid sancağı aldı ve feth onun elinden müyesser oldu.

O ân, bu ân, artık Hâlid İbni Velid'in lâkabı "Allah'ın Çekilmiş kılıcı" dır.

❀❀❀

İki kolunu da kaybettiği halde göğsüyle şanlı sancağa sarılmaya çabalayan Cafer İbni Ebu Tâlib hakkında Kâinatın Efendisi buyurdular:

– Cafer'in kesilen iki koluna bedel Allah ona iki kanat verdi. Şimdi o Cennette Meleklerle uçuyor.

Bundan böyle Cafer'in lâkabı Tayyar (Uçucu) oldu.

❀❀❀

O sırada Cafer'in zevcesi Esma çocuklarını yıkayıp temizlemekle meşguldü. Allah'ın âlemlere Rahmet olarak gönderdiği Resûlü kalkıp evlerine gittiler ve buyurdular:

– Bana Cafer'in yavrularını getirin!

Cafer'in zevcesi çocukları Allah Resûlü'nün huzuruna getirdi. Sonsuzluk Nebisi onları şefkat ve merhametle koklamaya başladı ve mukaddes gözlerinden elmas elmas yaşlar aktı.

Çocukların annesi atıldı:

– Annem babam sana feda olsun ey Allah'ın Resûlü! Seni ağlatan nedir? Sana, Cafer'den ve arkadaşlarından bir haber mi ulaştı yoksa?

– Onlar bugün şehadet şerbetini yudumladılar?

– Cafer de mi?

– O şimdi Cennette Meleklerle uçuyor!

Kadının gözlerinden iplik iplik yaşlar boşandı. Bütün komşu kadınlar da başına toplanmışlardı.

İnsanoğlunun ufku buyurdular:

– Cafer hanedanına yemek yapıp göndermeyi sakın ihmal etmeyin. Zira onlar babalarının acısıyla yanmaktadır.

Allah'ın Arslanı Hz. Ali ile Hz. Cafer'in anası Esed kızı Fâtıma, Allah Resûlü'nün huzuruna geldi:

– Ey Allah'ın Resûlü, dedi, Cafer'den ne haber? Allah'ın Sevgilisi, Hz. Cafer'in şehit olduğunu açıktan söylemedi:

– Ben onu Cennette uçar gördüm!

Kahraman ana, bu cevaptan oğlunun şehit olduğunu anladı ve hemen secdeye kapandı. Üstüste yedi kere secde ettikten sonra dedi ki:

– Ben Allah'ın Resûlü'nden işittim; bir şehit mahşerde soyundan sopundan yetmiş kişiye şefaat edermiş. Ben de Cafer'in anasıyım. Elbette bana da şefaat eder.

Oğlum şehit oldu diye Allah'a şükreden aşk ve iman kadınını görünüz. Ve ey insanlık ibret alınız.

Hazret-i Cafer (radıyallâhu anh) hakkında Allah'ın Resûlü şöyle buyurur:

– Şehitlerin seyyidi Cafer İbn-i Ebu Talib'dir.

İşte Cenâb-ı Ali (kerremallahu vechehu) ve Hazret-i Cafer'i dünyaya getiren mübarek kadın.

Fâtıma Bint-i Esed (radıyallâhu anha) pırlanta gibi bir gönüle sahipti. İslam sarayına girenlerden ve ilk hicret edenlerdendi.

Kâinatın Efendisi onu ziyaret eder, onun evinde kuşluk uykusunu uyurdu. O mübarek kadın Allah'ın Resûlü'nü şefkatlerin en güzeliyle bağrına basardı.

Varlığın sebebi olan Yüce Peygamber onun hakkında şöyle buyurmuştu:

– O benim annemdi. Kendi çocukları aç dururken, önce benim karnımı doyururdu. Kendi çocuklarının üstleri, başları tozlu topraklı dururken, o, önce benim saçımı, başımı tarar ve gül yağıyla yağlardı. O benim annemdi.

VEFATI

Allah'ın yenilmez Aslanı Hazret-i Ali'nin annesi Fâtıma (radıyallâhu anha), Hicretin dördüncü yılında nur şehri Medine'de gerçek hayata geçti.

Onun ölümü üzerine Resûl-i Ekrem Efendimiz:

– Bugün annem vefat, etti!

Buyurdular.

İlim ve hikmet kutbu Cenâb-ı Ali (kerremallahu vechehu) der ki:

– Fâtıma Bint-i Esed vefat ettiği zaman Allah'ın Resûlü kendi gömleğini sırtından çıkarıp ona kefen olarak sardı. Cenaze namazını kıldırdı ve cenazenin üzerine 70 tekbir aldı.

Peygamberler Peygamberi, Fâtıma Bint-i Esed'in kabrine bizzat indi. Genişletir gibi kabrin köşelerine işaret etti ve kabrin içine upuzun yattı. Sonra, kabirden çıktı. Mübarek gözlerinde elmas elmas yaşlar vardı. Bu elmas damlası yaşlardan kabrin içinde de düştü.

Bu hâli gören Hazret-i Ömer (radıyallâhu anh) Efendimiz:

– Ey Allah'ın Resûlü, dedi; şu kadına yaptığını gördüğüm şeyi, hiçbir kimseye yapmamıştın.

Allah'ın Sevgilisi'nden şu cevabı aldı:

– Ebu Talib'ten sonra bu kadıncağız kadar bana iyiliği dokunan bir kimse olmamıştır. Ona Cennet elbiselerinden giydirilsin diye gömleğimi kefen olarak giydirdim. Kabir hayatı kendisine mülayim ve kolay gelsin diye de kabirde yanına uzandım.

Yine Allah'ın Resûlü buyurdular:

– Cebrail (a.s.), yüce Rabbim tarafından, bu kadın, Cennetliklerdendir diye bana haber verdi.

Ulviyyetin bu derecesi,

Büyük Fethin Eşiğinde

Kureyş kâfirleri ahdi bozdular.

Peygamber şehri Medine sanki bir arı kovanı. Ok, kılıç, mızrak, gürz, zırh. Harıl harıl hazırlık. Ama nereye, kime karşı? Meçhul. Gayeden hiç kimsenin haberi yok.

Harp ve siyasetin en nazik kanunu da vazediliyordu: Gizlilik.

Bütün insanoğluna Allah müjdesini getiren Sonsuzluk Nebisi, Hz. Ali (kerremallahu vechehu)'yi çağırdılar:

– Yanına Zübeyr ve Mikdad'ı al; atlarınıza binin, son sürat yol alın! Hâh Râvzası denilen yerde, Mekke'ye giden bir kadın bulacaksınız. Kadının üzerinde gizli bir nâme var. Onu alıp bana getirin!

Cenâb-ı Ali (radıyallâhu anh), yanında iki şanlı arkadaşı, atına atladı ve atının karnı kumları yalarcasına uçtu. Denilen yerde kadını enselediler. Mektup casus kadının saçlarının arasında. Getirip Kâinatın Efendisi'ne sundular.

İşe bakınız ki, mektup sahabîlerden Hâtıp tarafından yazılmıştı:

– Ey Kureyş topluluğu! Allah'ın Resûlü, üzerinize sel gibi askerle gelmek üzere. Tek başına bile gelse Allah onu muzaffer kılar. Başınızın çaresine bakın!

Hâtıp çağırıldı:

– Yâ Hâtıp, nasıl yazabildin bu mektubu?

Hâtıb'ın boynu bükük:

– Ey Allah'ın Resûlü! Ben Kureyş'in içine sonradan girmiş bir insanım, öbür muhacirler gibi değilim. Mekke'de kalan yakınlarım incinmesinler diye onlara bu yardımı ettim. Dinimden döndüğüm için değil.

Allah'ın Sevgilisi, taşları eritecek nazarıyla Hâtıp'a baktılar:

– Doğru söylediğine inanıyorum, yâ Hâtıp!

Hz. Ömer (radıyallâhu anh) köpürdü:

– Ey Allah'ın Resûlü, bırak şu adamın boynunu vurayım!

– Hayır, yâ Ömer! Bu adam Bedir gazasında bulananlardandır. Allah'ın onu affetmeyeceğini ne biliyorsun?

Bütün insanoğluna Allah müjdesini getiren Resûller Serveri, emir ve himayeleri altındaki bütün kabilelere haber gönderdiler:

– Hazırlanınız!

Bütün sahabîler, bütün varlıklarıyla Medine'de, Peygamber otağında.

Onbin kişilik Peygamber ordusu. İlk büyük ve muhteşem ordu, yolda katılacaklarla da büyümek üzere, Peygamber Şehri'nden hareket etti.

Hicretin Sekizinci yılı Ramazanın ikisinde yola çıkıldı. Gün batarken bir su kenarına vardılar ve orada iftar ettiler.

Yolda, tozu dumana katmış, İslam ordusuna doğru gelen birkaç deve. Bunlar, Allah Resûlü'nün ve Hz. Ali'nin amcaları Abbas ve yakınları. Artık Abbas, bütün kalbi, dili ve ruhuyla Müslüman.

Gece Mekke'ye hâkim noktalar tutuldu. Asker teftiş edildi. Kol kol sancaklar dağıtıldı ve emir verildi:

– On bin noktada ateş yakılsın!

Mekke'de dehşet, hayret, ibret! Rüyalarda bile görülmemiş, hayâl dahi edilmemiş, bu şenlik, bu donanma, bu şehrâyin nedir?

Mekke'de fışkıran bu ilahi nur, Medine'den on bin kandillik bir çemberle gelip Mekke'yi kuşatmıştı.

Bu manzara karşısında Kureyş'in etekleri tutuştu. Çıldıracak bir hâle geldi. Hemen emân dilemek üzere Ebu Süfyan'ı Allah Resûlü'ne gönderdiler.

Ebu Süfyan henüz yola çıkmıştı ki, ateşler birdenbire parlayıverdi.

Ebu Süfyan'ı yakalayıp Kâinatın Efendisi'nin huzuruna çıkardılar. Âlemin Fahri buyurdular:

– Yâ Ebu Süfyan! Allah'ın birliğini kabul edeceğin vakit hâlâ gelmedi mi?

Ebu Süfyan'ın dilinde binbir düğüm. Ve nihayet çözülen küfür düğümleri, arkasından iman devleti. Reisi Müslüman olan Kureyş ise, artık İslam'a can atmaya hazır.

Sabahleyin Mekke'ye iniş başladı. Varlık Nuru, Hz. Abbas'a emrettiler:

– Ebu Süfyan'ı askerin geçeceği yola nezaretli bir yerde durdur! Seyretsin!

Bir kenarda manzarayı seyreden Ebu Süfyan, Peygamber ordusunun heybet ve şevketini görünce, yanındaki Abbas'a haykırdı:

– Yâ Abbas! Kardeşinin oğlu ne büyük saltanata ermiş!

– Yâ Ebâ Süfyan! Niçin böyle söylüyorsun? Bu, saltanat değil, nübüvvettir!

– Evet, doğru söylüyorsun!

Kâinatın Efendisi'nin hassa alaylarını temsil eden Medineliler, Saad İbni Ubâde Hazretleri'nin tuttuğu bayrak altından geçerken, Saad Hazretleri Ebu Süfyan'ı gördü ve nârayı bastı:

– Bugün büyük gündür! Kâbe'nin hareminde bile kan dökmenin helâl olduğu gün!

Hz. Saad'ın bu sözü, Ensâr'a kan dökmek istendiği mânâsına İnsanlığın Tacı'na bildirilince hemen emir buyurdular:

– Yâ Ali! Koş, sancağı Saad'ın elinden al ve Mekke'ye ilk sen gir!

Sonra Ebu Süfyan'ı teselli ettiler:

– Bugün rahmet günüdür, Allah'ın Kureyş'i aziz edeceği gün!

Allah'ın Arslanı sancağı Saad Hazretleri'nden aldı ve hassa birliklerinin başına geçti.

Büyük fethin en büyük kolu ona teslim.

İslam ordusu, nurdan bir ırmak gibi yavaş yavaş Mekke'ye akıyor.

Peygamberler Peygamberi, kendilerine fetih müyesser olduğu için Hakk'a şükür ve ilahi azamete karşı huşû tavrı olarak mukaddes başlarını o kadar eğmişlerdi ki, mübarek alınları devenin semerine dokunacak gibi olmuştu.

Kâbe'nin önünden geçiyorlar.

Tekbir getirdiler.

Dağ, taş, yer, gök inledi.

Ertesi gün halka hitap ettiler, Kâbe'de namaz kıldılar. Öğle vakti Hz. Bilâl (radıyallâhu anh), Kâbe duvarlarına tırmandı ve o coşkun sesiyle ezan okudu:

Allahü Ekber!

Allahü Ekber!

Mekke baştan başa nura gark oldu. Putlar yerlerde kırık, dökük. Kâinatın Efendisi'nin mukaddes ellerinde ince bir ağaç dalı. Dalı, her defa, önünden geçtikleri puta doğru uzatıyorlar ve okuyorlar:

– ***De ki: "Hak geldi, bâtıl zeval buldu. Şüphesiz ki bâtıl dâim zeval bulucudur."***[17]

Eritilmiş madenlerle yerlerine perçinli 360 put devriliyor. Asırlar ve devirlerce mankafalı insanların taptığı putlar şimdi yüzüstü yerde.

Allah'ın Arslanı ve Evliyalar Sultanı Hz. Ali (radıyallâhu anh), çocukluğunda, Sonsuzluk Nebisi'nin omuzlarına basarak gizlice devirdiği putların bu anda tam bir meydan töreniyle ayaklar altında çiğnendiğini görüyor ve saadetten uçuyor.

Büyük Fetih boyunca Cenâb-ı Ali (kerremallahu vechehu), adım başında Allah'ın Resûlüyle beraberdir.

İnsanlığın Tacı, Mekke'de 15 gün kaldıktan sonra Medine'ye, kendilerine, Hz. Ali'ye ve bütün Mekke Muhacirlerine ilk kucak açanların yurduna dönmek üzere hazırlanırken, evet, tam o günlerde Huneyn seferi.

HUNEYN

Büyük ve şanlı fethin hemen arkasından Huneyn gazası. Hicaz çevresinn en kuvvetli iki kabilesi, Hevâzîn ve Sakiyf toplulukları el ele verdiler ve Allah Resûlü'ne karşı çıkmaya niyetlendiler. Büyük fethe kadar fazla bir tepki göstermeyen bu kabileler, şimdi İslam göz kamaştırmaya başlarken yılan uykularından kalkıyor ve İslam'ı boğmak istiyorlardı.

Levlâke Levlâk ufkunun nurlandırıcı güneşi Cenâb-ı Ahmed (Sallallahû aleyhi ve sellem), Medinelilerden on bin, Mekkelilerden de iki bin kişilik bir kuvvetle bu yılan sürüsünün üzerine yürüdüler.

---

17 İsrâ, âyet: 81

Bir sahabî garip bir söz etti:

– Artık bize asker azlığı yüzünden yenilmek yok!

Sayıları yirmi bine yaklaşan küfür ordusu da en gözü kara şekilde hazırlanmıştı. Cenk başlar başlamaz, kuduz bir canavar gibi kendilerini Müslümanların üstüne attılar.

İslam ordusunda inanılmayacak bir panik. Allah Resûlünün yanında, en yakınlarından 10–15 sahabîden başkası kalmadı.

Allah'ın Arslanı Hz. Ali (radıyallâhu anh), elinde kana bulanmış kılıç, Allah Resûlü'nün yanıbaşında.

Manzara bütün dehşetiyle bu. 20000 küfür ejderi saldırıyor, 12000 iman arslanı da, ne ve nasıl olduğu bilinmeksizin geriliyor. Âlemlerin Efendisi, birkaç yakınıyla bomboş kalan cenk sahnesinde ve saldıran küfre karşı "Düldül"ü sürmekte. Amca Abbas ile amca oğlu İbni Haris, Düldül'ün ötesine berisine yapışmış, onu durdurmak istiyorlar ama, Düldül, hepsini birden sürükleyip düşman saflarına doğru ilerliyor.

Düldül, sırtındaki mukaddes Varlığı hoplata hoplata ve yanındakileri sürükleye sürükleye şevkle ilerlerken, Sonsuzluk Nebisi emir buyurdular:

– Yâ Abbas! Sahabîlere nida et, dönsünler!

Peygamber amcası Hz. Abbas, hemen bir taşın üstüne zıpladı ve en yüksek sesiyle haykırdı:

– Ey sahabîler! Ey seriye ashabı! Ey Bakara Sûresi ashabı! Dönünüz! Cenge dönünüz!

Duyan mıhlanıp kaldı ve sahabîler demetinden bir nidadır koptu:

– Lebbeyk!

Sahabî denizi yeniden dalgalandı, bir anda düşmana çullandılar.

Allah'ın Resûlü buyurdular:

– İşte ocak şimdi kızıştı!

Ve yerden bir avuç küçük taş ve kum alıp düşmana savurdular:

– Yüzleri kara olsun!

Muazzez sahabîler bir anda kendilerini buldular ve dağ büyüklüğünde bir kaya gibi düşmanın üzerine düştüler. Düşman pestil oldu.

En ileride Allah'ın arslanı Hz. Ali (radıyallâhu anh). Bir vuruşta küfrün bayraktarını yere serdi ve düşman safını yara yara ilerledi.

Kâinatın Efendisi, Düldül'ün üstünde doğrulmuş, buyuruyorlar:

– Ben Allah'ın Resûlü'yüm ve yalan söylemem!

Allah'ın Sevgilisi, Huneyn cengini, tek başlarına kazanmışlardır.

❀❀❀

Huneyn cenginin hemen arkasından düşmanın yatağı olan Tâif Kalesi'ne yüklenildi. 18 gün süren muhasara. Düşman teslim olmadı.

Peygamber hikmeti, muhasaranın kaldırılmasını gerektirdi ve muhasara kaldırıldı.

❀❀❀

Peygamber ordusu, önde Cenâb-ı Ali (kerremallahu vechehu), Büyük Fethe çıkışlarından iki ay 16 gün sonra Nur şehri Medine'ye döndü.

DOKUZUNCU YILIN CİLVELERİNDEN

Dev bir şâirin başına konan ebediyet Tacı.

Gönlünde en cılız bir ışık ipliği taşıyan herkes hemen İslam'a can atıyor. İslam dairesi bir mıknatıs merkezi. İnsan, aile, millet, bütün etrafındakileri çekiyor, yutuyor, içine alıyor. Bu ilahi mıknatısın cazibesine kendisini kaptıranlardan biri de dev bir şair.

İşte bu devrede, Arap'ta kelâm harikasının en keskin dehalarından Şâir Züheyr oğlu Kâab, harikulâde bu şekilde İslam denizine can attı.

O Kâab ki?

Dilini Sonsuzluk Nebisi'nin aleyhinde bir yılan gibi kullandığı için, nerede görülürse öldürülmesi emredilmişti. Babası Züheyr de dev bir şâirdi, tıpkı kendisi gibi. Ölüm döşeğinde oğlu Kâab'a öğüt vermiş, Âhir Zaman Nebisi'nin pek yakında geleceğini, fakat onu görmeye ömrü vefa etmeyeceğini, oğullarının O'na imanda asla tereddüde düşmemelerini söylemişti.

Evet; şâir baba, şâir oğluna söylemişti bunları.

Böyleyken Züheyr'in oğulları, başta Kâab. O Nebiyyi Âhir Zaman'a inanmadılar. Fakat bir müddet sonra kardeşi Kâab'a rağmen İslam'a can attı ve Allah Resûlü'nün elinden ölümsüzlük iksirini içti. Kardeşini de küfür bataklığından kurtarmak dileğiyle harekete geçti. Peygamber tarafından ölüme mahkûm edilmiş bulunmasına rağmen, Kâab'a, Peygamber huzuruna çıkıp af dilemesini vasiyet etti.

Kâab, kardeşinin sözünü dinledi:

Medine'de Peygamber Mescidi. Kâinatın Efendisi, muazzez sahabîlerinin arasında ve sohbette.

Kâab, sessizce Mescid kapısından içeriye süzüldü ve bir köşeye ilişti. Herkes öyle vecd ve aşk içinde Allah Resûlü'nü dinliyor ki, Kâab'a bakan bile yok.

Kâab, fırsat kolluyor. Nihayet kolladığı ân geldi, hemen sesini yükseltti:

– Ey Allah'ın Resûlü! Ölüme mahkûm Şâir Kâab ibni Züheyr küfüründen dönmüş ve günahlarından tövbe etmiş. Kapında senden af ve emân diliyor? Ne buyurursun, huzuruna getirsem bağışlar mısın?

İnsanlığın Efendisi'nin dudaklarında saadet tomurcukları:

– Evet!

Buyurdular.

Dev şâir neş'e ve sevinç içinde haykırdı:

– Kâab ibni Züheyr benim, ey Allah'ın Resûlü! Affına sığınmaya ve İslam'a girmeye geldim!

Cenâb-ı Ali (kerremallahu vechehu) nin elleri kılıcının kabzasında. Nebiyyi Muhterem, silâha davrananları bir işaretle önlediler ve Kâab'a nazar buyurdular. O ân Kâab, iki dizi üstüne çöktü, bir yıldızdan bir yıldıza mahyalaşacak güzellikteki meşhur kasidesini okudu:

"Suad uzaklara gitti. Aşkıyla eriyen yüreğim, hürriyetine hiç kavuşmayacak bir kul gibi kendisine bağlı durur."

"Göç sabahı suad, sürmeli gözlerle yere bakan boğuk sesli bir ceylândı."

"Gülümseyince, sanki üstüste sunulmuş şarapla nemlenen dudakları ve ak dişleri parıldar."

"Ağzının şarabı, şimal rüzgârlarına açılan vadinin pınarı kadar serindir."

"Gece bulutlarıyla ak tepeli yüksek dağlar tarafından beslenen o pınarın sularını, rüzgârların esintileri, dal ve yaprak döküntülerinden temizler."

"Sen Resûlsün, âlemin ziyalandığı nur;

"Hak ve bâtıl arasını kesen Allah'ın kılıcı!"

Kâab bütün içiyle okuduğu ve bütün ruhuyla haykırdığı kasidesinde bu mısralara gelince, Allah'ın Resûlü, arkalarındaki hırkayı çıkarıp Kâab'a attılar. Artık Kâab'ın üstüne ebediyyet düşmüştü. Mukaddes hırka bir ebediyyet nişanesi olarak kıyamete kadar saklanacaktır.

Ondan sonra bu meşhur kasidenin ismi "**Kaside-i Bürde**" oldu.

İstanbul'da bir semte ismini veren "**Hırka-i Şerif**", işte bu hırkadır. Her sene ramazan ayının 15'inden sonra Müslümanların ziyaretine açılır. Topkapı Sarayı'nın "**Hırka-i saadet**" dairesini nurlandıran ve en mukaddes emanet olarak saklanan Peygamber hırkası.

TEBÜK

9. Yılın Recep ayında, on bin atlı, otuz bin yaya, başlarında Kâinatın Tacı, Medine'den çıktılar. Rum illerine.

Artık İslam okyanusu bütün cihanı kuşatmış, içinden fışkırdığı dünyaya madde plânında da hâkimdir.

Peygamber elinden ölümsüzlük iksiri içen muazzez sahabîler malını, mülkünü, atını, davarını, imkânını, canıyla beraber Allah Resûlü'nün tuttuğu tepsi üzerine döktüler. Cihan Sıddîkı bütün servetini verdi. Hz. Ömer malının yarısını getirip Peygamber önüne döktü. Hz. Osman 300 deve ile katıldı. Bütün Müslüman hanımlar elmaslarından ve altınlarından soyundular.

Dünya çapında bir hareket.

Susuz insanları içen, kurutan, yakıp kavuran yaz sıcağında, çok zahmetli bir sefer.

Münafıklar İslam mücahitlerini "Bu sıcakta savaş olur mu?" diye kundaklamaya kalktılar, fakat onların cevabını Cenâb-ı Hak verdi.

Yılan dillerini daha fazla Müslümanlar aleyhinde oynatamadılar.

Bu defa başka bir tecellî ile karşı karşıyayız; Peygamber hikmetinin akıl yetmez inceliği yepyeni bir hâdiseye meydan verdi. O güne kadar bütün savaşların eşsiz kahramanı, cenk sahnelerinin şanlı arslanı Hz. Ali (radıyallâhu anh), Medine'de kalmaya ve Allah Resûlü'nün evinin kadrosuna bakmaya memur edildi.

Hz. Ali (radıyallâhu anh), boynu bükük ve mahzun:

– Ey Allah'ın Resûlü, dedi; beni gaza nimetinden mahrum etme!

Allah'ın Resûlü, Cennet sabahlarını andırır şekilde tebessüm ederek cevap verdiler:

– Musa'ya nisbetle Harun neyse, bana göre o olmak istemez misin, yâ Ali?

Hz. Harun. Musa Aleyhisselâm'ın Tûra giderken yakınlarını emanet ettiği öz kardeşi.

Peygamber iltifatının bundan üstünü hayâl edilemez.

Peygamber ordusu uçsuz bucaksız çöllerde ırmak ırmak aktı. Bir damla suyu develerin kursağında arayacak kadar korkunç sıkıntı çektiler, fakat dönmediler.

Tebük civarında bir su başında konakladılar. Gayet zaif, ipince bir su şeridi.

Âlemin Fahri ırmağın suyunu bir kapta toplayıp abdest aldılar ve suyu yine ırmağa döktüler.

Su birden kaynadı, taşdı, bütün Peygamber ordusu suya kandı.

İşte Mucize.

Bizans ordusu cenge yanaşmadı. Peygamber ordusunun azametinden korkmuş olacak ki "geriye dön!" emrini verdiği gibi gözden kayboldu.

Bizans'a bağlı Hıristiyan Arap kabilelerden çoğu onlardan koparıldı. İslam ordusu bir silindir gibi bütün geçtiği yerleri düzledi; ya dine girdiler, ya itaat altına alındılar.

Ve dönüş.

Dönüşte, Peygamber şehri Medine'de büyük şenlik. Başta Cenâb-ı Ali (radıyallâhu anh) bütün Medine, kadınlı erkekli, çocuklu ihtiyarlı, yollara dökülmüş.

Veda Yokuşu'nun başında şiirler okunuyor. Tekbirler getiriliyor. Peygamber ordusu istikbal ediliyor:

Aydoğdu. Dilimiz döndüğü kadar
Allah'a şükredelim!

Zehirli münafıkların tesiriyle sefere katılmaktan geri kalmış birkaç sahabî kendilerini Mescid-i Nebevi'nin direklerine bağlayıp öyle içten ağladılar, sızladılar, yalvardılar, göz yaşı döktüler, yakardılar ki, affedildiler.

❁❁❁

HAC VE EMİR

Tebük dönüşü, İslam ordusu Medine'nin Veda Yokuşu başında karşılandıktan sonra, artık İslam, kemâl çığırına, Sonsuzluk Nebisi de veda devresine ayak basmış oluyordu.

Bütün kâinatta nur yangını. İslam okyanusu sahil sahil bütün cihanı kaplamak üzere. Bütün insanoğluna göklerden sema sema nur demeti sunulmakta. Allah'ın âlemlere "Rahmet!" olarak gönderdiği Rahmet Peygamber insanlığın yıllar yılı kanayan yarasına ilahi dermanı sunmaktadır.

Şânı yüce olan Allah, Sevgilisi'ne şöyle hitap ediyordu:

– "Biz, seni (Habîbim) âlemlere (başka bir şey için değil) ancak rahmet olarak gönderdik."[18]

İşte o Nebiyyi Muhterem, alev dişleri ve neşter pençeleriyle insanlığı helâk eden küfür kaplanını, iki gözü iki çeşme bir ceylân hâline getirdi. Onun mukaddes elinden ölümsüzlük iksiri içen bahtiyar insanlar ebediyyetin gerçekler sabahında bir çiçek bayramı içinde karşılandılar. Cennet onlara kucak açtı, kevser onlar için çağladı.

---

18 Enbiyâ, âyet: 107.

9. Hicret yılının Hac mevsiminde, Cihan Sıddîk-ı Hz. Ebu Bekir (radıyallâhu anh) emir aldı:

– Hac emîrisin! Bu yıl hacca gideceklere sen önderlik edeceksin!

"Hiçbir güneşin onunki kadar ulvî bir baş üzerinden doğup batmadığı" Cenâb-ı Sıddîk (radıyallâhu anh), 300 kadar hac yolcusuyla Mekke istikametinde yola revan oldu.

Hac yollarında kervanlar ilerlerken Allah'ın Resûlü, Hz. Ali'ye bir at verip ferman etti:

– Ebu Bekir'in arkasından Mekke'ye yetiş ve Allah'ın emrini mü'minlere tebliğ et! Artık kâfirlere hac ve çıplak tavaf yok! Eski anlaşmalar, müddetleri içinde yine yürürlükte.

Cenâb-ı Ali (radıyallâhu anh), soylu atına atladığı gibi şimşek şimşek uçtu ve Mekke'ye varıp halkı meydan meydan topladı, ilahi hükümleri herkese bildirdi.

YEMEN'E ELÇİ

10. Hicret yılında İslam tam kıvamında. İslam'ın şevketi, Arap illerinde, başı yıldızlara değen bir azamet. Bir eliyle Yemen'i ayıklıyor, öbür eliyle de Suriye'yi tırmalıyor.

Allah'ın Resûlü Yemen'e nice sahabîler ve heyetler gönderdiler. Fakat istedikleri neticeyi alamadılar. Sonra Hz. Ali'ye emrettiler:

– Yâ Ali! Yemen'e gidip gelenler, dileğimi gereğince yerine getiremedi. Oraya senin gitmen gerekiyor!

– Emret, Ey Allah'ın Resûlü, gideyim! Fakat Yemen çok nazik bir muhit. Bütün insanları bir demet çiçek gibi toplamak ve iman mihverine bağlamak, çetin iş. Büyük tecrübe ve kudret ister. Senin sahabîlerinin içinde bu işi benden daha iyi başaracaklar vardır. Dilersen onlardan birini gönder!

Kâinatın Tacı emirlerini tekrarladılar:

– Sen gideceksin! Bu işe sen lâyıksın!

Ve Sonsuzluk Nebisi, dudaklarında yıldız yıldız bir tebessüm, mukaddes ellerini Cenâb-ı Ali'nin kalbi üstüne koyup dua ettiler:

– Allahım! Ali'nin dili, gerçeğin; yüreği de hidâyet nurunun yuvası olsun!

Allah'ın Arslanı ve Evliyalar Sultanı Hz. Ali, onuncu yılın Ramazan ayında Nur şehri Medine'den çıktı ve eski medeniyetler harabesi, Belkis'in diyarına doğru süzüldü, dağlar, taşlar, çöller aşıp Yemen'e vardı.

Hz. Ali'nin Yemen'deki vazifesi, Zülfikâr isimli kılıcının yerine dilini kullanmak ve onunla gönüllere hakikat elmasları akıtmak. Elmas ki, ne elmas? Gizli hakikatlar âleminin perdesini kesip "Ey insan! İşte yaradılış gayen budur!" diyerek onu gerçek gayesine erdirmek.

Cenâb-ı Ali (kerremallahu vechehu), insanları demet demet etrafında topladı. Buraların ve ötelerin en ince hikmetleri üzerinde konuşarak gönül tarlalarına gayb incileri yağdırdı ve onlara zaman ve mekân ötesi, batmayan güneşi gösterdi.

Yemen artık kıvamına gelmiş ve İslam'a can atmıştır.

VEDA HACCI

– ***"Allah'ın nusreti ve Feth gelince, Sen de insanların fevc fevc Allah'ın dinine gireceklerini görünce, hemen Rabbini, hamd ile tesbîh (ve tenzih) et. Onun yarlığamasını iste. Şüphesiz ki O, tevbeleri çok kabul edendir."***[19]

İmanın billûrlaşmış nurdan âbidesi Hz. Ömer (radıyallâhu anh), arkadaşlarına bu sûreden ne anladıklarını sordu. Herkes ayrı bir mânâ açtı. O zaman henüz çocuk olduğu için fikir yürütmekten çekinen İbni Abbas (radıyallâhu anh), kendisine de sorulunca şöyle dedi:

– Bana kalırsa bu sûre; Allah Resûlü'nün dünyadan ayrılmak üzere olduğunu hissettiriyor. Mağfiret niyazına emir bunu gösteriyor.

Bu sûre nazil olduktan sonra Kâinatın Efendisi:

"Sübhânallahi ve bihamdihi estağfirullah ve etûbü ileyh."

Demeyi çoğaltmıştır.

Birgün, Hz. İbni Abbas (radıyallâhu anh), dudaklarında bu sûre, kuytulara sinmiş ağlıyor ve gözlerinden iplik iplik yaşlar akıyor.

O ân Allah'ın Resûlü geldiler ve sordular:

– Niçin ağlıyorsun, ey amcamın oğlu?

– Bu sûrede, sizin fâni âleme veda saatinizin yaklaştığından bir işaret gördüm.

---

19 Sure-i Nasr.

– Evet, gördüğün gibi!

❁❁❁

İşareti bütün inceliğiyle ve hikmetiyle en derin gören ve anlayan, Allah'ın Sevgilisi.

Onuncu yılın Kurban Bayramı'na doğru hac kararını veriyorlar.

Haber bütün Arap Yarımadası'nı çalkaladı:

– Allah'ın Resûlü bu sene haccedecek.

Cihanın her istikametinden Peygamber şehri Medine'ye doğru çizgiler uzamaya başladı. Peygamber yurdu, her istikametten uzanan ipliklerin bağlandığı çivi.

Medine'ye doğru ırmak ırmak insan akıyor. Bu çizgiler ve iplikler, Medine'ye akan insan sellerinin izleri.

Nihayetsiz olan mülkün seyyidi Cenâb-ı Ahmed (Sallallahû aleyhi ve sellem) yıkandılar, ihrama girdiler ve öğle namazından sonra Medine'den hareket ettiler.

Peygamber evinin mensupları da beraberlerinde. Kâbe Haremi'nin başlangıç noktası olan mevkiye geceleyin vardılar. Geceyi orada geçirdiler. Sabahleyin tekrar yıkandılar, İsmet ve İffet sadefi Hz. Âişe'nin itinalı elleriyle kokulandılar. İki rekât namaz kıldılar. İhrama girdiler ve etraflarında binlerce sahabî, yola çıktılar. Kusvâ isimli develerinin sırtında ilerlediler. Hac yolunun hususî nidası, dillerde şiir şiir, hece hece:

– Lebbeyk, Allahümme Lebbeyk!

Her göğüsten aynı nida fışkırıyor, her dilden aynı ses çıkıyor. Ve bütün feza, Allah'a yükselen bu sesin heybetiyle inliyor.

Medine'yle Mekke arasında bir ay süren yolculuktan sonra, Zilhicce'nin 4. günü Beni Şeybe kapısından kâinatın iman beşiği olan mukaddes beldeye girdiler. Mekke, olanca ahalisi ve etraftan akın edenlerin seliyle Kâinatın Efendisi'ni istikbal ediyor.

Âlemlere rahmet olarak gönderilen Resûller Serveri, çocukları devesine alıyor; kimini önüne, kimini arkasına bindiriyor. Hâşim oğullarına ait çocuklar, sevinçlerin en taşkını içinde zıplayıp hoplamakta ve cıvıl cıvıl kaynamakta.

Kâbe'yi görünce buyurdular:

Yâ Rabbi! Şan ve şeref senin evinin!

Kâbe'yi tavaf ettiler.

Ve Kabe'ye bakıp dediler:

– **Allah'tan başka ilâh yok! Bir ve ortaksız. Mülk O'nun, hamd O'na. Yaşatan O, öldüren O, her şeye kudreti yeten O. Allah'tan başka ilâh yok. Vadini yerine getirdi, kuluna yardım etti, küfür hiziplerini bozguna uğrattı.**

❁❁❁

Hac zamanına kadar Mekke üzerine akın taştı. Irmak ırmak, dalga dalga gelenlerin sayısı yüzbini geçti.

Cenâb-ı Ali (kerremallahu vechehu) de Yemen'den dönerek Allah'ın Resûlü'yle buluştu.

Arafat'ta durdular:

– Burada, babanız İbrahim'in size miras bıraktığı yerde durunuz!

Emrini verdiler.

Bir gölgeliğe çekilip istirahat ettiler. Zeval vakti develeri Kusva'ya binip Arafat meydanında ilerlediler.

Arafat bir mahşer gibi kaynamakta, 100.000'i aşkın sevdalı insanlar köpük köpük çağlamakta.

Evet, işte orada, 100.000 insanı aşan ümmet deryası karşısında, develerinin sırtında, hiçbir fâniye nasip olmamış ve hiçbir sıfatın belirtemeyeceği, kâinat çapındaki muazzam hutbelerini irad ettiler. Bütün nazarlar O'nda. Kulaklardan gönüllere billûri bir ırmak gibi akan ebediyyet incisi.

İnsan denizini hüzün deryasının bastığı, gönüllere hicran oklarının saplandığı bu ân, Allah'ın Sevgilisi, mukaddes gözleriyle yığınları tarayıp sordular:

– Yarın beni sizden soracaklar, ne diyeceksiniz?

100.000'lik sahabî denizi uğuldadı:

– Allah'ın emirlerini bildirdi; risâlet vazifesini yaptı diyeceğiz.

Ebedî Hayat Müjdecisi'nin gözleri semaya doğru, sağ ellerinin şehadet parmağını üç kere kaldırıp indirdiler:

– Şahid ol, yâ Rab, şahid ol, yâ Rab, şahid ol, yâ Rab![20]

Birdenbire Allah'ın Resûlü'nde İlahi vecd. Omuzlarında bütün derinliğiyle gök, alınlarında yıldız yıldız ter. İlahi vahyin eritici alâmetleri.

Cebrail (a.s.) Allah'ın emrini getirmiştir:

– "Bugün sizin dininizi kemale erdirdim, üzerinizdeki ni'metimi tamamladım ve din olarak Müslümanlığı (verip) ondan hoşnut oldum."[21]

Cihanın en sâdık Peygamber dostu ve en yakın sevdâlısı Hz. Ebu Bekir (radıyallâhu anh), âyeti duyar duymaz her şeyi anladı ve artık gözyaşlarını tutamadı.

Allah'ın Sevgilisi Arafat'ta, şahlanan insan denizinin içinden geçerken buyurdular:

– Sükûnet bulun, ey insanlar, sükûnet bulun!

Sonra kurbanlar kesildi. Saçlarını da kestiler, Zemzemden su içtiler. Kesik saçlarından muazzez sahabîlerine tel tel, hediye ettiler. Ebediyyet hediyesi.

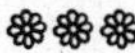

Bütün insanoğluna Allah Müjdesi'ni getiren Nebiyyi Muhterem, Mekke'de 9 gün kaldıktan sonra yola çıktılar. Yolda muazzez sahabîlerini çevreleyip buyurdular:

---

20 Veda Hutbesi'nin tamamını Hz. Ebu Bekir (ra) isimli eserimizde okuyabilirsiniz.

21 Mâide, âyet: 3.

– Ben sadece bir insanım. Yakında Allah'ın Meleği gelecek beni davet edecek. Ben de gideceğim. Size iki şey bırakıyorum: Biri Allah'ın Kitabı. Nur ve hidâyet onda. Öbürü de Ehli Beytim. Onları koruyunuz ve her işde daima Allah'ı hatırlayınız!

❁❁❁

Nihayetsiz olan mülkün Seyyidi ve Kevser Havuzu'nun sahibi, güneş doğarken nur beldesi Medine'ye giriyorlar. Allah'ı Zikir, tenzih ve O'na hamd ediyorlar.

Ve sahabîlerine devamlı olarak şunu söylüyorlar:

– Evimin mensupları bahsinde size Allah'ı hatırlatırım!

Şimdi Medine kapılarında sahabîlerin kulakları, bu sözlerle uğulduyor, gönüllere daha şimdiden hicran ateşi düşmüş, gözlerde yaşlar belirmiş. Ayrılık günü yakın; herkesin bütün düşüncesi:

– Peygamber gidiyor! Ben ne olacağım?

Cenâb-ı Ali (kerremallahu vechehu) ise büsbütün yanıp tutuşmakta. Bu dünyaya veda etmek üzere olanla, yapayalnız kalmak üzere bulunanları düşünüyor. Gözlerinin önünde Peygamber kızı Hz. Fâtıma-i Zehra, Peygamber torunları Hasan ile Hüseyin ve bütün insanlık. Bu öksüz kalan insanlığın hâli ne olacak?

❁❁❁

Kâinatın Efendisi, gece gündüz, tesbih, tenzih ve istiğfar ile meşguller. Dururken, yürürken, otururken, kalkarken, giderken, gelirken hep aynı vird.

HASTALIK

Hastalık derinlere doğru biraz daha ilerliyor. Hastalıklarında, ayakta bulundukları, yahut ayağa kalkabildikleri her defa, Cenab-ı Ali (radıyallâhu anh), kollarındadır.

Hastalıklarının ilk devresinde birgün, bir taraflarında Hz. Ali, öbür taraflarında Fadl İbni Abbas, iki tarafa dayanarak mescide geldiler. Mescidin içi cıvıl cıvıl insan kaynıyor ve bu insanlar güneşe baktıkları her defa rengini biraz daha uçmuş görüyorlar.

Minbere çıktılar ve en ızdıraplı merak içinde kendisini süzen sahabîlerine, hafif sesle yavaş yavaş hitap ettiler:

– Ey Nâs! Kimin arkasına vurdumsa, işte arkam, gelip vursun! Kimin malını aldımsa işte malım, gelsin alsın!

Öğle namazından sonra yine minbere çıkıp aynı sözlerini tekrar ettiler.

Ve ilâve buyurdular:

– Allah bir kulunu, dünya ile kendi yakınlığı arasında serbest bıraktı. Kulu da, O'na kavuşmayı ve visaline erişmeyi tercih etti.

İşte bu kelâm, açıkça, Allah Resûlü'nün, beka âlemini şereflendirmek üzere bulunduklarının en açık delili.

Hilm âlemi Yüce Sıddık Hz. Ebu Bekir (radıyallâhu anh), zaten içinde düğümlü duran mânâların Peygamber diliyle çözüldüğüne şahid olunca, dayanamadı, gözlerinden iplik iplik yaşlar akıtarak haykırdı:

– Canımız sana feda, ey Allah'ın Resûlü!

Herkes, yıldırım düşmüş gibi çarpıldı. Herkes, bir Kâinatın Tacına, bir Hz. Ebu Bekir'e bakıyor. Levlâke levlak ufkunun nurlandırıcı Güneşi, ânın tecellisini cevaplandırdılar:

– Sohbetiyle, sevgisiyle, malıyla, canıyla bana insanlar içinde en büyük yardımcı Ebu Bekir oldu. Eğer dünyada bir dost seçmek gerekseydi, Ebu Bekir'den başkasını bulamazdım. Fakat onunla aramdaki, sadece İslam kardeşliğidir.

Ve bir an durup vakar ve heybet içinde şu emri verdiler:

– Bugünden sonra Mescide açılan kapıların hepsi kapansın, yalnız Ebu Bekir'inki açık kalsın!

Bu emirle en büyük emanet, Hz. Ebu Bekir (radıyallâhu anh)'e verilmiş oluyordu.

Allah'ın Sevgilisi minberden inerek, yine Hz. Ali ve Fadl'e dayanarak hücrelerine döndüler.

Bütün zaman ve mekânın Peygamberi, Hz. Âişe'nin hücresinde, yatağa uzanmışlar. Yüksek bir ateş ve dayanılmaz başağrısı. Sevgili zevcelerine nazar buyuruyorlar.

Ateşleri o kadar yükseliyor ki, bir leğenin içine oturup başlarından yedi güğüm dolusu su döküyorlar.

Mescid dönüşü yataklarına uzandıktan biraz sonra emir verdiler:

– Ebu Bekir'e haber verin, namazı o kıldırsın! Hz. Âişe yalvarıyor:

– Ey Allah'ın Resûlü, babam çok rikkatli insan. Âyetleri okurken hıçkırıklar ve gözyaşı içinde kalıyor. Böyle bir vaziyete takat getiremez o.

– Ebu Bekir'e haber verin, namazı o kıldırsın!

– Elinden gelmez, ey Allah'ın Resûlü!

Emir aynen üçüncü defa tekrar edildi.

Hilm âlemi yüce Sıddîk (radıyallâhu anh), Peygamber Mescidi'nde sahabîlere imamet etmekte. Sonsuzluk Nebisi, Hz. Âişe'nin odasında, yüksek ateş altında dalgın yatarken, Hz. Ebu Bekir'in, mescit tarafından, Allah kelâmını heceleyen tatlı, ılık, mestedici ve yakıcı sesi geliyor.

Cenâb-ı Ali ve Cenâb-ı Fâtıma (radıyallâhu anha) da Allah Resûlünün başuçlarında ve her an hizmetlerinde.

Cenâb-ı Ali (kerremallahu vechehu), herhangi bir ihtiyaç için dışarıya adımını atar atmaz, sahabîler onun çevresinde hemen halka olup soruyorlar:

– Allah'ın Resûlü nasıl, ne vaziyette?

Hz. Ali (radıyallâhu anh), dâima hamdle karşılık teselli cümleleri söylemekte.

Bir defasında Cenâb-ı Ali'yi amcası Hz. Abbas çevirdi, kuytuya çekti ve sordu:

– Yâ Ali! Amcaoğlunun sıhhati nasıl?

– Hamdolsun, iyice.

– Yâ Ali! Yanlış konuştuğunu sanıyorum. Birkaç gün sonra mahcup olabilirsin! Bana kalırsa, Allah'ın Resûlü, son demlerinde. Ben, Abdülmuttalip oğullarının, ölüm döşeğindeki hallerini, yüzlerine sinen havayı çok iyi bilirim. Kendisini son görüşümde bu hâli müşahede ettim.

– Bu senin görüşün, ey amca!

– Evet, ey Ali, bu benim görüşüm; ama ne çare ki, tecrübeyle sabit. Gel seninle Allah Resûlü'nün huzuruna çıkalım ve soralım!

– Neyi?

– Vefatlarından sonra halifeliklerini kimlere bırakacaklarını.

Allah'ın Arslanı ve Evliyalar Sultânı Hz. Ali (radıyallâhu anh), amcası Abbas'ın bu sözlerine karşı, kurşundan ağır başını kaldırdı ve yaşlı gözlerini ona dikti:

– Hayır amca! Biz O'ndan böyle bir şey isteyemeyiz!

– Neden?

– İki sebebi var bunun! Evvelâ bu hâlinde O'na böyle bir mesele açılamaz! Sonra da eğer O, istediğimizi vermeyecek olursa, kendisinden sonra o şeyi artık bize kimse vermez! Yemin ederim ki, ben şu anda böyle bir şeyi Allah'ın Resûlü'nden isteyemem!

Hastalık öyle şiddetli ki sık sık bayılıyorlar, çok geçmeden ayılıyorlar, ateşten alev alev kavruluyorlar, biraz hafifler, açılır gibi olunca mukaddes başlarını Hz. Âişe'nin göğsüne yaslayıp dipsiz semaya bakıyorlar.

Saâdethanenin dışında sahabîler birer gölge gibi gidip geliyor, namazlarda Sıddîk-ı Ekber'in yanık sesi İlahi fermana tam bir tevekkül edasıyla Arş'a doğru buram buram tütüyor. Ve müthiş gün yaklaşıyor. 12 Rebiülevvele dört gün kalmıştır.

Kalem Kırtas Hâdisesi

12 Rebiülevvel Pazartesiye 4 gün kala başuçlarında, Hz. Ali ve Hz. Ömer (radıyallâhu anh) in de bulunduğu büyükçe bir halka.

Mukaddes gözlerini aralayıp hafif hafif seslendiler:

– Benden sonra dalâlete düşmemeniz için size bir şeyler yazdırayım!

Derin ve acı sükût.

Devam buyurdular:

– Kalem, kırtas getirsinler!

Fısıldaşanlar oldu:

– Allah'ın Resûlü, rahatsızlıklarının tesiri altında. Bize Allah'ın kitabı yeter.

– Muhakkak emirlerini yerine getirelim.

Fısıltılar uzadı ve ânın nezaketi örselenir gibi oldu.

– Hiç değilse soralım, dediler; acaba emirlerini dalgınlık hâlinde mi verdiler?

Mukaddes yatağa yaklaştılar.

Kâinatın Tacı, hafif sesle buyurdular:

– Beni hâlime bırakınız. Şimdi bulunduğum mevki, beni çağırdığınız yerden daha hayırlı.

Bazı kimseler ileride bunu iyice örseleyecek ve didik didik edecek. Her kelimeden ayrı mânâlar süzmeye çalışacak.

Fakat Sonsuzluk Nebisi'nin yazdırmak istedikleri şey sadece sır olarak kalacak.

DIŞARIDA MANZARA

Peygamber Mescidi'nin etrafında küme küme insan ve ordu hazırlığı.

Herkes başını iki elinin arasına almış düşünüyor, düşünüyor, düşünüyor.

Başlarında Allah Resûlü'nün sevgisiyle bahtiyar, genç kumandan Hz. Üsâme (radıyallâhu anh).

Öyle bir an ki: Bütün Medine susuyor ve bütün insanlar düşünüyor. Dallar sarkık, başlar eğik, güneş sönecek gibi. Her şeyde bir gariplik.

İnsanlık Hurisi Hz. Fâtıma-i Zehra'yı, en derin en ince hisle sevdikleri mübarek kızlarını istediler.

Cenâb-ı Fâtıma (radıyallâhu anha) zaten ilk hastalık günlerinden beri, mukaddes babasının başucunda gözleri yaşlı ve hep O'nu süzmekte. Derin ve ince Fâtıma (radıyallâhu anha) geldi, yanlarına çektiler, yaklaşmasını, kulaklarını dudaklarına kadar yaklaştırmasını işaret ettiler. Dünya kadınlığının en içli örneği Hz. Fâtıma (radıyallâhu anha) başını, Allah Sevgilisi'nin dudaklarına kadar indirdi. Allah Resûlü'nün mukaddes dudakları kıpırdadı. Hz. Fatıma'nın iman aynası berrak yüzünde tırmık tırmık acı. Gözlerinde elmas elmas yaş. Bir daha kendilerine doğru çektiler ve yine yavaşçacık bir sesle söylediler. Bu defa Hz. Fatıma'nın yüzünde tatlı bir tebessüm ve saadet.

Evvelâ:

– Ben ölmek üzereyim.

Demişler. Sonra da:

– Ehl-i Beyti'mden ilkin benim yanıma gelecek olan sensin.

Buyurmuşlar.

Altı ay sonra, en genç çağında babasına, Levlâke levlâk ufkunun nurlandırıcı güneşine kavuşacak olan Hz. Fâtıma (radıyallâhu anha).

Gerçekten öyle olacak. Kâinatın Efendisi'ne ilk olarak o kavuşacak. Dünyanın en içli kadın örneği Fâtıma-i Zehra, o yıl, içinde bulunduğu 25 yaşını doldurmadan, bir türlü sevemediği bu fâni dünyadan ebediyyet âlemine göçecek.

Allah'ın Sevgilisi, dalgın, hareketsiz, yatıyorlar.

Genç kumandan Hz. Üsâme geldi. Başuçlarına yaklaştı. Gördüler.

Genç başbuğa bir şey söylemediler. Fakat mukaddes ellerini yükseğe kaldırıp durdular, sonra Hz. Üsâme'nin üzerine sürdüler. Ona dua ettikleri anlaşıldı.

Garp dünyasına yöneltilen ordunun genç kumandanı Hz. Üsâme'ye sessizce dua ettikleri gün pazardır; ve artık bu çileler, elemler, ızdıraplar, eksiklikler ve fânilikler dünyasında bir günleri kalmıştır.

PAZARTESİ

O müthiş günün sabahı, şafak vakti, odalarındaki pencerenin perdesini aralayıp sabah namazındaki sahabîlerine nazar buyurdular. Herkes Hz. Ebu Bekir'in arkasında, en mahzun vecd içinde. Derinden derine gelen tekbir sesleri. Herkesi ayrı ayrı göğe çıkaran merdivenin basamakları.

Tebessüm buyurdular.

Sahabîlerde ani bir dalgalanma. Namaz bozulur gibi oldu. Bütün nazarlar Allah Resûlü'nde.

Elleriyle işaret ettiler:

– Yerlerinizde kalın! Namazınızı tamamlayın!

Ve perdeyi kapadılar.

Sahabîler, Sonsuzluk Nebisi'nin mukaddes yüzünü son olarak görüyor. O ışık ve nur saçan mübarek yüz, kanın çekilmesinden müthiş bir beyazlık içinde.

İlahi tecellî. O sabah kendilerini gayet iyi hissettiler. O kadar ki, perdelerini aralayıp baktıktan biraz sonra Mescide geldiler.

Farz namazı başlamıştır. Saflar imama bağlı.

Yavaş yavaş ilerlediler.

Allah'ın Resûlü'nün geldiğini farkeden Hz. Ebu Bekir, yerini insanlığın imamına bırakmak istediler. Yine hafif bir işaret:

– Yerinde kal ve devam et!

Sahabiler Hz. Ebu Bekir'e uymakta berdevam.

Namaz, içinde Sonsuzluk Nebisi, Hz. Ebu Bekir (radıyallâhu anh) in arkasında kılındı.

Namazdan sonra en yakıcı ümidin verdiği saadet kaynaşması.

Sahabîler, Peygamber şifaya kavuştu ümidiyle saadetten uçarken, Allah'ın Resûlü, yakınlarının kolunda, dudaklarında ilahi tebessümler, odalarına dönüyorlar.

Genç kumandan Hz. Üsâme (radıyallâhu anh) yine geldi. Ona derin gözlerle bakıp buyurdular:

– Artık, yüce Allah'ın bereketiyle git!

Elleri suda, durmadan mukaddes yüzlerini siliyorlar. Hz. Fâtıma, İnsanlığın Efendisi'ne sokuldu. Kadınlığın en derin ve ince timsali ile Allah'ın Sevgilisi gözgöze.

Allah'ın Resûlü, âlemde en hisli sözü söylediler:

– Üzülme kızım; babana bugünden başka acı yok!

İlahi hikmete bakınız: Pazartesi günü dünyaya geldiler? Pazartesi günü Nübüvvete erdiler, pazartesi günü hicret ettiler, pazartesi günü Medine'ye vardılar; ve işte dünyaya geldikleri ayda yine pazartesi günü hakikî hayata geçiyorlar.

Şu anda 63 yaşındalar. Hz. Ebu Bekir, Hz. Ömer, Hz. Ali (radıyallâhu anh) de aynı yaşta ölüm döşeğine uzanacaklar.

Ey Allahım! Şu saat, gün, hafta, ay hesabı ne hazin! Hepsi bir ân içinde buz gibi eriyor ve dünya tek ân üzerinde duruyor.

Şu zaman, şu saat, acıdan acı;

Öyle bir gidiş ki, yoktur ilâcı!

Zaman, zaman ve mekânın uğrunda yaratıldığı Peygamber için bile saatini çalıyor.

Allah'ın emri:

– ***Her can ölümü tadıcıdır!***

Allah'ın Sevgilisi'nde ölüm alâmetleri başlamıştır.

Genç başbuğ Hz. Üsâme'nin ordugâhı karmakarışık. Askerler, kol kol, bölük bölük, Medine'ye akıyor. Genç kumandan atını eğerlerken, annesi çığlık çığlık bağırıyor:

– A oğlum! Sen ne yapıyorsun? Hangi işe hazırlanıyorsun? Allah'ın Resûlü dünyaya veda etmek üzere!

Delikanlı beynine yıldırım düşmüş gibi oldu. Atı, eğeri, ipleri, her şeyi fırlattı.

Bütün dünya, bütün Medine, bütün varlık, bir garip uğultu içinde.

Hz. Ali (kerremallahu vechehu) nin hâli, bütün hallerin üzerinde. Ayağının altında bastığı toprak eriyor, gökte güneş kömür kesiliyor.

Var oluşun hikmeti, ölümsüzlük rehberi, gerçek hayatın kurucusu, yıkılmaz çatının mimarı mukaddes başını Hz. Âişe'nin göğsüne koymuş. Güneş batmak üzere.

Cebrail ile Azrail (a.s.) kapıdalar. Cebrail, Ölüm Meleği'nin, içeriye girmek ve Allah'ın emrini yerine getirmek için izin istediğini Sonsuzluk Nebisi'ne bildirdi.

Mukaddes başları yine Hz. Âişe'nin göğsünde, gözlerini açmışlar, tavana diktiler, şahadet parmaklarını kaldırdılar ve altı kere hecelediler:

– Er'Refik-al-Âlâ. (Yüce Dosta).

Ve mukaddes başları Hz. Âişe'nin göğsünde hareketsiz kaldı.

Peygamber evinde ufak bir haykırış. Sonsuz acının bir anlık fışkırışını gösteren bu çığlık, Hz. Âişe'nin göğsünden kopup gelmektedir:

– Koşun, koşun!

Hilm âlemi Yüce Sıddîk, bir an için evine kadar gitmiştir. Henüz hiçbir şeyden haberi yok. Hz. Ali, Hz. Ömer, Hz. Osman (radıyallâhu anh) ve yakınlarından birkaçı oradalar.

Bir çarpılış ki, hepsi de kaskatı kesilmiş. Abdullah bin Enis isimli bir sahabî öylesine çarpıldı ki onu kucaklayıp evine götürdüler ve yatağına yatırdılar. Abdullah bir daha bu yataktan kalkamadı, ruhuna yediği darbenin tesiriyle, orada can verdi.

İşte Peygamber sevgisinin göz kamaştırıcı levhası.

Evet, tam şu anda gökyüzü, yıldız yıldız, dolu hâlinde Hz. Ali'nin başına yağıyor ve ayağının altındaki toprak girdaplaşıyor. Hz. Ali öyle bir hâle gelmiştir ki, tek bir kelime söyleyecek ve tek bir adım atacak mecali yoktur. Kaskatı olmuş, dipsiz semaya bakıyor.

Birden ortalık allak bullak oldu. Hz. Ömer (radıyallâhu anh) şimşek gibi parladı ve insan aklını bir bez gibi yırtan sesle gürledi:

– Kim, Allah'ın Resûlü öldü, derse boynunu vururum!

Cenâb-ı Ömer'in sözleri bu; selim akıl timsali büyük ve heybetli Ömer koparıyor bu sayhayı.

Hâl ve keyfiyet, bütün dehşetiyle bu.

Hz. Ebu Bekir (radıyallâhu anh) koşarak yetişti. O ki, herkesten yufka, fakat herkesten kuvvetli. Cıvıl cıvıl kaynaşan insanları yara yara ilerledi ve hücreye girdi, yatağa yaklaştı, mukaddes başın üstündeki örtüyü kaldırdı, diz çöktü. İki cihan güneşinin bembeyaz yüzünü eğilip öptü; ve yaş, gözlerinden akmadan uçup gitmiş, dehşetle bakanlara döndü:

– Nefsimi Kudret elinde tutan Allah'a yemin ederim ki, Peygamber öldü!

Sonra, nur cümbüşü içinde, saadetlerin en deriniyle gülümseyen o yüze baktı:

– Hayatında ne güzeldin, ölümünde ne güzelsin!

Devam etti:

– Öldün! İkinci defa ölmeyeceksin!

Ölüm dâvasının, hiçbir zaman söylenememiş ve söylenemeyecek sözü.

Hz. Ömer (radıyallâhu anh), gerilerde, aynı hâl içinde:

– Vallahi Peygamber ölmedi, Allah'ın Resûlü ölmedi! Cenâb-ı Sıddîk (radıyallâhu anh), Hz. Faruk'a doğru yöneldi. En derin yumuşaklık, en keskin celâdet kaynağına yöneldi ve haykırdı:

– Kendine gel yâ Ömer! Aklını başına devşir! Hz. Ömer (radıyallâhu anh) bir silkinişte kendine geldi.

❁❁❁

Hilm âlemi Yüce Sıddîk (radıyallâhu anh), hücreyi, evi, sokağı dolduran insanlara hitap etti:

– Ey nas! Kim Muhammed'e tapıyorsa bilsin ki, Muhammed (Sallallahû aleyhi ve sellem) öldü! Kim Allah'a tapıyorsa bilsin ki, Allah ölmez, Hay ve Lâyemuttur!

Bu sözler bir anda bütün akılları bir noktada topladı ve artık herkes, her şeyi olduğu gibi kavradı.

Sahabî ummanı dalga dalga hicran sahillerini döverken, gökyüzü de yıldız yıldız ağlıyordu. Ve bütün kâinat öksüz kalmıştı.

Kevser Sâkisi Hz. Ali (radıyallâhu anh) yalnız ezilir, sırtında hicran dağlarını taşır ve buna rağmen susarken, Peygamber kızı ve insanlık Hurisi Hz. Fâtıma (radıyallâhu anha), bir anda vücudundan geçen kül edici cereyanla bayılmıştı. Gönlü eşsiz incilerle dolu Peygamber kızı bir müddet sonra ayılınca, gönül dudaklarından, bir şiir döküldü:

Ey benim babam!
Sana, Rabbin daveti.
Ey benim babam!
Yerin, Firdevs Cenneti.
Babacığım, derdimizi artık Cebrail'e yanacağız.[22]

❁❁❁

Ordu kumandanı Hz. Üsâme (radıyallâhu anh), gelip, sancağını Mescid-i Nebevi'nin kapısının önüne dikti.

Peygamber Müezzini Hz. Bilâl (radıyallâhu anh), gözlerinden sakalına iplik iplik yaşlar inerek o günün akşam ezanını okuyor.

Canımın cananı sensin yâ Resûl,
Derdimin dermanı sensin yâ Resûl!

Hasretle âşıkım cemâline ben,
Gönlümün sultânı sensin yâ Resûl!

❁❁❁

Allah'ın Sevgilisi, "er-Refik-i a'lâ=Yüce Dost!" hitabıyla Allah'a kavuştukları noktaya defnedildiler. Mukaddes bedenlerini kucaklayacak olan kabirlerini, Hz. Ebu Ubeyde ile Hz. Ebû Talha (radıyallâhu anh), kazdılar. Üzerlerinde vefat ettikleri yatak, kabrin zeminine döşendi.

Gasl işiyle, Hz. Ali, Hazret-i Abbas ve Fadl ibni Abbas meşgul oldular. Tam Nebiyyi Muhterem'i soyacakları ân, hâtifi bir ses duyuldu:

– O'nu elbisesiyle gasledinizl!

---

22 Riyazüssalihin.

Öyle yapıldı. Mübarek vücudlarına su döküldükçe insanı mestedici semavî bir rayiha yayıldı.

Kabre Hz. Ali, Hz. Abbas ve Abbas'ın iki oğlu indi. Genç kumandan, evlât makamındaki Hz. Üsâme de aralarında.

Kâinatın Tâcı'nın mukaddes vücudunu toprağa koydular ve üzerini örtüp meydana çıkan düzlüğe yaşlı gözlerle baktılar.

O an, insanlık Hurisi Hz. Fâtıma-i Zehra geldi. Kabirden bir tutam toprak alıp yüzüne gözüne sürdü ve şu beyitleri okudu:

"Hz. Ahmed'in toprağını koklayan, zaman boyunca misk kokusu almasa ne gam! Benim üzerime öyle bir musîbet çöktü ki, eğer gündüzlerin üzerine çökseydi gece olurdu."

Hz. Fâtıma-i Zehra'nın dudaklarından dökülen ahenk çağlayanına dikkat edelim. Kadınlar arasında en üstün olduğu gibi, şâirler arasında da yüksek bir mevkii vardı onun. Yine Sevgili babası için şu mısraları okumuştur ki, gerçekten gönülleri tutuşturacak kadar güzeldir:

"Ey Sevgili Peygamber! Bol yağmurunu kaybetmiş ve bereketten mahrum kalmış toprak gibi biz de seni kaybettik. Seni kaybettiğimiz zamandan beri Cenâb-ı Hakk'ın, her âyeti, her sûresi adetâ ayrı ayrı birer kitap teşkil eden Kur'an-ı Kerîm'in Vahy yoluyla gelişini de kaybetmiş bulunuyoruz.

Âh keşke senden önce o ölüm bize uğrasaydı ve senin ölüm haberin bize geldiğinde keşke bizim üzerimizde kumlar ve topraklar yığılıp aramıza engel olsaydı da bu hâli görmeseydik!"

Biz de, O iki cihan güneşine gönül diliyle seslenelim:

Derd-i mendim, deva ol, bu derdime yâ Resûlâllah;
Sen var iken yalvarayım, ben kime, yâ Resûlâllah?

❀❀❀

33 Yaşında Bir Genç

Allah'ın Sevgilisi 63 yaşında vefat ettikleri zaman, Cenâb-ı Ali (kerremallahu vechehu), 33 yaşında bir gençtir. Şimdi fokur fokur iman ve aşk kaynayan bu 33'lük gencin gözünde, kendisi on yaşındayken idrak ettiği Nübüvvet devresinin bütün hâtıraları, bütün güzellikleri, bütün incelikleri, çizgi çizgi, kelime kelime canlanıyor ve onu alâkalandıran âyet ve hadîsi şerifler, kulaklarında uğulduyor:

Bir mübarek Ramazan akşamı. Hz. Ali ve Hz. Fâtıma (radıyallâhu anhûma), oruçlarını bozmak için güneşin batmasını bekliyorlar. Gönülleri İlahi pırıltılarla dopdolu. Dillerinde hece hece niyaz ve dua.

İftar oldu olacak. Birdenbire kapıları vuruldu:

Tak, tak, tak.

Cenâb-ı Ali (kerremallahu vechehu) kalkıp soruyor:

– Kim o?

Dışarıdan ses geliyor:

– Bir fakir! Bana Allah rızası için bir şey veriniz!

İftar yemekleri sade ve pek az. Ancak kendilerine yetecek kadar.

Allah rızası için bir şey isteyen fakire bütün iftarlıklarını veriyorlar. Oruçlarını suyla bozuyorlar ve ertesi güne öyle çıkıyorlar.

Ertesi akşam yine aynı hal, yine aynı fakir, yine aynı istek. Yine bütün yemeklerini veriyorlar. Öyle ki, destilerindeki sudan başka bir şeye mâlik değiller.

İftar vakti. Yine kapıları vuruluyor:

Tak, tak, tak.

– Kim o?

– Benim, Allah'ın Resûlü!

Hemen koşup kapıyı açıyorlar. Haşyet ve heyecanları son haddinde. Gelen, Allah'ın Sevgilisi'dir ve büyük mucizelerinden birini göstermek üzere, mübarek kızları Fâtıma ile Ali'nin (radıyallâhu anhüma) evlerini şereflendirmişlerdir.

Evin içinde kaynaşan nur cümbüşü.

Allah'ın Resûlü, Fâtıma'yı kucakladıktan ve bir köşeye iliştikten sonra buyurdular:

– Bana biraz yemek getirin, iftar edecek kadar bir şey.

Hz. Ali ve Hz. Fâtıma (radıyallâhu anhüma), gözgöze.

Ne yapacaklar, ne edecekler, ne diyecekler şimdi?

Ne tencerelerinde yemek var, ne dolaplarında ekmek. Sonsuzluk Nebisi emirlerini tekrarladılar:

– Ne duruyorsunuz? Yemeği niçin getir miyorsunuz? Öyle bir an ki Fâtıma ve Ali (radıyallâhu anhüma), ne tek adım atabiliyor, ne bir şey söyleyebiliyorlar.

Kâinatın Efendisi, mukaddes parmaklarını, yemeklerin konulduğu tarafa uzattılar:

– İşte oradan! Haydi gidin ve getirin!

Fâtıma-i Zehra (radıyallâhu anha), başı eğik, yürüdü. Yemeklerin bulunduğu yere gitti.

Bu da ne yâ Rabbi?

Bir tepsi üzerinde, tas tas, tabak tabak, göz kamaştırıcı bir ziyafet yemeği.

Allah'ın Resûlü, öğüt verdiler:

– Her şeyinizi verin, her şeyinizi. Ama hududa riayet edin, ölçüyü taşırmayın.

❀❀❀

Birgün de Hz. Ali'nin dört dirhem parası var. Birini gizli, öbürünü açık, diğerini gündüz, sonuncusunu da gece sadaka veriyor. Bu hâdiseyi haber alan Allah'ın Resûlü, bu dört veriş tarzının sebebini soruyorlar:

– Yâ Ali, neden böyle yaptın?

Hz. Ali'nin cevabı:

– Birinden biri kabul edilir ümidiyle, ey Allah'ın Resûlü!

Ve ilahi ferman geliyor:

– "Malların gece gündüz, gizli, aşikâr (Hak yolunda) harcayanlar (yok mu?), işte onların, Rableri katında mükâfatları vardır. Onlara hiçbir korku da yoktur, onlar mahzun da olacak değillerdir."[23]

❀❀❀

Yine bir gün Sonsuzluk Nebisi, Hz. Ali'yi uzaktan gördüler:

– İşte Arab'ın efendisi!

Buyurdular.

Hz. Âişe (radıyallâhu anha) sordu:

– Arab'ın efendisi sen değil misin ey Allah'ın Resûlü?

Şu cevabı aldılar:

– Ben insanoğlunun efendisiyim, Ali ise Arab'ın efendisi.

❀❀❀

Yine bir gün Allah'ın Resûlü ona şöyle demişti:

– Sana selâm olsun, ey iki çiçeğin (Hasan ve Hüseyin) in babası! Sana dünyadan iki çiçeği vasiyet ederim. Yakında iki rüknün (dayanağın) kalacaktır. Allah, senin üzerinde, (benden sonra) koruyucumdur.

---

23 Bakara, âyet: 274.

❁❁❁

Birgün de Kâinatın Efendisi muazzez sahabîlerinin arasındalar.

Buyuruyorlar:

– Allah bana, dört kişiyi sevmemi, kendisinin de onları sevdiğini söyledi.

Sahabîler sordular:

– Kimdir onlar, ey Allah'ın Resûlü?

Cevap veriyorlar:

– Ali. ve Ebû Zer ve Mikdâd ve Selman.

Allah'ın Sevgilisi Hz. Ali'ye hitaben buyuruyorlar:

– Ey Ali! Senin yedi hasletin vardır ki, kıyamet gününde hiç kimse bunlarda sana karşı çıkıp çekişemez:

1 – Sen, iman bakımından mü'minlerin ilkisin.

2 – Allah'ın ahdini en çok gözetenlerisin,

3 – Allah'ın emrinde en kuvvetlilerisin,

4 – Tebaaya karşı en merhametlilerisin,

5 – Müsavat üzere taksimi en çok yerine getirenlerisin,

6 – Hüküm vermede en bilgililerisin,

7 – Kıyamet gününde meziyet bakımından en büyüklerisin.

Hadîs : – ***"(Ey Ali) Allah ile onun Resûlü ve Cibril, senden hoşnuddurlar."***

Hadîs:– ***"Sen (ey Ali), hem dünyada seyyidsin, hem âhirette seyyidsin. Seni seven, beni sevmiştir ve senin dostun da Allah'ın dostudur. Senin düşmanın benim de düşmanımdır. Benim düşmanım ise Allah'ın düşmanıdır. Sana buğz edene azab olsun!"***

Hadîs: – ***"Cennet dört kişiye müştakdır. Bunlar: Ali, Ammar, Selman ve Mikdâd'dır!"***

Hadîs: – ***"Yegâne şehidin (Hz. Hasan'ın) babasına feda olayım, yegâne şehidin babasına feda olayım!"***

❁❁❁

Allah'ın Arslanı ve Evliyalar Sultânı Hz. Ali'nin gözlerinde ve kulaklarında kaynaşan bu çizgiler ve sesler arasında daha niceleri kaynaşmaktadır. Ve bir tanesi de vardır ki, Kâinatın Efendisi'nin büyük mucizeleridir:

Hayber dönüşü. Sonsuzluk Nebisi ve Hz. Ali, kuytu bir noktada, yanyanalar. Allah'ın Resûlü mukaddes başlarını Hz. Ali'nin göğsüne dayamış, istirahat ediyorlar. Birden, bütün heybet ve haşmetiyle vahy. Hz. Ali, tavrını bozmaksızın, vahyin eritici ve kül edici tesirine rağmen Allah Resûlü'ne dayanak olmakta devam ediyor. Vakit ikindi. Vahyin ilahi yıldırımları akşama kadar, kesiksiz, yağıyor. Ali (radıyallâhu anh) kımıldayamaz, nefes alamaz bir hâlde. Fakat güneş de batmakta ve Ali'nin ikindi namazı geçmek üzere bulunmakta. O yüzden ıstırabı büyük. O zaman hayretle görüyor ki, Allah'ın Resûlü ellerini açarak duaya başlıyorlar:

– Allahım, Ali sana ibâdette ve Resûlü'ne hizmettedir, sen ona güneşi geri gönder!

Güneş geri geliyor ve namaz kılınıyor.

İşte Peygamber mucizesi ve Hz. Ali'nin hayâl âleminin billur saraylarında kaynaşan bu ebediyet hâtıraları.

Şimdi Cenâb-ı Ali (kerremallahu vechehu) kendi iç âlemine çekilmiş bu hâtıralar denizinde ömür gemisini yüzdürüyor ve kâinatı artık kapkaranlık görüyor.

Öksüz kaldı kâinat, öksüz kaldı âşıkân,
Bu hasret ateşiyle yan ey gönül, durma, yan!

İlk Halifenin Seçimi

O gönüller dağlayan akşamın gecesi. Sonsuzluk Nebisi'nin İlahi visale nâil oldukları akşamın gecesi. İki büyük şahsiyet Ebû Bekir ve Ömer (radıyallâhu anh), Hz. Âişe'ye ait hücrede oturuyorlar. Ve gönüllerinden hicran ırmakları akıyor. Cenaze hazırlıklarıyla uğraşarak derin acılarını hazin hazin paylaşıyorlar. İşte tam bu ân kapıları güm güm vuruluyor:

– Ömer orada mı?

– Buradayım, ne var?

– Hemen gel, yâ Ömer!

– Şimdi gelemem! Allah Resûlü'nün cenaze hazırlıklarıyla uğraşıyoruz! Bu işi nasıl bırakalım?

– Gelmelisin! Medineliler, Benî Sâide konağında toplandılar. Allah Resûlü'nden sonra Müslümanlara kimin reis olacağını konuşuyorlar. Sonradan nedamet edecek bir durumla karşılaşmamak için hemen gel!

İrfan denizine gark olmuş din büyüğü Cenâb-ı Ömer (radıyallâhu anh), Allah Resûlü'nün vefatıyla meydana gelebilecek hâdiseler arasında bu en nazik ve en çetin meseleyi daha ilk gece, Nebiyyi Muhterem'e son vazife yerine getirilmeden ele alınmış görünce, hayretler ve dehşetler içinde titredi. Gözlerinden sakalına doğru iki damla yaş yuvarlandı ve Hz. Ebû Bekir'e döndü:

– Haydi, yâ Ebâ Bekir! Gidelim Sâide'lerin konağına!

– Evet, hemen gidelim, yâ Ömer!

O anda Hz. Ali (radıyallâhu anh) hücrede ve Hz. Fâtıma ile beraber Allah Resûlü'nün son hizmetinde.

Sıddîk-ı Ekber ok gibi fırlayıp, Hz. Ömer'le yanyana Sâide'lerin yolunu tuttu. Kâinatın Efendisi'nin başucunda söyledikleriyle nasıl aklı kurtardıysa, o şaşkınlık ve dehşeti dağıttıysa, şimdi de İslam birliğini kurtaracaktır.

Cihanda en büyük Peygamber dostu Hz. Ebû Bekir (radıyallâhu anh), Ömer ve yanlarına aldıkları Hz. Ebû Ubeyde, içleri yana yana Sâide'lere vardılar.

Medineli sahabîler büyük bir heyecana kapılmış, dâvayı müzakere etmekte. Gelenleri görünce büsbütün irkildiler, fakat altınla dolu kalblerinde ne varsa gizlemeden mevzularına devam ettiler.

Baş dâvaları:

Reis kimden, hangi topluluktan olacak?

Medineli sahabîlere göre kendilerinden biri olmalı.

Ensâr'ın iddiası:

– Biz İslamın yardımcılarıyız! Biz Allah'ın Resûlü'ne ilk defa kucak açtık ve onun emrine girdik! Allah Resûlü, Peygamber beldesini ve ordusunu bizden sağladı, bütün işlerinde bize dayandı. Bizimle her hususta anlaştı ve bizimle kaynaştı. Muhacirler, asaleti bakımından ne kadar mümtaz olursa olsun, bizim içimize girmiş, bizden yardım görmüş bir zümredir. Bu hâle göre İslam topluluğunda reislik makamının, mevcut parçalar içinde bize geçmesi lâzımdır.

Medineli sahabîler böyle diyorlardı amma, dikkat etmedikleri bir nokta vardı. O da, bizzat kendilerinin bir noktada birleşemedikleriydi. Zira "Ensâr", Evs ve Hazreç isimli iki büyük kabileden teşekkül ediyordu. Hazreçliler, kendi ulularını, şanlı sahabî Sa'd bin Ubâde'nin eteklerine tutunmak isterken, Evsliler de, kendi reislerini kolluyorlardı. İslam topluluğunun başına bunlardan birisi geçecek olursa bizzat "Ensâr" arasında kabile gayreti baş gösterecek ve birlik, çürük bir temel üzerine oturtulmuş olacaktı. Bu çatlak temel üzerine inşa edilen devlet binası kaç gün ayakta durabilecektir?

O öyle dehşetli bir andı ki, bütün insanlar bir lâhzada kendilerini kaybetmişler, Resûller Serveri'nin irtihâliyle kendilerinden geçmişlerdi. Ve tesbih şimdi imamesiz bulunuyordu. Bu tesbihe bir baş lâzımdı ki, bütün kayıtların ve umumiyetle kabile çerçevesinin üstünde olsun.

Akıl ipi düğüm düğüm düğümlenirken, bir ışık, bir ileri adım beklenirken, evet, tam o ân, "Ensâr" dan biri garip bir fikir ileri sürdü:

– İki reis olsun! Biri sizden, biri bizden.

Bu oldukça garip teklif, ikiliği peşin kabul etmekten ve işe, İslam birliğini bölerek girmekten başka bir mânâ taşımıyordu.

Hz. Ömer'in gözleri yerinden fırlayacak gibi açılmış, tirtir titremekte ve yerinde duramaz bir halde. "Ensâr" ın dâvasına cevap vermek için davrandı. Fakat bırakan kim? Sıddîk-ı Ekber (radıyallâhu anh) ona pençesini attı ve kımıldama imkânı bırakmadı. Şimdi bütün nazarlar, Sonsuzluk Nebisi'nden sonra Kureyş'in bu iki mümtaz şahsiyeti üzerinde.

Hilm âlemi yüce Sıddîk ilerledi, yüksekçe bir yere çıktı ve Medineli sahabîlere hitap etti:

– Ey Ensâr! Allah Resûlü'nün vefakâr Medineli sahabîleri! Siz, bizzat kendiniz üzerinde dile getirdiğiniz bütün hak ve vecibelere gerçekten sahipsiniz. Fakat gerçek şudur ki; Araplar, Kureyş'ten başka riyaset ve hükümet kabul etmezler! Bu bir vakıadır. İslam topluluğunun parçaları arasındaki birliği korumak için, bu ümmetin başına geçecek olanı Kureyş'ten ve onun mümtaz şahsiyetleri arasından seçmek, zarurettir.

Ve bir arslan heybetiyle ilerleyip Hz. Ömer'le Hz. Ebû Ubeyde'yi öne sürdü ve aralarına girdi:

– Size, bu iki zattan birini seçmenizi teklif ederim!

Hz. Ömer (radıyallâhu anh) durur mu? Birden parladı ve avaz avaz bağırdı:

– İçinde Ebû Bekir gibi bir insan bulunan topluluğun başına geçmekten hayâ ederim!

Herkes dondu. Hayret, dehşet, ibret!

Ne Medineliler, dâvasını ele alabiliyor ne de Kureyş'ten bir kimse, Hz. Ömer'in bir âbide ihtişamıyla ortaya attığı ulvî gerçeğe yeni bir şey ilâve etmeyi düşünebiliyor.

Ruhlar üzerine öyle bir darbe inmiştir ki, demirden iradeler pamuktan daha yumuşak hâle gelmiştir.

Hz. Ömer (radıyallâhu anh), Hz. Ebû Bekir (radıyallâhu anh) e döndü:

– Uzat elini yâ Ebâ Bekir, sana bîat ediyorum!

Ve Hazret-i Ebû Bekir'in elini kendisi çekerek aldı ve yüksek sesle bîat etti:

– Allah Resûlü'nün halifesi ve Mü'minlerin Emîri sıfatıyla Ebû Bekir'e bîat ediyorum!

Artık cadde açılmıştır. Bu yola ayak basan basana. Birbiri arkasından, Hz. Ebû Ubeyde, Hz. Osman, Hz. Abdurrahman ibni Avf (radıyallâhu anh), Hz. Ebû Bekir'e bîat ettiler. Peşinden bütün topluluk. Ensârı da, Muhaciri de bîat etti.

Ve böylece cihanda misli görülmedik bir meşru seçimle Hz. Ebû Bekir (radıyallâhu anh) İslam topluluğunun başına geçti.

Fazilet ve liyakatçe resûller ve nebiler müstesna, insanoğlunun en büyük başı Hz. Ebû Bekir (radıyallâhu anh) in halife seçilmesiyle beraber Hz. Ali (radıyallâhu anh) de evine kapanıyor ve dünyaya karşı inziva perdelerini indiriyor. Hilm âlemi yüce Sıddîk, Hz. Ali'nin ortalarda görülmediğini farkedince, sahabîlerden üç beş kişiyi ona gönderip, halife sıfatıyla kendisini meclise davet ediyor. Resûller Resûlü'nün amca oğlu, Hz. Fatıma-i Zehra'nın kocası ve nur neslinin başı Cenâb-ı Ali (kerremallahu vechehu), derhal davete koşmak nezaketini gösteriyor. Halife ve arkadaşlarının bulunduğu meclise geliyor ve kendisine gösterilen başköşeye oturtuluyor:

– Beni niçin çağırdınız sorabilir miyim?

Onun bu sualine Hz. Ömer cevap veriyor:

– Yâ Ali! Seni buraya, bütün Müslümanların biatte tereddüt göstermediği Ebû Bekir'e el vermeni rica etmek için çağırdık!

– Yâ Ömer! Siz, Medinelilere "İmam Kureyş'ten olmalıdır!" dediniz, fikrinizi kabul ettirdiniz ve halifeliği elinize aldınız. Bunu yaparken, Allah Resûlü'nün en yakın akrabası ve ehl-i Beyt'i kimdir diye düşündünüz mü?

Hz. Ali (radıyallâhu anh) de ayağa kalkma edası.

Hz. Ömer (radıyallâhu anh) diretiyor:

– Yâ Ali, bîat etmedikçe seni bırakmayız! Hz. Ali (radıyallâhu anh):

– Bîat teklifinden önce sualime cevap veriniz!

Şanlı sahabî Hz. Ebû Ubeyde (radıyallâhu anh) söze karışıyor:

– Yâ Ali! Senin İslamiyetteki yerin, dindeki derecen ve Allah Resûlü'ne yakınlığın noktasından hilâfet makamına en lâyık kimse olduğun bir gerçektir. Ama, liyakâtte hiçbir eksiği olmayan ve Peygamberin mağara arkadaşı bulunan Hz. Ebû Bekir'e bütün sahabîler bîat etti. Artık sana düşen, senin de bîat etmendir.

– Yâ Ebâ Ubeyde! Sen, bizzat Peygamberler Peygamberi'nin sözüyle, bu ümmetin emînisin! Emîne, doğruyu söylemek yakışır. Bu İlahi rütbe ve nimeti, Allah Beyt Ehline vermiştir. Bu nimet başka tarafa nasıl çekilir? Biz, vahy ve Kur'an'ın menzili olan soydanız. Emir ve yasakların emanet edileceği el, bizim aile kolumuz olsa gerek.

Beşir İbni Saadü'l-Ensârî söz aldı:

– Yâ Ali! Sen bu dâvayı her şey olup bittikten sonra ortaya koyuyorsun! Eğer vaktinde dilediğini insanlara bildirmiş olsaydın, herkes seni seçerdi. Biz toplandığımız zaman sen evine çekildin, insanlara kapını kapadın! Herkes de seni, Hilâfet istemiyor sandı. Şimdi bütün Müslümanlar Hz. Ebû Bekir'e bîat ettikten sonra birdenbire bu dâvayı ortaya atıyorsun! Reva mıdır bu?

Hz. Ali (kerremallahu vechehu) tane tane cevap verdi:

– Allah'ın Sevgilisi'nin mübarek vücudu henüz ortadayken, gasli, teçhiz ve tekfini tamamlanmadan, defin işi bitirilmeden O'nu bırakıp halifelik dâvasına mı çıkmalıydım?

O zamana kadar hep sükût eden Sıddîk-ı Ekber (radıyallâhu anh) vaziyete el atıyor:

– Ali'nin sözleri bir baştan öbür başa doğrudur. Onları yanlış göstermeye imkân yoktur.

Ve iman aynası berrak yüzünü Hz. Ali'ye döndürüyor:

– Yâ Ali! İnan ki netice benim tahminimin dışında cereyan etti. Ben senin hakkında böyle bir emel sahibi olabilir diye düşünmemiştim. Eğer bu makam üzerinde dileğin bulunduğunu ve bu yüzden bana el vermeyeceğini bilseydim, bu işi asla kabul etmezdim. Fakat şu anda bütün mü'minler bana bîat etmiş bulunuyor.

Bu bir "oldu-bitti" dir. Eğer sen de bîat edersen birliğimizi korumuş ve gönlümüzü kazanmış olursun. Bu hususta düşünmeye ve bazı tekliflerde bulunmaya ihtiyacın varsa, sana istediğin kadar mühlet. Düşün ve bize bildir!

Sıddîk-ı Ekber'in bu sözlerinden sonra Cenâb-ı Ali (kerremallahu vechehu) yerinden kalktı ve doğruca evine gitti.

Rikkat ve merhamet madeni Hz. Ebû Bekir'in halifeliğiyle beraber Hz. Ali'nin de inziva devresi başladı. Allah'ın Arslanı ve Evliyalar Sultânı Hz. Ali (radıyallâhu anh), Kâinatın Efendisi'nin, teçhiz, tekfin ve defin işlerinden sonra, O'nunla beraber gömülmüşçesine kendisini insanlık hurisi Hz. Fâtıma'nın evine attı.

Artık, Peygamber kızı Hz. Fâtıma'nın hayatta kalacağı 6 ay müddetle hiçbir siyasî, idarî, içtimaî sahada görünmedi, kırık kalbi ve yaralı gönlüyle başbaşa kaldı.

Hz. FATIMA'NIN ÖLÜMÜ

Şanlı ve ebedî Peygamberimizin aydın bakışlarının ışığından mahrum kalan Fâtıma-i Zehra (radıyallâhu anha), hayâl âleminin billur sarayında duman duman tüten ızdıraplarıyla düşünüyor. Yemiyor, içmiyor, konuşmuyor. Gözlerinde biriken yaşlar inci tanesi gibi eteklerine dökülüyor ve durmadan hasret ateşiyle yanıyor.

Bazen, mukaddes babasının kabrine gidip orada saatlerce kalıyor, Peygamber kabrindeki ıtırlı toprağı dakikalarca koklayıp yüzüne gözüne sürüp yine yaşlı gözlerle evine dönüyor.

Bu sırada evin işleriyle bizzat Hz. Ali meşgul oluyor. Mübarek hanımının ızdırabını biraz olsun dindirmek için çırpınıyor. Su taşıyan, koyunları sağan, çocuklara bakan hep o. Bu işlerin dışında yalnız ibâdet.

Yalnız namazdan namaza mescide çıkıyor ve bir gölge gibi evine dönüyor.

II. Hicret yılı Ramazan ayının başları, Peygamber Kızı Hz. Fâtıma (radıyallâhu anha) nın ölüm hengâmesi.

Mefkûre iklimi Cennetin, mefkûre çapında nazik ve narin çiçeği Hz. Fâtıma (radıyallâhu anha), eriye eriye bitti ve son damla halinde siliniverdi.

İnsanlık hurisi Cenâb-ı Fâtıma (radıyallâhu anha), can çekişmeye benzer hiçbir hal göstermeden ve en küçük bir ses çıkarmadan uykuya dalan bir kuş gibi ebediyet âlemine geçti.

Gecenin ilk saatlerinde ruhunu teslim edeceğine yakın, Hz. Ali'ye şöyle seslenmişti:

– Beni, üzerime kimsenin eli değmeden sen al, götür Baki mezarlığına göm.

Ümmü Selmâ şöyle rivayet ediyor:

– Hz. Fâtıma (radıyallâhu anha) ruhunu teslim edeceğine yakın, yıkanıp temiz elbiseler giydi ve sağ elini yanağının altına koyup yan tarafına yattı. Sonra kıbleye dönüp: "Ben şimdi ruhumu teslim edeceğim, beni kimse açmasın ve yıkamasın" deyip öteler âlemine geçti.

O, ötelerin, ötelerdeki gerçek mânâların geliniydi. Gelin gibi gidiyordu.

Hz. Fâtıma'nın vasiyeti yerine getirildi. Hz. Ali (kerremallahu vechehu), sevgili eşinin vefatına çok üzüldü. Zaman zaman gidip kabrini ziyaret ederek avunuyordu. İlk ziyaretlerinde şöyle demişti:

– "Dost, öyle bir dosttur ki, ona başka bir denk ve kalbimde ondan başkası için zevk ve nasib yoktur. Gerçi kendisi şahsımdan ve gözümden kayıptır ama, içimden ve gönlümden asla ayrılmamıştır."

Bu sözlerinden sonra hayâl âlemine daldı, nübüvvet devrini hatırladı, Allah Resûlü'yle geçen tatlı ve unutulmaz günler gözünün önünden bir şerit gibi geçmeye başladı. Birgün zaman ve mekânın ve bütün mahlûkatın Peygamberi ona sormuştu:

– Yâ Ali! Allah'ı sever misin?

– Severim, ey Allah'ın Resûlü!

– Allah'ın Resûlü'nü sever misin?

– Severim, ey Allah'ın Resûlü!

– Allah Resûlü'nün kızı Fâtıma-i Zehra'yı sever misin?

– Evet.

– Yâ Ali! Kalb bir tanedir, muhabbet ettiğin ise dört oldu. Bir kalbe bu kadar muhabbeti nasıl sığdırdın?

Cenâb-ı Ali (kerremallahu vechehu), Allah Resûlü'nün bu sualine verecek cevap bulamadı. Ve başı eğik bir halde evine gitti. Şanlı ve Ebedî Peygamberimizin aydın bakışlarının ışığı altında büyüyen Cenâb-ı Fâtıma-i Zehra (radıyallâhu anha), ulvî kocasının yüzündeki teessürün çizgilerini gördü.

Allah aşkında birleşen bu ilahi çift, cihanın en saâdetli yuvasını kurmuşlardı. Peygamber bağında yetişen hidâyet goncası efendisine sordu:

– Yâ Ali! Seni üzgün görüyorum. Bir derdin mi var? Eğer dünya işi ise bu zaten size göre değil, âhiret işi içinse söyle de biz de bilelim.

Allah'ın Arslanı ve Evliyalar Sultanı Hz. Ali (radıyallâhu anh), ışık ışık yanan elâ gözlerini ulvî zevcesinin nur oymağı olan yüzünde bir müddet gezdirdikten sonra, Allah Resûlü'yle aralarında geçen konuşmayı anlattı.

Kadınlık dünyasının saadet incisi ve hakikat elması olan Hz. Fâtıma (radıyallâhu anha) nın derin gözlerinde pırıltılar belirdi:

– Yâ Ali, dedi; bu sualin cevabını ben söyleyeyim. Siz de gidip Allah Resûlü'ne söyleyiniz ve deyiniz ki:

– "Ey Âlemin Rahmeti! Bir insanın nasıl sağ, sol, ön, arka, alt ve üst gibi cihetleri varsa, kalbin dahi öyle muhtelif cihetleri vardır. Binâenaleyh; ben Âlemlerin Rabbi olan Allah'ı akıl ve imanımla severim. Zât-ı Risâlet Penâhinizi de, iman ve ruhumla severim. Muhterem kerîmeniz Fâtıma-i Zehra'yı da, hüsnü sîretine binaen severim. Hasan ve Hüseyin'i de, yaradılış itibarıyla babalık şefkat ve merhametiyle severim!"

Bu sözleri tatlı bir tebessümle dinleyen Hz. Ali'nin yüzünde güller açtı. Hemen Allah Resûlü'nün yanına can attı. Ufuk, gaye ve insan- Peygamber, onu dinledikten sonra güneşleri gölgeleyecek şekilde gülümsediler ve buyurdular:

– Yâ Ali! Bu getirdiğin yemiş, senin değil; ancak Nübüvvet ağacının dalından koparılmış bir meyvedir!

Şimdi ilim ve hikmet kutbu Cenâb-ı Ali (kerremallahu vechehu) nin gözünde bu saadet levhası belirmişti. Hz. Ali'nin ulvî zevcesinin elveda yokuşundan süzülüp ötelerin perdesini açışı ve gözden kayboluşu arkasından duyduğu acı sonsuzdur.

Hz. Ali'nin Biati

Hz. Fâtıma-i Zehra'nın vefatını, Hz. Ali'nin Hz. Ebû Bekir'e bîatı takip etti. Şöyle ki:

Cenâb-ı Ali (kerremallahu vechehu), Peygamber halifesi Hz. Ebu Bekir (radıyallâhu anh) e haber gönderdi:

– Seninle başbaşa görüşmek istiyorum! Evime de yapayalnız, tek başına gelmeni rica ederim!

Sıddîk-ı A'zamın başveziri mevkiindeki Hz. Ömer (radıyallâhu anh), daveti öğrenince halifeye şöyle dedi:

– Git, fakat yalnız gitme!

Hz. Ebu Bekir (radıyallâhu anh), Hz. Ömer'e şiddetle karşılık verdi:

– Giderim ve yapayalnız giderim!

Allah Resûlü'nün en sâdık dostu ve Müslümanların Halifesi, hemen kalkıp, tek başına, Hz. Ali (radıyallâhu anh) nin evine gitti. İlim ve hikmet kutbu Cenâb-ı Ali (radıyallâhu anh), halifeler halifesini, yapayalnız, evine gelmiş görünce, hayretler içinde kaldı; evvelâ şehadet getirdi ve şöyle dedi:

– Biz senin faziletini, Allah'ın senin üzerindeki nimetlerini inkâr edenlerden değiliz. Bu nimetler yüzünden de seni kıskanmıyoruz. Fakat sen bize karşı sert davrandın ve bizi korumadın!

Ve devam etti:

– Biz, Peygambere yakınlığımız sebebiyle, bir hisse sahibi olduğumuzu sanmıştık.

Rikkat ve merhamet madeni yüce Sıddîk (radıyallâhu anh), gözleri yaşlı, cevap verdi:

– Nefsimi kudret elinde tutan Allah üzerine yemin ederim ki, Resûlü'nün yakınlarını gözetmek, benim için, kendi akrabamı korumaktan daha sevimlidir.

İmam-ı Ali'nin de gözleri doldu ve kalbindeki ulviyet taştı:

– Bugün öğleden sonra sana bîat edeceğim, yâ Ebâ Bekir!

İçinde feza dolusu rikkat ve hassasiyet yatan Hz. Ebû Bekir, sevinç içinde uçarak Hz. Ali'den ayrıldı.

Öğle namazı. Bütün sahabîler mescidi tıklım tıklım doldurmuş. Hz. Ebu Bekir (radıyallâhu anh) namazdan sonra minbere çıktı, şehadet getirdi. Hz. Ali'nin bîat meselesi üzerindeki gecikmesine el attı, Ali'nin bu dâvadan bir mazeret sahibi olduğunu söyledi ve bu mazereti kabul ettiğini bildirdi. Sonra istiğfar ederek minberden indi.

Hz. Ali (radıyallâhu anh) doğruldu, o da şehadet getirdi. Hz. Ebû Bekir (radıyallâhu anh) in yüce bir insan olduğunu ve saygıya lâyık bulunduğunu anlattı. Peşinden bîat işinde gecikmesinin Hz. Ebû Bekir'e rekabet hissinden doğmadığını, ancak Allah Resûlü'ne yakınlıkları sebebiyle bazı hususlarda gönüllerinin kırıldığını, şu andaysa her şeyin düzeldiğini söyleyip sesini yükseltti:

– Allah Resûlü'nün halifesi ve Mü'minlerin Emiri Ebû Bekir'e biat ediyorum!

Bütün sahabîler, sevinç gözyaşları içinde tekbir getirdiler ve karşılıklı iki ulviyetin kucaklaşmasını saadetlerin en taşkınıyla kutladılar.

Yüce gönüllü din eri Hz. Ali (radıyallâhu anh), Peygamber halifeliği bahsindeki içtihadını, aslâ bütünlükte zaaf doğurucu tezahürlere vardırmadı. İslam düşmanlarına en küçük fırsatı vermedi ve derhal Sıddîk-ı Ekber'in akıl ve hikmet kutbu vezirliğine can attı. Peygamber Halifesi Hz. Ebû Bekir (radıyallâhu anh), herhangi dini ve içtimaî bir meselede halli zor bir incelikle karşılaşınca, hemen Hz. Ali'ye baş vuruyor, Hz. Ali (radıyallâhu anh), bütün gönlünü açarak mukabele ediyor, İslam'ın en ince ve derin hükümlerini beraberce çözüyor. Artık o, Peygamber Halifesi'nin "Şeyhü'l-İslamı"dır.

Hidâyete ermiş ümmetin en ulu rahmeti Hz. Ebû Bekir (radıyallâhu anh), Allah Resûlü'nün ebediyete geçişleriyle doğması muhtemel buhran devresini karşılayıcı ilk devlet reisi olduğuna göre, mevkiinin nazikliği ve çilesinin büyüklüğü her mikyasın üstündedir.

Allah'ın, bütün yeryüzünü ayaklarının altına, bütün gökyüzünü de başının üstüne çekip kendisine topyekûn bağışladığı Peygamberler Peygamberinin:

– ***Bir Peygamber bulunmak müstesna, Ebû Bekir bütün insanların en hayırlısıdır.***

Buyurduğu eşsiz insan Hz. Ebû Bekir (radıyallâhu anh) öyle kahramanlık ve şânın sahibidir ki âlemde hiçbir fâni bu derece yükselememiştir. O, İslamda nasıl ilkse, Peygamber dâvasının yürütülüşündeki usul ve sistemi getirmekte de ilk. Onun başlıca dayanağı iki büyük arkadaşı var, biri Faruk lâkaplı hak ve adalet sultanı Hz. Ömer, öbürü de ilim ve hikmet kutbu Hz. Ali'dir.

Şimdi bir nokta koyup Hz. Said Nursî'nin bu husustaki görüşlerini eserimize ışık tutması bakımından buraya alıyoruz:

"Âl-i Beytten bir kutb-u âzam demiş ki: "Resûl-i Ekrem Aleyhissâlâtü Vesselam, Hazret-i Ali'nin (radıyallâhu anh) hilâfetini arzu etmiş, fakat gaibden ona bildirilmiş ki: Murâd-ı İlahi başkadır. O da, arzusunu bırakıp, Murâd-ı İlahiye tâbi olmuş." Murâd-ı İlahi'nin hikmetlerinden birisi şu olmak gerekir ki:

Vefat-ı Nebevi'den sonra, en ziyade ittifak ve ittihada gelmeye muhtaç olan sahabeler; eğer, Hazret-i Ali başa geçseydi, Hazret-i Ali'nin hilâfeti zamanında zuhura gelen hâdisatın şehadetiyle ve

Hz. Ali'nin mümâşatsız, pervasız, zâhidane, kahramanane, müstağniyane tavrı ve şöhretgîr-i âlem şecaati itibariyle, çok zatlarda ve kabilelerde rekabet damarını harekete getirip, tefrikaya sebep olmak, kaviyyen muhtemeldi. Hem Hazret-i Ali'nin hilâfetinin teehhür etmesinin bir sırrı da şudur ki; gâyet muhtelif akvamın birbirine karışmasıyla, Peygamber (Sallallahû aleyhi ve sellem) in haber verdiği gibi, sonra inkişaf eden 73 fırka efkârının esaslarını taşıyan o akvam içinde, fitne-engiz hâdisatın zuhuru zamanında, Hz. Ali gibi harikulâde bir cesaret ve feraset sahibi, Hâşimî ve Âl-i Beyt gibi kuvvetli, hürmetli bir kuvvet lâzım idi ki, dayanabilsin. Evet dayandı. Resûl-i Ekrem Aleyhissalâtü Vesselâmın haber verdiği gibi: *"Ben Kur'ân'ın tenzili için harbettim, sen de te'vili için harbedeceksin!"* Hem eğer Hz. Ali (radıyallâhu anh) olmasaydı, dünya saltanatı, Mülûk-u Emeviyeyi bütün bütün yoldan çıkarmak muhtemeldi. Halbuki karşılarında Hz. Ali ve Âl-i Beyti gördükleri için, onlara karşı muvazeneye gelmek ve Ehl-i İslam nazarında mevkilerini muhafaza etmek için ister istemez Emeviyye Devleti reislerinin umumu, kendileri olmasa da, her halde teşvik ve tasvibleriyle etbâları ve taraftarları, bütün kuvvetleriyle hakaik-i İslamiyyeyi ve hakaik-i imaniyyeyi ve Ahkâm-ı Kur'âniyyeyi muhafaza ve neşre çalıştılar. Yüzbinlerce müctehidin-i muhakkikîn ve muhaddisîn-i kâmilin ve evliyalar ve asfiyalar yetiştirdiler. Eğer karşılarında, Âl-i Beyt'in gayet kuvvetli velâyet ve diyanet ve kemalâtı olmasaydı, Abbasilerin ve Emevilerin âhirlerindeki gibi, bütün bütün çığırdan çıkmak muhtemeldi.

Eğer denilse: "Neden Hilafet-i İslamiyye Âl-i Beyt-i Nebevî'de takarrür etmedi? Halbuki en ziyade lâyık ve müstehak onlardı?"

ELCEVÂP: Saltanat-ı dünyeviyye aldatıcıdır, Âl-i Beyt ise, hakaik-i İslamiyyeyi ve ahkâm-ı Kur'âniyyeyi muhafazaya memur idiler. Hilâfet ve saltanata geçen, ya Nebi gibi masum olmalı, veyahut Hulefa-yı Râşidin ve Ömer İbn-i Abdülaziz-i Emevî ve Mehdi-i Abbasî gibi harikulâde bir zühd ü kalbi olmalı ki, aldanmasın. Halbuki, Mısır'da Âl-i Beyt namına teşekkül eden Devlet-i Fâtimiyye Hilâfeti ve Afrika'da Muvahhidin Hükümeti ve İranda Safevîler Devleti gösteriyor ki, Saltanat-ı dünyeviyye, Âl-i Beyt'e yaramaz; vazife-i asliyyesi olan hıfz-ı dini ve hizmet-i İslamiyeti onlara unutturur. Halbuki saltanatı terkettikleri zaman, parlak ve yüksek bir surette İslamiyete ve Kur'an'a hizmet etmişlerdir.[24]

Hz. ÜSAME ORDUSU

En büyük sıddikiyet ve teslimiyet örneği Hz. Ebû Bekir (radıyallâhu anh) Peygamber-i Âlişan Efendimiz'in hazırlamış olduğu Üsâme ordusunu harekete geçirdi. İtiraz etmek isteyenlere de şöyle dedi:

– Arslanlar gelip beni kapacak olsa yine Üsâmeyi durdurmam!

Hz. Ömer (radıyallâhu anh) de itiraz etmek istedi. O zaman rikkat ve merhamet madeni Hz. Ebû Bekir yerinden bir ok gibi fırladı ve Hz. Ömer'i sakalından tutup haykırdı:

– Ey Hattabın oğlu! Üsâme'yi Allah'ın Resûlü seçtiği halde sen onun benim tarafımdan azlini mi istemeye geldin?

İşte Peygamber Halifesi Hz. Ebû Bekir (radıyallâhu anh) bu ruhun, bu imanın, bu celâdetin ve bu aşkın sahibidir. Ve hilâfete herkesten daha lâyık olduğunu böylece göstermiş oluyor. Orduyu bizzat kendisi uğurladı, mücahitler at üstünde giderken o yaya olarak orduyu takip etti. Ve İslam'ı sonsuz düzlüğe çıkardı. Ordu şan ve şerefle gidip zaferle döndü.

Bir defasında da ayaklananlar üzerine bizzat kendisi gitmek istedi. O zaman Hz. Ali (radıyallâhu anh) Halifeler Halifesi'nin devesinin yularını tuttu ve şöyle dedi:

– Ey Allah'ın Resûlü'nün Halifesi, nereye? Sana Allah Resûlü'nün Uhut günü söylediğini söylerim ki, kılıcını kınına sok! Nefsinle bizi acıklı etme diye buyurmuştu. Vallahi sana bir hal olursa İslam bundan sonra belini doğrultamaz!

---

24 Mektûbat, sayfa: 104. Daha fazla bilgi için üstadın bu eserine bakabilirsiniz.

Görüyorsunuz değil mi?

İlim ve hikmet kutbu Hz. Ali (radıyallâhu anh) Sıddîk-ı Ekber'i nasıl gönül coşkunluğu içinde seviyor ve koruyor. İslam düşmanları acaba bu ulvî levha karşısında hiç sıkılmayı da akıl etmezler mi? "Hz. Ali'nin elinden hilâfeti aldılar" demek vicdan şuuruna sahip olan insanların işi değildir.

Nihayet halifeler Halifesi Hz. Ebu Bekir (radıyallâhu anh) 13. Hicret yılında hasta düştü. Yatağa düşünce, imamet vazifesini Hz. Ömer'e verdi. Allah Resûlü'nün kendisi hakkında verdikleri emrin aynısı. Demek Hz. Ömer Halife olacak?

Evet, Sıddîk-ı Azam bu fâni dünyanın veda yokuşundan ötelerin perdesini açtı ve bir ömür boyu hasretiyle yandığı Sevgilisine kavuştu. Hz. Ömer (radıyallâhu anh) onun yerine geçti. Hz. Ali (radıyallâhu anh), elini uzatıp hemen Hak ve adalet güneşi Hz. Ömer'e biat etti. Artık Hz. Ali, Hz. Ömer'in, hikmet ve derinliğine idrakte biricik mizanı, murakıbı, veziri ve dostudur.

YILLAR

Hak ve adalet Güneşi Hz. Ömer devrindeki fetihlerin hikâyesi, deryaların dalgalarını saymak gibi bir iştir ve tarih onlarla doludur. Hazret-i Ömer'in, on yıl içinde İslamı, gelmiş ve geçmiş imparatorlukların en büyüğü halinde, en muhteşem çizgileriyle, Kızıl Denizden Akdeniz kıyılarına, Hazar Denizi'nden Hind Okyanusu'na kadar yayan hamlesi boyunca Hz. Ali (radıyallâhu anh), bu Hak ve Adalet devletinin en üstün fetva makamıdır. Bütün zaman ve mekân boyunca Hz. Ali (radıyallâhu anh) Hz. Ömer'in en büyük dayanağıdır.

İmanın billûrlaşmış âbidesi Hz. Ömer'in, "Allah'ın Arslanı ve Evliyalar Sultanı" Cenâb-ı Ali'ye güven derecesini görünüz ki, İran'a karşı en canlı tos vuruş hareketini çerçeveleyen "Nihavend" seferinde ordu kumandanlığını Hz. Ali'ye teklif etti. Fakat "Allah'ın Arslanı" artık gönül iklimine çekilmiş olduğu için bu teklifi kabul etmedi.

❁❁❁

Hz. Ömer (radıyallâhu anh), on yıl, altı ay, beş gün Halifelik makamında kaldıktan sonra Hicretin 23. senesi zilhicce ayının 226. salı günü Peygamber Mescidi'nde sabah namazı kılarken şehit edildi.

Yaralandıktan sonra üç gün yaşayıp, 63 yaşında, Peygamberinin ve selefi Hz. Ebû Bekir'in yaşında, öbür âleme, ebedî hakikat dünyasına göçtü.

Ruhumuza ötelerin perdesi açılırken vücudumuzu kül eden ve yakıp eriten sarsıntılar içinde Hz. Ömer'e sordular:

– Oğlunun halifeliğe getirilmesine ne dersin?

Son anlarını yaşamakta olan muhteşem büyük şöyle cevap verdi:

– Bir haneden bir kurban yetişir!

Yine soruyorlar:

– Öyleyse namzetlerin kimler?

Cenâb-ı Faruk'un kül rengi dudaklarından, şu isimler döküldü:

– Ali, Osman, Talha, Zübeyr, Saad İbni Ebî Vakkas ve Abdurrahman bin Avf toplansınlar, bir meşveret meclisi kursunlar ve kendi içlerinden birini halife seçsinler. Allah'ın Resûlü bu altı kişiden hoşnud ve razı olarak vefat etmişti.

Hz. Ömer'in vasiyeti gereğince Şûra toplandı. Uzun müzakerelerden sonra Hz. Osman (radıyallâhu anh) seçildi.[25]

İlim ve hikmet kutbu Hz. Ali (radıyallâhu anh), hayâ ve edep incisi Hz. Osman'a bütün gönül kapılarını açarak bîat etti ve her işinde onu destekledi.

---

25 Hâşiye: Daha geniş bilgi için "Hâya ve Edep İncisi Hz. Osman" isimli eserimize bakabilirsiniz.

Hz. Ali Hilâfet Makamına Getiriliyor

Hayâ ve edep incisi Hz. Osman (radıyallâhu anh), Hicretin 35 yılında, 11 sene, 11 ay, 14 gün halifelik ettikten sonra Zilhicce'nin 18. Cuma günü, 82 yaşında asiler tarafından şehit edildi.

Allah'ın Arslanı ve Evliyalar Sultanı Hz. Ali (radıyallâhu anh), 35. Hicret yılı Zilhicce ayının 19. Cumartesi günü, şehit Osman (radıyallâhu anh)'ın cenazesi henüz evde yatarken halife seçildi.

Ak nurlar sahibi Cenâb-ı Osman (radıyallâhu anh)'ın şehit düşmesinden sonra yüce sahabîler, Hz. Talha ve Hz. Zübeyr'in başkanlığında toplandılar, oy birliğiyle Hz. Ali'yi halife seçmek ve ona bîat etmek üzere evine gittiler. Ve kapısını çaldılar:

– Tak tak tak!

Hz. Ali içerden beri seslendi:

– Kim o?

Cevap verdiler:

– Yâ Ali, biziz. Peygamber sahabîleri!

Koşup kapıyı açtı ve gelenleri buyur etti:

– Hoş geldiniz!

– Hoş bulduk!

– Sizi dinliyorum.

– Başımız ve imamımız sensin! Bîate geldik!

– Ben halifeliği istemem! Siz başkasını seçiniz! Seçtiğinize ben de razı olurum.

Israr ettiler:

– Yâ Ali! Sen dururken başkasını seçmeyiz. Bu makama senden daha lâyık kimse bilmiyoruz.

Allah'ın Arslanı yine mukavemete devam etti:

– Siz benden vaz geçin! Seçeceğiniz insana benim vezir olmam ve onu desteklemem daha hayırlıdır.

Peygamber sahabîleri o kadar dayattılar, öyle içten ve gönülden yalvardılar ki, Hz. Ali (radıyallâhu anh), kabulden başka çare bulamadı:

– Öyleyse, dedi; Mescid-i Nebevi'ye gidelim, bîat işi gizli olmaz.

Sahabîlerin yüzünde saadet gülleri açtı ve hep beraber Mescide gidildi. Hz. Talha (radıyallâhu anh) sesini yükseltti:

– Yâ Ali! Allah Resûlü'nün Halîfesi ve mü'minlerin Emîri olarak sana bîat ediyorum!

Sonra Hz. Zübeyr (radıyallâhu anh) ileri atıldı ve aynı vechile bîat etti. Peşinden herkes.

Hz. Talha (radıyallâhu anh) ve Hz. Zübeyr (radıyallâhu anh) in bîatlerini istemeye istemeye olmuş gösterenler de var. Onlara göre bîat hâdisesi şöyle cereyan ediyor:

Hz. Osman (radıyallâhu anh) ın şehit düşmesinden sonra Medine 5 gün halifesiz kaldı. Şehir Hz. Osman'ın öldürülüşünde parmağı olan asiler reisi Gafikî'nin hükmünde. Bu şaşkın adam da bu halden memnun değil ve halifeliği teslim edeceği kuvvetli bir adam aramakta. Şu kadar ki, asilerin hepsi Hz. Osman'ın öldürülmesinde birlik oldukları halde halîfe seçiminde dağınık. Hem öyle dağınık ki, Mısırlılar Hz. Ali'yi, Kûfeliler Hz. Zübeyr'i, Basralılar da Hz. Talha'yı istiyor. Bu yüzden her fırka kendi istediği zâta gidip teklifini öne sürüyor; fakat kabul şöyle dursun nefretle kovuluyor. Tabiî, bu arada meydan şeytana kalmıştır. Şeytan zıplayıp duruyor. Ve başlar üstünde fitne kanat çırpıyor. Asiler bu tecellî karşısında hayrete ve dehşete düşüyorlar ve biraraya gelip şu kararı veriyorlar:

– Bu işi Medine halkına bırakalım. Kararını versin ve İslamın halîfesini seçsin.

Ve ileri gelen sahabîleri topluyorlar:

– Ey Medineliler! Şûra üyeleri sizsiniz! İmamlık işinin tesviyesi ve seçimi size aittir. Size yarına kadar mühlet veriyoruz; icabına bakınız ve halîfeyi seçiniz! Şayet bu işi yarına kadar neticelendirmeyecek olursanız, nice kimsenin canını yakmadan ve nice kanlı işler çevirmeden Medine'yi bırakmayız! Artık akıbetinizi düşününüz ve ona göre karar veriniz!

Bunun üzerine sahabîler toplu halde Hz. Ali'ye baş vuruyorlar:

– Yâ Ali! Müslümanların uğradığı husûmeti ve bu yüzden başımıza gelenleri gör işte! Gel sana bîat edelim ve bu amansız belâdan hep birlikte kurtulalım!

Allah Sevgilisi'nin damadı, nur neslinin babası, evliya sultanı buna rağmen direniyor ama, ısrar ve yalvarış o dereceye geliyor ki; kabule mecbur oluyor. Asilerin emriyle de evvelâ Hz. Talha, peşinden Hz. Zübeyr (radıyallâhu anh) ve arkalarından öbürleri bîat ediyorlar.

Bîat nihayete erince Hz. Ali (radıyallâhu anh) minbere çıkıp gayet dokunaklı bir hutbe irâd ediyor:

– "Hamd Allah'a mahsustur. O'na hamd eder, O'ndan yardım isterim. O'na inanır, O'na güvenirim. Ve şehâdet ederim ki, Allah'dan başka ilâh yoktur. O, birdir, ortağı yoktur. Muhammed (Sallallahû aleyhi vesselam) O'nun kulu ve Resûlü'dür."

Sizi hastalıktan kurtarmak ve gafletten uyandırmak için Hazret-i Muhammed (Sallallahû aleyhi vesselam)'i hidâyet ve hak ile gönderdi.

Biliniz ki öleceksiniz. Öldükten sonra dirilecek, Allah huzurunda durup amellerinizden hesap verecek ve amellerinize göre ceza göreceksiniz.

Dünya hayatı sizi aldatmasın. Çünkü dünya, belâ ile süslenmiş, zeval ile tanınmış, zulüm ile vasıflanmış bir evdir. İçindekilerin hepsi yokluğa mahkûmdur. Bu dünya, ehli arasında bir çekişme, bir övünme konusudur. Buraya gelen misafiri şerrinden emîn olmaz. Dünya halkı, kâh genişlik ve sevinç içerisinde, kâh belâ ve gurur içerisinde. Değişik durumlar, dönüp dolaşan zamanlar. Burada yaşamak kötü, buranın bolluğu ve serveti devamsızdır. Dünya, kendi sakinlerini, oklarıyla birtakım hedeflere doğru atmaktadır. Herkes ondan nasibini alacak ve en sonunda ölümün tadını tadacaktır.

Ey Allah'ın kulları!

Biliniz ki, siz, içinde bulunduğunuz göz kamaştırıcı dünyada, sizden öncekilerin yolundasınız. Onlar sizden daha uzun ömürlü, daha kuvvetli, onların şehirleri daha ma'mur, eserleri daha çok idi. Fakat buradan göçüp gittikten sonra cesetleri çürüdü, yurtları ıssız, eserleri geride kaldı. Muhkem yapılı sarayları, rahat yastıkları; harabede topraktan yapılan kabirlerdeki taş ve topraklarla değiştirdiler.

Kabirler birbirlerine yakınlar ama sakinleri, bir ma'murenin yalnız kalan halkı, bir mahallenin durmadan didinen ehli arasında gariptirler. Artık onlar, imar ile uğraşamazlar. Birbirlerine yakın komşu olmalarına rağmen komşuların ve kardeşlerin gidiş gelişleri gibi aralarında bir münasebetleri yoktur. Nasıl gidip, nasıl gelsinler ki? Yokluk, onları göğsünde öğütmüş, etraflarını taş toprak bürümüştür.

Rahat ve sevinç içerisinde yaşadıktan sonra ölüp parça parça oldular. Dostları kendilerine acıdı, götürüp toprağa koydular. Ve onlar bir daha dönmemek üzere gittiler. Heyhat: "*Bu bir sözdür ki söyleyeni o Allah'dır. Onların ötelerinde tekrar dirilecekleri güne kadar bir berzah vardır.*"

Farz ediniz ki, siz de onlar gibi mahvoldunuz, o gidilecek yerde kaldınız. Kabrin sizi içine aldığını düşününüz.

Ve nihayet işler sona erip kabirlerin açıldığı "*göğüslerde gizli kalan sırların dışarıya döküldüğü*" Melikü'l-Celîlü'l-Cebbar'ın önünde hesap vermek üzere durduğunuz zamanı tasavvur ediniz.

O zaman hâliniz nice olur? Geçmiş günahlardan ötürü kalbler titrer, perdeler kalkar, örtüler kalkar, bütün ayıplarınız, sırlarınız meydana çıkar.

"İşte orada her nefis, kazandığı ile cezalanır."

Bu muhteşem hutbesinden sonra Hz. Ali (radıyallâhu anh) minberden indi ve evine döndü. Hemen Hz. Talha ile Hz. Zübeyr (radıyallâhu anh) göründüler:

– Ya Ali, dediler; biz sana bîat ederken din ölçülerinin yerine getirilmesini şart koşmuştuk. Bunlar Osman'ın katilleri. Ne yapıp yapıp onları cezalandırman lâzım!

Hz. Ali (radıyallâhu anh) cevap verdi:

– Sizce malûm olan şey benim de meçhulüm değil. Fakat elimden ne gelir? Şu anda bu şartlar altında ölçüyü yerine getirebilecek kudrette değiliz! Vaktini beklemekten ve bir fırsat kollamaktan başka çaremiz yok.

Hz. Talha ve Hz. Zübeyr (radıyallâhu anh) boyunları bükük üzgün bir halde geri dönüyorlar. Ve ilk defa içtihadî meseleden Hz. Ali'ye kırılıyorlar.

İÇ MÜCADELE

Allah'ın Arslanı ve Evliyalar Sultânı Hz. Ali (radıyallâhu anh)'nin Halifeliği hep iç mücadelelerle geçti. Hayâ ve edep incisi Hz. Osman (radıyallâhu anh)'ın şehadetiyle başlayan fitne gittikçe yayıldı ve Müslümanların içine düşen ayrılık genişledi, durdu. Bir defa ok yaydan fırlamış, belirsiz bir hedefe saplanmıştı. Bütün bunların düzeltilmesi için çok çalışıldı ise de, kimbilir ne hikmete binaen düzeltilemedi.

Bize bu hususta Risâle-i Nur ışık tutmaktadır. Şimdi oradan bir bölüm alalım:

"Eğer denilse: Mübarek İslamiyet ve nuranî Asr–ı Saadet'in başına gelen o dehşetli kanlı fitnenin hikmeti ve vech-i rahmeti nedir? Çünkü onlar, kahra lâyık değil idiler?

EL CEVÂP: Nasıl ki, baharda dehşetli yağmurlu bir fırtına, her taife-i nabatın, tohumların, ağaçların istidatlarını tahrik eder, inkişaf ettirir; herbiri kendine mahsus çiçek açar; fıtrî birer vazife başına geçer. Öyle de: Sahabe ve Tabiînin başına gelen fitne dahi, çekirdekler hükmündeki muhtelif ayrı ayrı istidatları tahrik edip kamçıladı: "İslamiyet tehlikededir, yangın var!" diye her taifeyi korkuttu. İslamiyetin hıfzına koşturdu. Herbiri, kendi istidadına göre câmia-i İslamiyetin kesretli ve muhtelif vazifelerinden bir vazifeyi omuzuna aldı, kemal-i ciddiyetle çalıştı. Bir kısmı hadîslerin muhafazasına, bir kısmı şeriatın muhafazasına, bir kısmı hakaik-i imaniyenin muhafazasına, bir kısmı Kur'an'ın muhafazasına çalıştı. Ve hakeza, herbir taife bir hizmete girdi. Vezaif-i İslamiyette hummalı bir surette sa'yettiler.

Muhtelif renklerde çok çiçekler açıldı. Pek geniş olan Âlem-i İslamiyetin aktarına, o fırtına ile tohumlar atıldı; yarı yeri gülistana çevirdi. Fakat, maatteessüf o güller ve gülistan içinde ehl-i bid'a fırkalarının dikenleri dahi çıktı.

Güya dest-i kudret, Celâl ile o asrı çalkaladı, şiddetle tahrik edip çevirdi, ehl-i himmeti gayrete getirip elektriklendirdi. O hareketten gelen bir kuvve-i anil merkeziyye ile pek çok münevver müctehidleri ve nûranî muhaddisleri, kudsî hafızları, Asfiyaları, Aktabaları Âlem-i İslam'ın aktarına uçurdu, hicret ettirdi. Şarktan garba kadar ehl-i İslam'ı heyecana getirip, Kur'an'ın hazinelerinden istifade için gözlerini açtırdı.

Mü'minler Emiri Hz. Ali (radıyallâhu anh) devlet gemisini kâinat deryasında saâdetle yüzdürüp kurtuluş sahiline çıkartmak için elinden gelen bütün gayreti gösterdi. En aziz ve en sâdık dostları Hz. Talha ile Hz. Zübeyr (radıyallâhu anh), ona bîat ettikten sonra Hz. Osman'ı şehit edenlerin derhal cezalandırılmalarını ve idamlarını istediler. Bu işin başka bir zamana ertelenmesinden fena halde kırıldılar ve Hz. Âişe (radıyallâhu anha) nin etrafında toplanıp Hz. Ali'ye karşı cephe aldılar. Ve böylece Cemel vakası meydana geldi.

Aynı vakada, Cenâb-ı Ali (radıyallâhu anh) tarafından Hz. Talha ve Hz. Zübeyr'e aralarındaki eski dostluk ve karşılıklı hak ihtar edilince cenkleşmeyi bırakıp kılıçlarını kınına soktular ise de, atılan bir okla Hz. Talha (radıyallâhu anh) şehit edildi.

Çarpışma nihayete erdikten sonra Mü'minlerin Emîri Hz. Ali (radıyallâhu anh) ölüleri muayene ederken Hz. Talha'nın kanlı naaşını gördü ve yüzündeki toprağı silerek ve iplik iplik gözyaşı dökerek şöyle dedi:

– Yâ Talha! Yıldız dolu bu semanın altında seni toprağa serili görmek bana çok acıdır. Keşke ben yirmi yıl evvel ölseydim de bugünü görmeseydim!

Aynı vak'ada Hz. Zübeyr (radıyallâhu anh) de tıpkı Hz. Talha gibi cenkten vaz geçti ve "Vâdiüs-Sibâ" dedikleri yerde namaz kılarken İbn-i Cermuz denilen hâinin kılıcıyla başı uçuruldu. Katil ihsan almak sevdâsıyla muazzez şehidin kesik başını Allah Resûlü'nün halifesine getirdi. Allah'ın Arslanı'nın karşılığı şu oldu:

– Safiye'nin oğlunu öldürene Cehennem ateşini müjdelerim!

BİZE DÜŞEN

Sahabîler arasında içtihadî sebeplerden dolayı meydana gelen hâdiselere girmek istemiyoruz. Kısaca bize düşen nedir, onu belirteceğiz:

İslam dininin en kıymetli asrı, doğduğu ve yayıldığı saadet asrıdır ki, Allah'ın Resûlü ile sahabîleri, o kudsî zamanın ziynetleri ve kıymetleri olmuşlardır.

Kâinatın yaradılış sebebi, Allah'ın Sevgilisi, topyekûn zaman ile mekânın ve bütün mahlukatın Peygamberi Cenâb-ı Mustafa (Sallallahû aleyhi ve sellem)'nın etrafında, pervaneleşip canlarıyla, mallarıyla Allah yolunda çalışan o fazilet ve iman kahramanlarına en cılız bir hürmetsizlik gölgesi düşürmek, onlara karşı gönül pürüzleri taşımak sapıklıktır. O saadet incileri, Muhammedî hidâyet manzumesinin büyüklü küçüklü yıldızlarıdır; yıldızlıkta hepsi müşterektirler.

Sonsuzluk Müjdecisi, muazzez sahabîleri hakkında şöyle buyuruyorlar:

– ***"Benim Eshabım, yıldızlar gibidir; hangisine uyarsanız, doğru yolu bulmuş olursunuz."***

İşte o kıymetli insanlar, Varlık Nuru'nun fazilet ve hikmet havuzuna muhabbet kadehleri olup sıralandılar. İrfan semaları, o sahabîlerle avizeleşti. O İnsanlık Sultânı'nın cemâlini bir kerecik görüverince candan da, maldan da geçtiler. Sırf O'nun aşkıyla baba oğula, oğul babaya kılıç çekti. Mukaddes dâvayı fazilet omuzlarında o sahabîler taşıdı.

Bu cihetledir ki, Ehl-i Sünnet, Eshab-ı Kiram'ın hepsine sevgi ve muhabbetle bağlıdır. Onların kendi aralarında içtihadî bazı sebeplerle zuhur eden hâdiselere bakarak kalblerdeki muhabbetlerini gölgelemek Ehl-i Sünnetce caiz değildir. Gönülleri iman nuru ile pırıldayan mü'minler, mukadderatın hikmetli tecellileriyle zuhura gelen hâdiseleri vesile tutarak o Peygamber incilerine düşmanlık taşımazlar. Tarihin karanlıklarına gömülmüş; bir kader gölgesi hâlinde İslamiyet üzerinden geçmiş bir cilve-i Rabbânî olarak akıp gitmiş olan bu hazîn ve acı vakıaları ortaya sürüp iman topluluğunu parçalamaya çalışmak; din düşmanlığından başka bir mânâ taşımaz. Ne yazık ki yılan dillerini sahabîler aleyhinde oynatan zavallılar hâlâ vardır. Bazen gazete sütunlarında, bazen de paçavra kıymetini taşımayan basılmış fitne kâğıtlarında, "Şam Valisi Muaviye." diye o büyük sahabîye hakaret yağdırmaktadırlar. İmansız kalbin dümensiz kafasından çıkan bu sapık fikirlerin kime ne faydası olacak? Bundan memleket ne kazanacak?

Ezelden ebede kadar her gün, birgün evvelki dünün ve birgün sonraki yarının Peygamberi Cenâb-ı Ahmed (Sallallahû aleyhi vesselam)'in:

– ***"Allahım, onu hidâyetçi ve doğru yolda sabit kıl; onunla kullarını hidâyete erdir!"***[26]

Buyurduğu Hz. Muaviye'ye buğz-u adavet göstermek, kimin saadetine vesile olacak? Onu dillerine dolayıp ileri geri konuşan irfan öksüzleri ona bîat etmiş yüzlerce sahabe-i Güzin'e de düşmanlık etmiş olmuyorlar mı?

Vaktiyle Seyyidlerden, Allah'ın Resûlü'ne bağlı mukaddes sülâleden birisi, Hz. Muaviye'ye düşmanlık edermiş. Birgün bu Seyyid, İmam-ı Rabbanî'nin meşhur eseri "Mektubat" ı okurken oradan Hz. Muaviye'nin methedildiğini görüyor ve öfkeyle "Mektubat" ı yere atıyor.

Aynı günün gecesi, rüyasında İmam-ı Rabbani Hazretleri. Seyyidi kulağından tutmuş, haykırıyor:

– A câhil! Sözümüze ve ölçümüze güvenmiyorsun, öyle mi? Gel, seni, ceddin ve Peygamber Evi'nin temsilcisi Hz. Ali'ye götüreyim de işin gerçeğini ondan öğren!

Huzura çıkıyorlar. Peygamber Evi'nin temsilcisi ve güya kendisine sevgi iddia edilerek köpürtülen Muaviye nefretinin vesilesi huzurda, Allah'ın Arslanı ve Evliyalar Sultânı Hz. Ali, buyuruyorlar:

– Sakın Allah Resûlü'nün sahabilerine düşmanlık etme! Peygamber dostlarına çatan ve Şeyh Ahmed'in bu dâvadaki hak ölçüsünü dinlemeyen, felâkettedir.

Kerametler sarayının eşsiz sultânı ve Peygamber Evi'nin temsilcisi Hz. Ali (radıyallâhu anh) ayrıca İmam-ı Rabbanî'ye emir veriyorlar:

---

26 Abdurrahman bin Ümeyre (radıyallâhu anh) Et-Tac: 3/3311.

– Bu cahil, sözden anlamıyor. Göğsüne vurun da aklı başına gelsin ve tövbe etsin!

Emir yüksekten geldiği için aynen yerine getiriliyor. İmam-ı Rabbani Hazretleri, Seyyid'in göğsüne yumruğunu indiriyor.

Seyyid, uykudan uyanıyor. Bir de ne görsün, göğsünde müthiş bir sızı. Açıp bakıyor: Hayret ve dehşet! Şeyh Ahmed'in yumruk izi. Ve kalbinde derin bir nedamet, gözlerinde iplik iplik yaş, yeni anlayış ve tövbe isteği.

Sahabiler hakkındaki ölçü işte budur. Bu ana caddeyi bırakıp kendi kuru kafalarının karanlık düşüncesiyle hareket edenler akıbet perişandır.

Düşünelim bir defa: Kâinatın Efendisi olmasaydı Kâinat olacak mıydı? Öyleyse O Sultânın mukaddes elinden ölümsüzlük iksiri içen bahtiyar insanların yüceliğine bakalım. O ne devlet, o ne saltanat, o ne saadet!

Sahabî derecesinde tutulan bir velinin müthiş sözü:

– Ben nasıl sahabilere eş tutulabilirim ki, siz onları görseydiniz deli derdiniz; onlar da sizi görselerdi, bunlar Müslüman değil derlerdi.

Ne muazzam anlayış. Her şey sahabîyi örnek tutabilmekten ibaret. Yine bir velinin ölçüsünde sahabînin bindiği atın burnundaki toz, velinin en büyüğünden büyük olduğuna göre, dâva 5 kelimelik:

– Sahabînin ayağındaki toz olmaya bakalım!

Ve hangisi olursa olsun, ona dil uzatmaktan kaçınalım. Bilelim ki, sahabî, O Nûrun pırıltılarını almaya ve bütün insanlığa dağıtmaya memur ilk aynadır.

Ve âlemde hiç kimse bu parlak dereceye erememiştir.

Şimdi bize düşen, müfsitlerin yalanlarına kanmak değil, Ehl-i Sünnet inanışı üzerinde bulunmaktadır.

Şânı pek yüce olan Allahımız buyuruyor:

– "Bilmediğin şeyler üzerinde ısrar edip arkasından koşma; zira kulak, göz, kalb: Bunların hepsi kişiden sorumludurlar."[27]

---

27 İsrâ, âyet: 36.

Netice olarak, Allah Resûlünün şu hadis–i şerifleriyle bu mevzuu noktalayalım:

– ***Ashabım hakkında Allah'tan korkun, ashabım hakkında Allah'tan korkun da onları benden sonra tarizlerinize hedef ve nişan tutmayın.***[28]

HÂŞİYE

Hazret-i Muaviye, Ebu Süfyan'ın oğludur. Annesi de Hind'dir. Sahabîlerin büyüklerinden ve cömertlerindendir, İslam ile şereflenip iman devletine erince Kâinatın Efendisi'ne kâtiplik de yapmıştır. Allah'ın Sevgilisi, topyekûn zaman ve mekânın ve bütün mahlûkatın Peygamberinin:

– ***"Ümmetimin en cömert olanı Muaviye ibn-i Ebu Süfyan'dır. Yâ Rabbi, Muaviye'yi hâdi ve mehdi kıl."***

Buyurduğu büyük insan. Böyle bir şerefin de sahibi.

Huneyn gazasında Allah Resûlü'nün önünde kahramanca çarpıştı ve nice imansızın ciğerini şanlı kılıcı ile deldi ve şanlı bir mücahit olduğunu gösterdi.

Yine onun hakkında varlığın sebebi olan Peygamber şöyle buyurur:

– ***"Yâ Rabbi, Muaviye'ye yazı ve kitap öğret ve onu azabından koru."***

Hilm âlemi yüce Sıddîk'ın Şam'a gönderdiği orduda, kardeşi Yezîd ile birlikte bulundu. Yezîd'e Şam valiliği verildi. Yezîd'in vefatı üzerine de, hak ve adalet güneşi Hazret-i Ömer (radıyallâhu anh), Hazret-i Muaviye'yi Şam valiliğine getirdi. Hazret-i Osman (radıyallâhu anh) ise, bütün Suriye'yi onun emrine verdi. Şam'da 20 sene 6 ay valilik yaptı ve bu arada Kıbrıs üzerine donanma hazırlayıp İslam ordusunu denizler üstünde harekete geçirdi ve böylece Kıbrıs, Müslümanların eline geçti.

---

28 Et-Tâc: 2/272.

Hicretin 41. senesi Hazret-i Hasan (radıyallâhu anh)'ın hilâfetten çekilmesi üzerine mü'minler topluluğunun en büyük koruyucusu ve devlet reisi oldu. 20 sene de hilâfet makamında kaldı. 60 tarihinde, 79 yaşında Şam'da vefat etti.

İslam dâvasına bütün gönlüyle bağlanmıştı. Din-i İslam'ın yayılmasına ve yükselmesine çok hizmet etti. Kendisi dâhi çapında bir zekâya sahipti, güzel konuşur, herkesi çabucak ikna edebilirdi. Sabırlıydı, halimdi. Cömertliği dillerde destandı.

İslam âlimleri kendisinden hadîs-i şerîf almış, kitaplarına yazmıştır. Ve şu hadîs-i Şerîf Hazret-i Muaviye yoluyla gelir:

– ***"Allahü Teâlâ, her kimin hayrını murâd ederse, onu dinde âlim ve fakih kılar."***

Ölümüne yakın günlerde birgün Hazret-i Muaviye minbere çıktı. Hutbe okuduktan sonra, gözlerini cemaat üzerine dikip bakındı ve:

– "Ey nâs, dedi; üzerinizde müddet-i emaretim uzadı. Sizi usandırdım, ben de sizden usandım. Ben sizden ayrılmayı arzu ediyorum. Siz de benim ayrılığımı arzu ediyorsunuz. Lâkin benden sonra size benden hayırlısı, gelmez. Nitekim evvel gelenler, benden hayırlı idiler. Denilmiştir ki, her kim Allah'a kavuşmayı isterse, Allah dahi onun likâsını ister. Ey Rabbi Rahimim! Ben senin mülâkatını istiyorum, sen de benim mülâkatımı irade buyur ve beni mübarek ve mes'ûd kıl!"

Ve minberden indiği gibi evine koştu, yatağa uzandı, artık hastalık kendisini iyice sarmış bulunuyordu. Hastalığı ağırlaşınca şöyle dedi:

– Allah'ın Resûlü bana bir gömlek giydirmişti. Onu bugüne kadar muhafaza ettim ve kestiği tırnakları da bir şişe içine koyup saklamıştım. Vefatımda o gömleği bana giydiriniz ve tırnakları öğüterek gözlerime ve ağzıma koyunuz. Belki onların hürmetine aziz ve celîl olan Allah beni affeder.

Ve ilâve etti:

– Ben öldüğüm zaman cömertlik ve ikram dahi benimle beraber ölür. Ve insanlardan nicelerinin devlet hazinesinden aldıkları tahsisat kesilir, dilencilerin elleri boş kalır.

Ve gözlerinde damla damla yaşlar belirdi. Bu fâni âlemden ebediyyetin çiçek bayramına erdi. (Radıyallâhu anhü).

Allah Resûlü'ne karşı olan derin muhabbeti:

Hz. Muaviye'ye birgün, Kâbis bin Rabia'nın insanlığın Efendisine benzediğini söylediler. Gönlüne bir ateş düştü ve hemen o adamı çağırttı. Adam gelip evin kapısından girerken Hz. Muaviye onu karşıladı ve iki gözünün arasından öptü. Sırf Varlığın Sebebi olan Peygambere muhabbetinden dolayı Kâbis bin Rabia'yı, bir kıta vererek mükâfatlandırdı.[29]

İşte sahabî ve sahabîlik.

29 İmam Süyûti Menahil, s. 66'da kaydetmiştir.

Cenab-ı Ali (kerremallahu vechehu) nin Şehadeti

Levlâke levlâk ufkunun nurlandırıcı güneşi Cenâb-ı Ahmed (Sallallahû aleyhi ve sellem) Efendimizin:

– ***"Sen (ey Ali!), hem dünyada seyyidsin, hem âhirette seyyidsin. Seni seven, beni sevmiştir ve senin dostun da Allah'ın dostudur. Senin düşmanın benim de düşmanımdır. Benim düşmanım ise Allah'ın düşmanıdır. Sana buğz edene azab olsun!"***

Buyurduğu büyük insan. Ve Peygamber bağında yetişen irfan incisi. Kerametler sarayının eşsiz sultanı. Gönlü billurdan daha duru hak kahramanı Hz. Ali (radıyallâhu anh), dört sene, sekiz ay, yirmi üç gün hilâfet makamında kaldıktan sonra, Hicretin kırkıncı senesi (Miladî 660), Ramazanın 17. Cuma günü mescide giderken haricî taifesinden İbn-i Mülcem isimli lânetlinin kılıcı ile vuruldu ve yaralandıktan iki gün sonra da ebediyyetlerin gerçekler sabahına göçtü.

Şehit edilişi şu şekilde oldu:

Allah'ın Arslanı ve Evliyalar Sultanı Hz. Ali (radıyallâhu anh) vefatından üç gün önce yemeden içmeden kesilmişti. İftarda üç lokmadan fazla yemiyordu:

– Ölümün aç iken gelmesini istiyorum!

Diyordu. Ve iki günlük ömrü kaldığını söylüyordu. Zaten kendisi başına gelecekleri tâ Medine'de iken haber vermişti. Irak'a gitmek üzere Peygamber şehri Medine'den çıkarken bir ayağı üzengide olduğu halde Abdullah İbni Selâm (radıyallâhu anh) yolunu kesip haykırmıştı:

– Ey Allah Resûlü'nün halîfesi! Irak'a gitme, korkarım ki orada sana kılıcın ucu dokunur!

Ona şu cevabı vermişti:

– O dediğini bana Allah'ın Resûlü bildirmişti!

Ve atına atladığı gibi Irak istikâmetinde yola koyulmuştu.

Emîrü'l-Mü'minîn ve Halife-i Seyyidi'l-Mürselîn Hz. Ali (radıyallâhu anh) gece rüyasında Nebiyyi Muhterem'i gördüler. O'na ümmetinden şikâyet ettiler:

– Ey Allah'ın Resûlü! Ümmetinin ettiklerini görüyor musun?

Sonsuzluk Nebisi:

– Yâ Ali, dediler; onlar aleyhine dua et!

Hz. Ali (kerremallahu vechehu), ellerini ulvilik âlemlerine kaldırıp:

– Yâ Rabbi, dedi; bana onlardan hayırlısını ver. Onlara da benden kötüsünü.

Ve uykudan uyandılar. Büyük oğlu ve Peygamber torunu Hz. Hasan (radıyallâhu anh) a seslendiler:

– İki gözümün nuru oğlum!

– Buyur, aziz babam!

– Rüyamda Allah'ın Resûlü'nü gördüm!

– Allah mübarek etsin. Ne güzel, ne kutlu bir rüya.

Şecaat, ulviyet, hikmet ve dirayet madeni Hz. Ali (radıyallâhu anh) rüyasını böyle oğluna anlattığı sırada sabah ezanı okunuyordu.

Hemen hazırlanıp mescide gitmek için oda kapısından dışarı süzüldüler. Evin avlusundan geçerken ördekler çığlık çığlık öttüler. Mü'minler ulusunun yanında bulunanlar ördekleri kovmak ve susturmak isteyince Cenâb-ı Ali (radıyallâhu anh) şöyle dedi:

– Onlara dokunmayınız, onlar ölü üzerine ağlayıcıdır!

Bu sözüyle ölümünün pek yakın olduğunu ima ediyordu. Müezzin, İmam-ı Ali'nin önünde gidiyordu ve:

– Ey insanlar! Namaza, namaza.

Diyordu. Hz. Hasan (radıyallâhu anh) da muazzez babasının arkasında yürüyordu.

Evet, tam bu sırada hâin suikastçı ve arkadaşları pusuda bekliyorlardı. Üçü birden Cenâb-ı Ali'ye hücum ettiler. İbni Mülcem isimli lânetli haykırdı:

– Yâ Ali! Hüküm ancak Allah'ındır. Senin ve dostlarının değildir.

Ve zehirli kılıcını olanca kuvvetiyle Mü'minlerin Emîrine havale etti.

Din ve şeriat ulusu, mü'minlerin seyyidi, muttakilerin İmamı Hz. Ali (radıyallâhu anh) ağır şekilde yaralandı. Namazı kıldıramayacağını anladı, imamlığa kız kardeşinin oğlu Hubeyre'yi gönderdi.

Bahtı kara suikastçı da yakalanmış, eli ayağı güzelce bağlanmıştı.

Cenâb-ı Ali (radıyallâhu anh) emrettiler:

– Bu adamı bana gönderiniz!

İbn-i Mülcem derhal huzura getirildi. Hz. Ali (radıyallâhu anh) ona sordu:

– Ey bahtsız adam! Ben sana ihsan etmedim mi?

– Evet, ettin!

– Yâ bu hainliğe sebep ne?

– Ben bu kılıcı kırk gün biledim. Onunla insanların en hayırsızını katletmemi Allah'tan diledim!

– Ne boş lâf! Görüyorum ki o kılıçla sen öldürüleceksin. Biliyorum ki, sen insanların en kötüsüsün.

Sonra iman aynası berrak yüzünü başına biriken yakınlarına çevirip tane tane konuştu:

– Onu hapsedin, kendisine yiyecek ve içecek de verin! Ey Abdul Muttalip oğulları! Eğer ben ölürsem siz de onu öldürünüz. Mü'minler Emîri katledildi diye Müslümanlara dokunmayınız. Benim için ancak benim katilim katledilir.

Cündub b. Abdullah ilim ve hikmet kutbu Hz. Ali'ye sokuldu:

– Ey Mü'minlerin Emîri, dedi; şânı pek yüce olan Allah senin eksikliğini göstermesin, ama şayet size bir hal olursa biz oğlunuz Hz. Hasan'a biat edelim mi?

– Bu hususta size ne emredebilirim ne de nehyedebilirim. Siz işinizi daha iyi bilirsiniz.

Şah-ı Merdan, Aliyyül Murtazâ (radıyallâhu anh) bundan sonra ebediyet hazırlığına başladı. Artık şu fâni hayatın bitmez tükenmez çilesinden kurtuluş ebediyyetin çiçek bayramına erme zamanı gelmişti.

Şeytanların zıplamaya koyulduğu hengâmeden başlayarak tâ ölümüne kadar devam eden çile devri son bulmuştu. Hz. Ebu Bekir ve Hz. Ömer (radıyallâhu anh) devrinde elleri ve ayakları bağlı olan şeytanlar Hz. Osman (radıyallâhu anh)'ın katledilmesiyle meydanlarda zıplamaya başlamışlardı. Fitne başlar üstünde kanat çırpıyordu. İşte Hz. Ali (radıyallâhu anh) bütün halifeliği boyunca yapayalnız bunlarla boğuşmuştu. Şimdi tam 63 yaşındalar. Allah'ın Sevgilisi, Cihan Sıddîk'ı ve Hz. Ömer (radıyallâhu anh) de aynı yaşda ölüm döşeğine uzanmışlardı.

Son dakikasına yakın oğulları Hz. Hasan ve Hz. Hüseyin (radıyallâhu anhûma) i başucuna çağırıp öğüt verdi:

– Benim iki gözümün nurları! Allah'a kulluktan ayrılmayınız! Dünya size gelse bile siz ondan kaçın! Dünyadan herhangi bir şey elde edemediğiniz için kasvet çekmeyiniz! Daima hakkı söyleyiniz! Yetimlere acıyınız, zavallılara imdat ediniz! Her işiniz Allah için olsun! Zâlime düşmanlığınız ve mazluma sevginiz hep Allah için. Allah'ın emrini yerine getirirken işlerine gelmeyenlerin hiçbir sözünü dinlemeyin!

Peygamberler Peygamber'inin aydın bakışlarının ışığı altında yetişen bu Cennet çiçekleri muazzez babalarının öğüdünü göz yaşları içinde dinlediler. Artık dünyadaki tek dayanakları da gidiyordu. İlk defa Allah'ın Sevgilisi, bütün zaman ve mekânın ve bütün mahlûkatın Peygamberi olan mukaddes dedelerinden öksüz kalmışlardı, sonra insanlık hurisi anneleri onları bırakmıştı. Şimdi de babaları gidiyordu. Ne büyük acıydı bu. Bu hicran gecesinin bir gündüzü yok muydu?

Bilgi güneşi Cenâb-ı Ali (radıyallâhu anh), oğullarının iman aynası berrak yüzlerine tatlı tatlı bakıyordu. Nur yumağı hâlindeki bembeyaz sakalından aşağı muhabbet damlaları akıyordu. Sonra en küçük oğlu Muhammed Hanefi'nin yüzüne baktı. Ona da öğüt verdi:

– Oğlum! Kardeşlerine ettiğim öğütleri duydun mu?

– Evet, aziz babam!

– Sana da bunları vasiyet ediyorum. Bir de sana vasiyetim kardeşlerine hürmetli ol! Onların düşüncelerine uygun hareket et.

– Başüstüne aziz babam!

Ve Hz. Hasan (radıyallâhu anh)'ı dizinin dibine oturtarak ona şu vasiyeti yaptı:

– Gözümün nuru oğlum!

Sen benim hayırlı halefim, timsâl-i, şerefimsin. Şu vasiyetimi can kulağıyla dinle ve ona göre amel eyle ki, bu sana, çok hayırlı bir baba nasihatidir.

Dünya, çok acâib bir tanıdıktır: Yâr olmaz. Visali, acul ve korkar adamların visaline benzer. Telâşlıdır.

Ayrılığı da, sevimsiz kimselerin ayrılığına benzer: Gönül kırıcıdır.

Hülâsa: Hayrı az, dirliği kısa; güler yüzü gösteriş, yüz çevirmesi facia; lezzet ve visali geçici, nimet ve ihsanı fâni, günah ve vebali ise bâkidir dünyanın.

Şu halde: Müddet bitmeden, kudret elden gitmeden, perde-i gaflet açılmadan, zamanın müsaâdesini, imkânın fırsatını ganimet bil de âhiretin için erzak tedârikine bak!

Kişi, dünyada âhireti için ne harc etti ise, yarın onu bulacaktır.

Dünya, âhiretin tarlasıdır; tabiîdir ki, ne ekilirse o biçilir.

Bu vefasız dünyanın hilesi çok; bir hâl üzere kaldığı yoktur. Bir tarafı islâh ederse, diğer tarafı ifsad; birini sevindirirse, diğerini mecruh eder. Öteden beri onun âdeti, meşrebi ve gidişi budur.

Dünyaya candan meyl ve bağlılık, sonunda iç acısı ve hüsran olur. Bu dâr-ı fenada bekâ muhaldir. Öyle ise ona bel bağlamak açık bir sapıklıktır.

Gözümün nuru oğlum!

Sen dünyanın emin hâkimi, asrın muhterem seyyidisin. Kadir ve haysiyetini, şeref ve meziyetini iyi muhafaza et. Ömrünü boş şeylerle geçirme. Ömür nefeslerini beyhude yerlerde tüketme. Malını da günah yolunda sarfetme ki, dünyadan amelsiz çıkıp da bârigâh-ı İzzet'e amelsiz varmış olmayasın. Güzel sözünü güzel işinle birleştir ki, güzel beyânın meziyetini, lütuf ve ihsanın semeresini zâtında cem'etmiş olasın.

Bir de yapamayacağın bir şeyden dem vurma! Söz ehli olmaktan daha çok iş ehli olmalısın!

Şurasını da dikkat nazarından uzak tutma ki, her fenalığın başı para sevgisi, hırs ve tamâ'dır. Bu iki kötü haslet, senin kalb-i selimine yol bulmasın. Muttaki ol ki, perhizkârlardan olasın.

Dünya, iltifat nazarından uzak olsun ki, feyz-i yâb olasın, fevz-ü felah bulasın.

Oğlum!

İyi düşün, ihtiyatlı bulun ki, hevây-i nefsânî ve geçim alâyişi seni aldatmasın. Dünyada her şey eğretidir; eğreti alınır. Her şey fânidir; tabiîdir ki, biter tükenir. İnsanoğlunda ise, yalnız kazanmış olduğu güzel ahlâk kalır.

Dünya, kâbuslu bir rüya gibidir ki, sahibini ruhanî azâb ile bizar eder ve huzursuz kılar. Zahirde bal gibi tatlı görünür, fakat içinde öldürücü zehir gizlidir. Zevk-u safâsı varsa da üzüntü ve keder ile karışıktır.

Hülâsa: Dünya, sonu nimetleri giderip mihnetleri celbeden ve gıdası insan ömrü olan bir dâr-i fenâdır. Verir; fakat verdiğini geri alır. İtaat eder; fakat itaatinde bile bin hile gizler. Zahirdeki zînetine aldanan hüsranda kalır!

Oğlum!

Sen başkalarına benzemezsin. Sen, Hânedân-ı Nübüvvetsin, sen ümmetin göz bebeğisin. Seyyidlik şerefini hâiz olduğun gibi, hâl ve gidişinde örnek ve mümtaz olmalısın. Bunun için, hükümlerini yerine getirdiğin takdirde, kadrini bir kat daha yükseltecek olan şu vasiyetimi daima hatırında tut, ona itibar et ve hükümleriyle âmil ol!

Son Ânı

Gönlü billurlardan daha duru olan Mü'minler Emîri Cenâb-ı Ali (radıyallâhu anh), vasiyetini ifâ ettikten sonra tek kelime olsun dünya kelâmı söylemedi. Kelime-i Tevhite ve Zikrullaha devam etti. 63 yaşında ve sakallı olduğu halde bu vefasız dünyadan gerçek hayata, öteler âlemine yolcu oldu.

Kendisini Hz. Hasan ve Hz. Hüseyin ile Abdullah bin Cafer gasletti. Namazını Cenâb-ı Hasan (radıyallâhu anh) kıldırdı.

Ve onu seher vaktinde Kûfe mescidinin yakınında gömdüler. Dört büyük halîfenin sonuncusu ve Allah'ın Arslanı olan Cenâb-ı Ali (radıyallâhu anh)'nin mübarek başı toprak altında kayboldu. Hz. Hasan ve Hz. Hüseyin (radıyallâhu anhûma) göz yaşları arasında bu *"Toprak babası"* lâkaplı büyük insanın toprak altında nasıl yattığına hayretle baktılar.

Din ve şeriat ulusu Hz. Ali (radıyallâhu anh) nin rengi esmerceydi. Güler yüzlü, büyük gözlü, gür sakallı, orta boyluydu. İki omuzunun arası geniş, bazuları kalın, mafsalları ince, aslan gibi pençeleri kavî ve gayet cesurdu. Ve insan güzeliydi: Şecaat ve ulviyet mâdeniydi. Her kiminle cenk ettiyse galip gelmişti. Kılıcı yıldırımdan bir kamçı gibi değdiği yeri kül ediyordu.

Bununla beraber, halim selim, mütevazı, sahî, âdil, zâhid, kerim, kadri yüce bir sultandı.

Kendisi ne yer ve ne giyerse hizmetkâr ve kölelerine de onu yedirir ve onu giydirirdi.

Çok da hakimane sözler söylerdi.

Birgün, yaşlı bir katıra binmiş bir yere gidiyordu. Küstah adamın biri yolunu keserek sordu:

– Yâ Ali! Sen ki Allah'ın Arslanısın, böyle bir katıra binmek sana yakışır mı?

Adama tatlı tatlı baktı ve şöyle dedi:

– Hücum edenden kaçmayacak kadar cesur, kaçana hücum etmeyecek kadar âlicenap olduktan sonra, insana böyle bir katır yeter de artar!

CENAB-I ALİ'NİN YÜKSEK ŞAHSİYETİ

Hz. Ali (radıyallâhu anh), Sonsuzluk Nebisi tarafından yetiştirildi. Henüz beşikte küçük bir yavru iken Allah'ın Resûlü onun altın saçlarını mukaddes elleriyle okşadı. Onu çok defa kucağına alıp sevdi. Çok kere de elinden tutup gezdirdi. O böyle bir mukaddes varlığın şefkatiyle âleme gözlerini açtı. Bütün ömrünü Allah'ın Sevgilisi'yle beraber geçirdi. Ömründe bir defa olsun puta tapmadı, bir defa olsun kötü işlerde bulunmadı. Nebiyyi Muhterem'in Nübüvvet pınarından kana kana içti. Âlemde bu yüceliğe hiç kimse eremedi. İnsanlığın Tacı buyuruyorlar:

– ***"Ey Ali! Benden sonra, Cennetin kapısını çalıp da, oraya hesapsız olarak gireceklerin ilkisin."***

İhsan ve kerem sırrında ihlâs, ona mahsustur. O bütün ömrünce yandı, bütün ömrünce ağladı.

Küçük yaşta ibâdete başladı, yazın sıcak ve uzun günlerinde oruç tuttu. Dili daima inciler saçtı, gönlünden irfan pınarları taşdı da bütün ümmet susuzluğa kandı. Cenk meydanlarında arslanlar gibi kükredi de düşmanları hezimete uğrattı. Cihan günleri böyle kahramanı bir daha görmedi. O kahraman öyle yüce bir ahlâka sahipti ki, hiç kimse ondan incinmemişti.

Halifeliği esnasında Kûfe çarşısına alışverişe çıkardı. Fakat kimse onun farkına varmazdı. Hiç kimseden yol istemez, sırasını bekler; işi aceleyse:

– Ey Mü'minler! Ali'ye yol verir misiniz?

Derler; yol verenlere iltifat ve teşekkür ederlerdi.

Cabir b. Abdullah el-Ensarî anlatıyor:

– Birgün Allah Resûlü'nün Halifesi Hz. Ali zarurî ihtiyaçları için Kûfe çarşısına çıktılar. Alış verişini yaptılar. Aldığı eşyaları kendisi taşıyordu. Durumu görenlerden biri hemen koştu:

– Ey Mü'minlerin Emîri, dedi; elinizdekileri bana veriniz de evinize götüreyim. Böylece Ehl-i Beyt'e hizmet etmiş olurum.

Allah'ın Arslanı ve Evliyalar Sultanı dediler ki:

– Aile reisi bunları taşımaya herkesten daha lâyıktır!

Adam yine ısrar etti:

– Ey Mü'minlerin Emîri! Siz Allah Resûlü'nün Halîfesisiniz. Bunu size ve makamınıza yakıştıramadığımdan eşyalarınızı taşımak istedim.

Hz. Ali'nin yüzünde saadet tebessümleri belirdi:

– Kendi ailesine ait eşyayı taşımak kişiye noksanlık vermez!

İmam-ı Ali (radıyallâhu anh), halife olmadan evvel nasıl sade bir hayat yaşamışsa halîfe olduktan sonra da aynı sadeliği devam ettirdi. En ufak bir değişiklik yapmadı.

İşte İslam'ın altınla doldurduğu kalplerdeki saffet ve ulviyet.

Hz. Ali'nin bu sade ve bu gösterişsiz hâli birinin dikkatini çekti. Adam Cenâb-ı Ali'ye sordu:

– Ey Allah Resûlü'nün halîfesi! Neden böyle yamalı hırka ile geziyorsunuz?

Ondan şu cevabı aldı:

– Kalbi dünya süs ve gösterişinden temizler, mü'minlere örnek olur.

❁❁❁

Birgün bir dostu Cenâb-ı Ali'ye bir tabak dolusu yiyecek getirmişti. Hz. Ali (radıyallâhu anh):

– Bunun kokusu ve yemesi iyi, rengi de güzel. Ne yazık ki yiyemem. Sonra nefsim alışır da her zaman ister, dedi.

❁❁❁

Allah'ın Arslanı ve Evliyalar Sultanı Hz. Ali, Kûfe mescidinde itikâfta idi, bir fakir geldi:

– Çok açım, dedi, bana iftar edecek bir şey ver!

Hz. Ali (radıyallâhu anh) kurumuş bir parça ekmek verdi. Ekmek kuru olduğu için fakir yiyemedi, sarığına bağlayıp dışarı çıktı.

Bu defa evlerden bir şey istemeye gitti. Tesadüfe bakın ki ilk defa Hz. Ali'nin evinin kapısını çaldı. Hz. Hasan ve Hz. Hüseyin (radıyallâhu anhûma) adamı karşıladılar:

– Bir isteğin mi var?

– Evet, iftar edecek bir şey istiyorum!

Hz. Hasan ve Hz. Hüseyin (radıyallâhu anhûma) adama istediği şeyleri verdiler. Adam memnun oldu. Onlara teşekkür ettikten sonra dedi ki:

– Mescitte yoksul ve garip birini gördüm. Bana kuru bir ekmek verdi. Bundan başka yiyecek bir şeyi yoktu. O garip adamın hâline öyle acıdım ki, eğer bu yemeklerden biraz verirseniz ona götürmek isterim. O zavallının gönlünü de almış olurdum.

Hz. Hasan ve Hz. Hüseyin'in gözlerinden yaşlar iplik iplik aktı. Öyle duygulandılar, öyle içlendiler, öyle acı duydular ki, fakir adam hayretler içinde kaldı. Ve sordu:

– A iki gözümün nurları! Niçin ağlıyorsunuz?

Cevap verdiler:

– Senin mescitte görüp de acıdığın o garip adam bizim babamız ve Mü'minlerin Halifesi Hz. Ali'dir; açlıkla nefsini terbiye ediyor.

İşte Hz. Ali (radıyallâhu anh), bu derece züht ve takvâ sahibiydi. Onun gönül evi eşsiz incilerle dolmuştu. Bütün ömrünce Allah Resûlü'nün güneşler yanan izinde yürüdü.

O gönüller sultânı bir defasında söyle dedi:

– Elbisem sof, şiarım korku, meskenim mescid, azığım açlık, bineğim ayaklarım, kandilim ay, kış günleri namazgâhım mağara, düşüp kalktıklarım miskinler, dünya malından hiçbir şeye mâlik olmadan günlerim geçer de bundan hoşnut olurum. Dünyada benden gani kim var? Bugünüm yarına kalsın diyenlerden değilim. Akıbet ecel şerbetini içecek olana bunlar bile çoktur.

Takvânın ve kemâlin bu derecesi.

Birgün Kâinatın Efendisi ona dediler ki:

– "Ey Ali! Allah, kullarından hiç kimseyi seni süslediği gibi süslemedi. O da Allah yanında çok makbul olan zühdündür. İşte bu zühd sende varken ne sen dünyadan ne de dünya senden bir şey alamaz."

Yine Züht

İrfan denizine gark olmuş din büyüğü Cenâb-ı Ali, züht ve takvâda da en ileride ve derecelerin en yükseğinde.

Kendileri anlatıyorlar:

– Birgün bahçede bir işle uğraşırken, güzellikte benzeri olmayan, kadın şeklinde bir insan karşıma çıktı. Görülmemiş naz ve cilvelerle:

– Yâ Ali, dedi, beni zevceliğe kabul eder misin? Seni bu meşakkatlerden ebedî olarak kurtarayım!

– Sen kimsin ki, ailenden bana zevce olmanı isteyeyim?

– Ben dünyayım!

– Haydi git öyleyse, kendine benden başka bir koca ara!

Ve Allah'ın Arslanı, bu münasebetle bir şiir yazıyor. O şiirden birkaç parça:

Aşağılık dünyanın aldattığı
İnsana yazıklar olsun!

O, süs ve ziynetle aldatır
Ve kimseye faide etmez.

O, güzel bir kadın şeklinde
Bana da geldi; ben de dedim:

Sen benden başkasını aldat!
Ben, hem dünyadan çabuk usanırım,

Hem de kapılacak cahillerden değilim!
Peygamberin pak cesedi

Şu toprakta olduğu için,
Benim dünya ile birleşmem muhal!

❀❀❀

O, kerametler sarayının eşsiz sultânı dünya güzeline gönül vermedi. Onun gönlü elmas renkli incilerle doluydu. Gönül toprağında marifetullah gülleri yeşermişti. Ömür ırmağını kevserleştirerek cennet gölüne akıtmıştı. Bütün ömrünü zikir, şükür, ibâdet ve Kur'an okumakla geçirmişti.

Ondaki züht ve takvâ destan çapındaydı.

Ahnef b. Kays şöyle anlatıyor:

– Birgün Hz. Ali'nin evine gitmiştim. Evde yemek yiyorlardı. Ağzı sıkıca bağlanmış bir torbadan bir parça arpa ekmeği çıkardılar. Ben bu işe hayret ettim:

– Ey Allah Resûlü'nün Halîfesi, dedim; neden böyle yapıyorsunuz? Bu kadar dikkatten maksadınız ekmeğinizi birisinin almaması mıdır?

– Hayır!

– Ya ne öyleyse?

– Oğullarım Hasan ve Hüseyin olur ki, üzerine zeytinyağı ve sirke dökerler.

– Peki ama, bütün insanlara helâl olandan neden böyle kaçıyorsunuz?

– Bir noktaya dikkat etmiyorsun.

– Nedir o, ey Mü'minler Emîri?

– İmam olanlara halkın zayıf ve yoksulların gıdalarıyla gıdalanmak icabeder ki, yoksullar şikâyet etmesinler; zenginler de mallarına güvenmesinler!

Bir devlet reisi düşününüz ki, kendisine helâl olan rızkı bile yemekten titriyor. Halkın zaif ve fakirlerini düşünerek nefsini her türlü nimetten mahrum ediyor.

İnsanlık buna ne buyurur?

10 bin sene geçse medeniyet bu fazilete erebilir mi? İnsanlık âlemi, Allah'a bağlandığı, Peygamber'e inandığı, Kur'an'a sarıldığı gün huzur bulacaktır. Allah'ın davetinden, imanın mihverinden, Kur'an'ın gölgesinden kaçanlar nedametle başlarını taştan taşa vuracaklardır.

Beşerin çırpınması hep saadet içindir,
Lâkin onun menbâı sadece yüce "DİN" dir!

Cenâb-ı Ali (radıyallâhu anh)'nin cömertliğine de sınır yok. O kadar ki, fakirleri, muhtaçları, yetimleri, dertlileri kendi nefsinden ve aile kadrosundan üstün tutuyor.

Birgün bir muhtaca parmağındaki yüzüğünü verdi. Çok defa da, iftar için hazırladığı yemeği, tam o anda kapısını çalıp "Allah için bir şey" isteyen fakirlerin önüne serdi ve kendisi Peygamber torunlarıyla beraber aç kaldı. Çok defa da karnına taş bağlar ve onunla açlığını gidermeye çalışırdı.

Bizzat kendisi şu hatırasını anlatmıştır:

– Birgün açlığım son dereceyi buldu. Açlığın ızdırabını yudum yudum tattım. Çünkü yiyecek bir şey yoktu. Bir iş bulmak için evden çıktım. Bir kadına rastladım. Kadın kuyudan su çekmemi istedi. Her kova için bir hurma ücretle su çıkarmaya başladım. 16 kova su çektim. Bu arada ellerimin içi de vıcık vıcık kabarıp soyuldu. Aldığım hurmaları Allah'ın Resûlü'ne götürdüm. Nebiyyi Muhterem'le beraber yedik. Bana hayır dua ettiler.

İmânın billûrlaşmış nurdan âbidesi Cenâb-ı Ali (radıyallâhu anh) elinde avucunda ne varsa Allah'ın kullarına ihsan ederdi. Misafiri de çok severdi. Bir keresinde şöyle dedi:

– Benim evim her gelen için bir konak, yemeğim herkese mubahtır. Her ne kadar ekmekle sirkeden başka bir şey değilse de, evimizde çok bulunduğu için onları takdim ederim. Âlicenap olanlar bununla hoşnut olup sevinirler. Bayağılar da kıymeti, değeri, üstünlüğü eşyada aradıklarından kabahat kendilerinde.

Hak ve adalet güneşi Hz. Ömer (radıyallâhu anh) diyor ki:

– Ali'ye üç fazilet verilmiştir ki, onların biri bende olsaydı, dünya ve ötesinin bende olmasından daha bahtiyar olurdum: İlki Allah Resûlü'nün kadri yüce kızını zevceliğe almış olması, ikincisi, Kâinatın Efendisi'ne olduğu gibi mescitte oturmanın kendisine helâl kılınması. Üçüncüsü, Hayber gününde bayraktar olması.

Allah'ın Sevgilisi, topyekûn zaman ve mekânın ve bütün mahlûkatın Peygamberi bir gün şöyle dua yaptılar:

– Allahım! Ali'ye yardım edene yardım et. Allahım! Ali'ye ikram edene ihsan buyur. Allahım! Ali'yi zelil düşüreni perişan et.

Sonsuzluk Nebisi buyuruyor:

– Miraca çıkarıldığım gece, Rabbime vardım. Ali hakkında bana üç hasletle vasiyet etti:

1 – O, Müslümanların efendisidir,

2 – Takvâ sahiplerinin velîsidir,

3 – Alın ve kolları beyazla nişanlanmışların (seçkinlerin) kumandanıdır.

Sonuncu Olmanın Hikmeti

Muazzez sahabîlerden Enes İbn-i Mâlik (radıyallâhu anh) anlatıyor:

Allah Resûlü'nün huzurunda oturuyorduk. Ensâr'dan Ebu Ukâl adıyla tanınan birisi:

– Ey Allah'ın Resûlü, dedi; Senden sonra insanların üstünü kimdir?

– Ebu Bekir Sıddîk'dır.

– Ondan sonra kimdir?

– Ömerü'l-Fâruk'dur!

– Ondan sonra kimdir?

– Osman bin Affan'dır!

– Ondan sonra kimdir?

– Ali bin Ebi Talib'dir!

– Ey Allah'ın Resûlü! Amcanın oğlunu (Ali)yi sonraya bırakarak dördüncü yaptın. Halbuki o senin kardeşindir.

Sonsuzluk Nebisi cennetler gibi tebessüm ettiler ve buyurdular ki:

– Vay sana, yâ Ebâ Ukâl! Cenâb-ı Hakk'ın bütün Peygamberleri yaratıp insanlara gönderdiğini ve benim de onların sonuncusu olduğumu bilmiyor musun?

– Biliyorum, ey Allah'ın Resûlü!

– Benim Peygamberlerin (Allah'ın selâmı üzerlerine olsun) sonuncusu olmamın ne zararı oldu ki, Ali'nin de ümmetimin halifelerinin dördüncüsü olmasının zararı olsun. Allahü Teâlâ bana Âdem (a.s.) in yaratıldığı zamandan kıyamete kadar iman eden bütün kullarının sevabını bağışladı. Ebu Bekir'e de onu sevip halife olarak bilenlerin, benim bi'setimden kıyamete kadar gelen mü'minlerin sevabını bağışladı. Ali bin Ebi Talib'e de yeryüzünde şarktan garba kadar Hak Teâlâ'ya ibâdet edenlerin sevabını bağışladı.

İrfan denizine gark olmuş din büyüğü Cenâb-ı Ali (radıyallâhu anh), o şan ve o faziletin sahibidir ki, âlemde hiç kimse bu yüceliğe erememiştir.

Hz. Ali (radıyallâhu anh), nasıl o irfan ve ilmin sahibi olmasın ki 5 yaşında bir çocuk iken Peygamberler Şahı'nın eline teslim edildi. O Nebiyyi Ahirzaman öyle bir şahtır ki ay, o şahın ayağını öpmek için parça parça oldu. Cebrail (Aleyhisselam) ona verilen ihsanın habercisiydi. Onun temiz varlığı "Levlâk" ile tavsif edilmişti. Onun tâkının kapısı Kâbe Kavseyn'dir.

Mukaddes ayağının bastığı yer iki âlemin ilmidir. O ne şan ve şereflerin sahibidir ki, onun parmaklarından hayat pınarları fışkırmış, susuz kalan ümmetini suya kandırmıştır. Onun payesi, gökler ülkesinin hükümdarlığı, gölgesi yeryüzünün aynıdır. O nur, yaradılmışların ilkidir. Hz. Âdem (Aleyhisselam) Peygamberlik bahçesinde bir ağaçtır. Nuh (Aleyhisselam) göz yaşları dökerek onun güzelliklerinin denizinde gemicidir. O'nun kıymet biçilmez güzelliği öyle bir derecededir ki, Mısır'a sultan olan güzel Yusuf işte o mukaddes güzelin habercisidir. Onun geleceğini müjdelemek için İsa (Aleyhisselam) sanki tâ feleğin minberine çıkmıştı. İnsanlığın baharı bulutlanıp ilahi bahçe fışkırdı.

Onun şerefine kâinatı nurlar sardı, hayat aydınlık göründü. Onun etrafında parlak yıldızlar harman oldu.

İşte Allah'ın Arslanı ve Evliyalar Sultanı Hz. Ali (radıyallâhu anh) Onun elinden ölümsüzlük iksîri içti. Nübüvvet pınarından fışkıran İlahi nurlarla gıdalandı. Bu sebeple bilgi güneşi oldu. Efendiler Efendisi dediler ki:

– Ben ilim beldesiyim; Ali de onun kapısı.

Cenâb-ı Ali (radıyallâhu anh), ilim ve akıldan yana derecelerin en yükseğinde.

Tefsircilerin reisi sayılan İbn-i Abbas (radıyallâhu anh), Hz. Ali'nin talebesiydi.

Peygamberler Peygamberinin en ünlü sahabîlerinden ve Kur'ân Hafızlarından Abdullah İbn-i Mes'ud (radıyallâhu anh) diyor ki:

– Hazret-i Ali'den başka hiçbir fert, halka "bir müşkülünüz varsa bana danışın!" diyemezdi. Zira Hz. Ali şöyle buyururlardı:

– "Ey insanlar! Allah'ın kitabını bana sorunuz! Hiçbir âyet nâzil olmamıştır ki, ben onun kim hakkında, ne vesileyle, hangi sebeple, gece mi, gündüz mü, dağda mı, sahrada mı indiğini bilmeyeyim.

İbn-i Abbas (radıyallâhu anh) diyor ki:

– İlmin onda dokuz payı Ali'ye verildi ve geriye kalan biri de insanlara dağıtıldı.

İlim ve Hikmet kutbu Cenâb-ı Ali'ye herkes baş vurur, içinden çıkamadığı meseleyi ondan sorardı. Sahabîlerin en büyükleri bile ondan fikir alırlar, ilim öğrenirlerdi. Tarihin nadir yetiştirdiği hak ve adalet sultanı Hz. Ömer girift meselelerin çözümünü Hz. Ali'ye havale ederdi.

Dâva ve meselelerin faslında tek ve eşsizdi. Öyle ki Allah'ın Sevgilisi sahabîlere hitaben şöyle buyurmuşlardı:

– Ali, hüküm ve kaza işinde hepinizden üstündür.

Bu Peygamber takdirinin dayandığı bir hâdise var:

Birgün Sonsuzluk Nebisi (Sallallahû aleyhi ve sellem) sahabîleriyle beraber otururlarken huzuru saadetlerine iki adam geliyor ve adalet istiyorlar. Birinin öküzü öbürünün merkebini öldürmüştür ve merkep sahibi, kayıbının ödenmesini istemektedir.

Kâinatın Efendisi, tebessüm buyurarak sahabîlerinin yüzlerine bakıyorlar. "Bir hüküm verin!" demek istiyorlar sanki.

Sahabîlerden biri atılıyor:

– Şuursuz hayvanların fiilinden sahiplerine tazminat gerekmez.

Levlâke Levlâk Ufku'nun nurlandırıcı güneşi emir buyuruyorlar:

–Dâvalarına sen bak, yâ Ali!

– Başüstüne, ey Allah'ın Resûlü! Cenâb-ı Ali (radıyallâhu anh) davacılara soruyor:

– Hayvanların ikisi de başıboş muydu; yoksa biri bağlıydı da öbürü mü başıboştu?

İkisi birden atılıyorlar:

– Merkep bağlı öküz başıboştu!

Bilgi güneşi Hz. Ali hükmünü veriyor:

– O halde merkebin tazmini gerekir!

Allah'ın Sevgilisi bu hükmü beğenip yerine getiriyorlar ve Hz. Ali hakkında, yukarıdaki takdir ölçüsünü ifade buyuruyorlar.

Başka bir hadîsi şeriflerinde Allah'ın Resûlü şöyle buyurmuşlardı:

– Ali, en iyi hüküm verenimiz ve Ubey de iyi Kur'an okuyucumuzdur.

Yine Resûller Serveri buyuruyorlar:

– Hikmet on parçaya bölündü. Hz. Ali'ye dokuz parça ve bütün insanlara da bir parça verildi ve Ali bu bir parçayı onlardan daha iyi bilir.

❁❁❁

İlim ve hikmet kutbu Cenâb-ı Ali'nin şu dâvada gösterdiği akıl ve hikmet inceliği pek büyük:

İki kişi biraraya gelip paketlerindeki çörekleri yemeye başlıyorlar. Birinin beş, öbürünün üç çöreği var. Hepsi sekiz çörek. O sırada başka bir adam gelip bu çöreklerden birer parça yiyor ve buna karşılık 8 kuruş bırakıp gidiyor. Beş çöreğin sahibi, bu paranın beş kuruşunu kendisine ayırıyor ve üç kuruşunu üç çörek sahibine veriyor. Fakat adam hakkına razı değil. Hz. Ali'ye koşuyor:

– Ey bakış ve görüş sahibi, diyor; benim daha fazla hissem olması lâzımdı. Dâvamıza bak da hükmünü ver!!

İrfan denizine gark olmuş din büyüğü şu mukabelede bulunuyor:

– Ey Allah'ın kulu! Eğer benim hak ölçüsüyle hükmetmemi istiyorsan, hak acıdır ve nefs ona razı olmaz; bunu bil de ona göre hüküm iste!

Adam diyor ki:

– Ben acı da olsa hak ölçüsüyle hüküm vermeni istiyorum!

Hz. Ali (radıyallâhu anh) hükmünü bildiriyor:

– Adam sana 2 kuruş fazla vermiş. Senin hakkın 1, onunki 7 kuruş.

Adam hayret ve dehşetler içinde:

– Nasıl olur?

– Hak böyle işte!

– Amma adam çörek başına birer kuruş veriyor. Üç çöreğim olduğuna göre en aşağı 3 kuruş değil mi benim hakkım?

– Hatâ, bu hesabın, sanki çörekler hiç yenmemiş ve adam her birinden birer parça alıp gitmiş gibi kabataslak bir görüşle yapılmasında. Halbuki üçünüz de yediğiniz için, hesabı, yediklerinizi nazara alarak yapmak lâzım. Kimin eksik kimin fazla yediği malûm bulunmadığına göre üçünüzü de müsavi yemiş farz etmek lâzım. Bu takdirde 8 çöreği üçe çarpıp 24 sülüs (üçte bir) üzerinden hesaplayacak olursak her birinizin 8 sülüs çörek yediği anlaşılır. 3 çörek sahibinin malı 9 sülüs, öbürünün ki de, 15 sülüs, 9'dan 8 çıkarsa 3 çörek sahibinden l pay, 15 sülüs sahibinden de 7 pay arta kalır. 8 kuruş ödeyenin verdiği paylar işte bu (1) ve (7) paylar içindir ve 3 çörek sahibinin arta kalan payı için 1, öbürünün de yine arta kalan payı için 7 kuruş alması gerekir.

Bu deha çapındaki hesap ve hak görüşü, Cenâb-ı Ali (kerremallahu vechehu) nin fikir ve anlayış çapını, din dışı bir işde de göstermeye kâfidir.

Böyle bir hesap inceliği içinde hak takdiri, iman ile idrakin, ilim ile hikmetin nasıl içice yaşadığına en parlak delil.

ŞİMŞEK HIZI

Birgün İlim ve Hikmet kutbu Hz. Ali atına binmek üzere bir ayağı üzengide iken bir Yahudi geldi:

– Ey irfan sahibi İmam, dedi: hangi sayı 2, 3, 4, 5, 6, 7, 8, 9, 10'a kadar olan sayılarla bölünse bölüm kesirsiz olur?

Hz. Ali iman aynası berrak yüzünü Yahudi'ye dönüp şöyle dedi:

– Bunu söyler ve meseleyi çözersem Müslüman olur musun?

– Evet, olurum!

– O halde haftanın günlerini (360) ile çarp istediğin sayıyı bulursun!

Ve diğer ayağını üzengiye geçirerek atına bindi.

Yahudi 7'yi 360 ile çarptı, 2520 adedini buldu. Bunu 10'a kadar bütün sayılara böldü. Hayret ve dehşetler içinde bölümün kesirsiz olduğunu gördü.

Birden infilâk etti:

– Ey gönlü billurlardan duru İmam! Verdiğim sözü tutuyor ve Müslüman oluyorum!

Yahudi'nin hidâyete ermesinden büyük mutluluk duyan Hz. Ali (radıyallâhu anh) atını sürüp gözden kayboldu.

İlim, hikmet, irfan, akıl ve idrakin böylesi.

Yine birgün Cenâb-ı Ali (radıyallâhu anh)'nin huzurlarına iki kişi geliyor ve biri şu iddiada bulunuyor:

– Ey Allah Resûlü'nün Halîfesi! Bu adam, rüyasında benim annemi görerek gusle muhtaç hale geldiği iddiasında. Hakkında, şeriat bakımından ne gibi bir ceza lazımsa icra buyurun!

Allah'ın Arslanı ve Evliyalar Sultanı derhal şu emri veriyor:

– Davâlıyı güneşe karşı tutun da gölgesine seksen değnek vurun!

Adam apışıp kalıyor!

❁❁❁

Varlığın Sebebi olan Peygamber buyuruyor:

– Ali'ye muhabbet etmek öyle güzel bir şeydir ki, onun sahibine günah zarar vermez. (Yâni günah işlemez ki zarar versin.)

Ve:

– Mü'minin sahifei â'malinin alâmeti İmam-ı Ali'ye muhabbettir.

Ve yine:

– İmam-ı Ali'nin yüzüne bakmak ibâdettir.[30]

❁❁❁

Bütün insanoğluna Allah müjdesini getiren Nebiyyi Muhterem buyuruyorlar:

– Hayatım gibi yaşamak, ölümüm gibi ölmek isteyen ve (ağaçlarını) Rabbim diktiği Adn Cenneti'nde oturmayı seven

---

30 Hadis-i şerif, Kenzü'l-İrfan'dan alınmıştır.

kimse, benden sonra Ali'yi dost edinsin. Onun dostunu da dost edinsin ve benden sonra Ehl-i Beytime bağlansın. Çünkü onlar benim soyumdur. Tıynetimden yaratıldılar, anlayışımla ve ilmimle rızıklandılar. Ümmetimden, onların faziletini inkâr edenlere ve onlar hakkında selâmı kesenlere azab olsun. Allah şefaatimi onlara ulaştırmasın. (İbn-i Abbas (radıyallâhu anh)

İlim ve İrfan Sultanı

Hz. Ali (radıyallâhu anh), Sonsuzluk Nebisi'nin mukaddes elinde yetişti. Bütün âlemlere hidâyet ve rahmet olarak gelen insanlığın Efendisinin aydın bakışlarının ışığı altında büyüdü. Şânı pek yüce olan Allah'ın:

– ***"Sen olmasaydın, sen olmasaydın bu felekleri yaratmazdım!"***

Diye hitap ettiği O Nebiyyi Muhterem, Allah'a gidenlerin yollarını aydınlatan ilahi bir ışıktı. Bütün dinlerin üstünde ilahi hüküm ve fermanları bildiren "**Hâtemünnebiyyin**" di. "**Livaü'l-Hamd**" onun elinde; topyekûn Peygamberler onun gölgesindedir. Gökteki yıldızlar sayısınca billur bardaklarla çevrilmiş ebedî saadet havuzu onundur. Cennet O'nun nuruyla güldü, Tuba, O'nun muhabbet baharıyla sallandı. O bir hurma kütüğünü hicranıyla, aşkıyla ağlattı. Susuz kalan ümmetine mu'cize parmaklarından hayat çeşmeleri çağlattı. İşte Hz. Ali (radıyallâhu anhûma), öyle bir menbadan ilim öğrendi. Öyle bir nurdan yudumladı. Bütün ömrü boyunca nefes nefes Allah Resûlü'nü takip etti. Ve kemal derecesinin en yükseğini elde etti.

Şimdi onu ilim, hikmet, akıl ve idrak yönüyle takip edeceğiz.

Allah'ın Arslanı ve Evliyalar Sultanı Hz. Ali (radıyallâhu anh), Allah'ın kendisine verdiği nimetleri dile getirmek bakımından yine Allah'ın emrine uyarak üstünlüklerini şiirle dile getirmiştir:

Arzın melikleri ancak biziz!
Hükmümüz doğudan batıyadek.

Dünyanın sonuna kadar bütün ilimler,
Bütün mânâlar bize aydınlandı.

Bunda şüphesi olan kimse
Yarın hüsran ve hakarete uğrar.

Ve hakkında Allah'tan emir gelen
Her şey bizim haberimizi verir.

❁❁❁

Bilgi Güneşi Cenâb-ı Ali (radıyallâhu anh), şiirde de başlı başına bir kıymet. İşte şu mısralar onun iman dudaklarından dökülmüştür:

İnsanlar kökten yana birbirine denk;
Zira babaları Âdem, anaları Havva.

Asıllarında şeref varsa öğünsünler onunla;
Fakat asılları toprak ile çamurdur.

Fazilet ve meziyet ilim ehlinin.
Onlar kurtulmak isteyenlere kılavuz.

Câhiller ilim ehline düşmandır;
Zira onlar ölü, âlimlerse ebedî diri.

❁❁❁

Bir başka şiiri:
Câhili, beslediği emel aldattı.
Eceli gelen ölür ve ölüme hîle sökmez.

Başı kaybolan sonun bekâsı yoktur.
İnsana kabirde yoldaş amelleridir!

Ve başka bir şiirinden:

Başım bembeyaz oldu da, hırsımın başı ağarmadı.
Dünyayı isteyenler meşakkat içindeler.

Bana ne oluyor ki, bir dereceye erişince,
Gözüm, hep daha üst dereceye kayıyor.

Allah için düşün! Zevk ve safa ile çınlayan,
Nice evler içinden geçtin ki,

Şimdi etraflarında ölüm kargaları uçuşuyor!
Sen çalışma dizginini salıverme ama,

Allah'a yemin ederim ki, rızk,
İstemek ve didinmekle meydana gelmez.

Bazen devesini yormayan mal kazanır da,
Didinip çırpınan adamın eli boş kalır.

❀❀❀

Gönüller aydınlatan bilgi güneşi Cenâb-ı Ali'nin şiirleri ve nutukları Arap edebiyatının en güzel örnekleridir. O konuşmaya başladı mı buraların ve ötelerin en ince hikmetleri üzerinde konuşurdu. Gönül topraklarına mânâ incileri yağdırır, insan ruhunu ırmak ırmak coştururdu.

Birgün Derrâr bin Hamza'ya dediler ki:

– Ne olur, bize Hz. Ali'yi anlatın!

O da şöyle anlattı:

– Hz. Ali hikmetle söyler, adaletle hükmeder. İlim onun yüreğinden fışkırır, hikmet onun lisanından akar. Dünyadan ve bütün dünya süslerinden tiksinir. Geceleri, işi ve arkadaşı ibâdettir. Allah korkusundan çok ağlar. Hâdiseleri derinliğine düşünür. Kısa elbise giyer, güzel yemekleri sever. Aramızdayken bizden farksız görünür, bir şey sorsak hemen cevap verir. Bir toplantıya davet etsek derhal gider. Aramızdaki ülfet ve samimiyet bu derecedeyken, heybetinden huzurunda konuşamayız. Dine bağlı olanlara saygı, fakirlere ilgi göstermekte kusur etmez. Kuvvetli olan ondan korkar ve kötü işe devam edemez. Zayıf olan da onun adalet kapısından yoksun dönmez.

Yine İmam-ı Ali'yi çok seven birine soruyorlar:

– Hazret-i Ali'yi niçin seversiniz?

– Üç faziletinden: Öfkesinde nefsine hâkimdir, sözünde sâdıktır, hükmünde âdildir!

Hz. ÖMER'E GÖZ YAŞI DÖKTÜREN HÂDİSE

Hak ve adalet güneşi Hz. Ömer (radıyallâhu anh), zina etmiş akıl hastası bir kadını recm ettirmek istemişti. İlim ve hikmet kutbu Hz. Ali (radıyallâhu anh), Halifeler halîfesinin bu emrine karşı çıktı:

– Yâ Ömer, dedi; Allah uyuyan kişi ile çocuk ve delinin yaptıklarından onları sorumlu tutmaz!

Hz. Ömer (radıyallâhu anh):

– Eğer Ali olmasaydı Ömer helâk olmuştu.

Dedi ve göz yaşı pınar pınar aktı. Ve ilâve etti:

– Ali bizim en büyük kadımızdır!

Nihayetsiz olan mülkün Seyyidi Cenâb-ı Ahmed (Sallallahû aleyhi ve sellem) Efendimiz buyuruyorlar:

– "İlmi hususunda Hz. Âdem'e, anlayışında Hz. Nuh'a ve ahlâkında Hz. İbrahim'e (a.s.) bakmak isteyen, Ebu Talib'in oğlu Ali'ye baksın!"

Gönülleri aydınlatan din büyüğü Cenâb-ı Ali (radıyallâhu anh) ilim ve hikmet bakımından en üstün derecedeydi. Allah Resûlü'nün muazzez sahabîleri dediler ki:

– İlmin mala üstünlüğünün sebebini her birimiz ayrı ayrı Hz. Ali'den soralım. Bakalım her birimize ayrı ayrı cevap verebilecek mi?

Ve her biri ayrı ayrı Hz. Ali'nin huzuruna varıp sordular:

– Yâ Ali! İlim maldan neden üstün, bize açıklar mısın?

İlim ve hikmet kutbu Cenâb-ı İmam gün kadar aydınlık yüzünü onlara döndürüp birinciye şu cevabı verdiler:

– İlim Peygamberlerden, mal Karun, Fir'avun ve Hamân'dan mirastır.

İkinciye:

– İlim sahibini, malı sahibi korur!

Üçüncüye:

– İlim sahibinin dostu, mal sahibinin düşmanı çoktur!

Dördüncüye:

– Harcamakla ilim artar, mal eksilir.

Beşinciye:

– İlim sahibi şerefli unvanlarla, mal sahibi cimrilik, hasislikle nitelenir.

Altıncıya:

– İlmin hırsızdan korunmasına lüzum yoktur. Malın korunması lâzımdır.

Yedinciye:

– Çok durursa ilim artar, mal eksilir.

Sekizinciye:

– İlim kalbi kuvvetlendirir, mal karartır ve katılaştırır!

Dokuzuncuya:

– İlim tevazu, mal kibir getirir.

Onuncuya:

– İlim rahmet, mal düşmanlık doğurur. Ve ilâve ettiler:

– Siz ömrüm oldukça gelip sorsanız, her birinize her gelişinizde başka başka cevaplar verebilirim.

İMAM-I ALİ'NİN BİR MÜNACATI

Bütün İslam büyüklerince kabul edilmiş bir gerçektir ki, Cenâb-ı Ali (radıyallâhu anh), insanoğlunun en büyük lisanı olan Arapça'da, mânâların kahramanı olmuştur. Şu münacaattaki güzelliğe, edaya, âhenge bakınız:

– Ezelî olan sensin, ebedî olan sensin. Halik (yegâne yaradan) sensin. Hakîm (yegâne hikmet sahibi) ve Alîm sensin. İlmin her şeyi kavramıştır. Rahmetin geniştir. Afv ü safhın cihanı kaplamıştır.

Yâ Rab! Felâketzedelere yardım eden, musîbete uğrayanların imdadına yetişen, kalpleri kırılanlara teselli veren sensin! Kullarına yardım için daima hâzırsın. Bütün sırları ve düşünceleri bilen sensin. Her toplulukta varsın. Bütün ihtiyaçları giderir, bütün nimetleri bahşedersin. Fakirlerin, bîçârelerin dostu sensin!

Yâ Rab! En sağlam sığınağımız sensin. Zâiflerin penâhı sensin. Tâhirlerin, sâdıkların yardımcısı sensin.

İlahi! Muhafızımız, müdafiimiz, mûinimiz sensin. Yardımını isteyenlerin hepsine yardım edersin.

Yâ Rab! Halik sensin. Biz yalnız mahlûkuz. Melik sensin, biz senin kullarınız. Yardımcı sensin, biz senin yardımını arayanlarız. Gaffar sensin, günahkâr biziz? Rahman ve Rahîm sensin. Biz karanlıkta bocalıyoruz. Senin mağfiret ve muhabbet nurunu arıyoruz!

Yâ Rab! Mağfiret ve muhabbetini ihsan et. Günahlarımızı affet, bizi kurbun (yakınlığın) la bahtiyar et.

Yâ Rab! Daima hamd ü senaya lâyık, daima hazır, daima mevcud, daima yakın olan ve her şeyi bilen sensin. Her kalpte, her ruhta (ism-i celîlin ve ilahi sevgin) yaşıyor. Marifetin her fikirde meknuzdur.

❀❀❀

O'nun dengi ve benzeri yoktur, misli ve menendi yoktur. Birdir, ezelîdir. Hamd ancak O'na edilir. Af ve merhameti her günahkârı kapsar ve kuşatır. Kendini inkâr edenlerin bile rızkını ihsan eder? Uyumaz, uyuklamaz. Daima diri ve daima zatıyla kaimdir. (Hayyü Kayyum'dür).

Rahmetiyle bütün günahlarımızı affeder. Bütün mahlûkatını sever. O halde Rabbimin varlığına, birliğine şehadet eder, Peygamberimiz Efendimizin hak Nebi ve Resûl olduğuna iman ederim.

Salât ve selâm Ona ve onun âl-i ashabına!

Sözüyle herkese yol gösteren din büyüğü Hz. Ali (radıyallâhu anh) in başka bir münacatı:

– Ey ihsanı bol Allahım! Sana hamd ederim. Ey yegâne Ma'bud! Senin önünde eğilirim. Yücesin, kullarından dilediğine sonsuz nimetler verirsin. Dilediğini hüsrana duçar edersin. Ey Yaradanım, sana sığınırım. Varlık ve darlık zamanında sana müracaat ederim, her an sana yalvarırım. Gerçi, günahlarım çok, fakat senin afvın ondan daha büyüktür, ümitsizliğe sebep yok. Eğer sen beni kapıdan kovarsan kime sığınırım, kimden medet beklerim, bana başka kim şefaatçi olur?

Yâ Rab, hâlimi görüyorsun, yoksulluğumu biliyorsun. Gizli niyazımı duyuyorsun. Beni senden ümit kesenlere katma, kusuruma bakma, daha fazla bekletme, ümitsizliğe atma. Rahmetine güvenim tamdır. Gönlümdeki aşk ateşini yandır, beni muhabbetine kandır, sevgini eksik etme. Senin azametin önünde boyun eğdim, dize geldim, secdeye kapandım, beni gufranına boğ, azabından esirge, Allahım!

Dünyadan sıyrılıp huzuruna gelirken beni, Kelime-i Tevhîdden ayırma. Senin nârın da hoş, nurunda hoştur. Senin rahmetinden ümit kesmek ne boştur. Mal ve oğulların fayda vermediği o korkunç günde senin affına nail olmak isterim, bana affın yeter, lütfunu göster!

Yâ Rab, sen bana yol gösterirsen hiçbir vakit yolumu şaşırmam. Sen yol göstermezsen, dalâlette kalırım. Eğer senin afvın yalnız iyilere mahsus ise ya kötülerin bağışlayıcısı kim olacak? Herkesin Rabbi sensin. Ben ümmetin en müttakisi olamadımsa, şeriri de sayılmam. Senin affına sarılıyorum. İtiraf ederim, günahım büyük, fakat senin affın ondan daha büyüktür.

Yâ Rab, senin lütfunu hatırlayınca kalbime teselli doluyor. Günahımı düşündükçe gözlerimden yaş dökülüyor. Sen şânına lâyık olanı yap, beni affet! Beni senin fazl ü ihsanından başka bir yere başvurmayacak bir tıynette yarattın. Ne umarsam Senden umarım.

En büyük endişem şudur: Beni Sen de kapından kovarsan, eli boş çevirirsen hâlim nice olur? Allah'ım, görüyorsun, gafiller uykuda. Ben ise gece karanlığında el açıp sana niyaz ediyorum!

Ey insanlara doğru yolu göstermek için Peygamber gönderen Allahım! Resûl-i Ekrem Hâşimi hürmetine, Seni tesbih eden, takdis eyleyen hayırlı ümmet aşkına, bizi imandan, Kur'an'dan, İslam'dan ayırma, Müslüman olarak haşret. Resûlü'nden şefaat umarım. Beni ondan mahrum etme. Senden afv u mağfiret dilerim, beni boş çevirme Allahım!

Ey arkadaş gözünü aç! Bak o din büyükleri gece gündüz Rabbin huzurunda elmas elmas göz yaşı dökmüş, bir an olsun hakkın mihrabından yüz çevirmemişlerdir. Ömür secdeleri üzerinde hakikat namazları kılmışlar, bülbüller gibi feryâdı figân etmişlerdir.

Sen niye bir bu dünya davulunu dövüp duracaksın. Bu dünya güzeline gönül verenin eteği zillet çamuruna batar. Eğer Allah adamı olmak istiyorsan, Allah adamları gibi gönül ocağında aşk âteşini yak, O mukaddes dilberin muhabbetiyle gece gündüz inle. İslamı nokta nokta yaşa ki ebediyyen mutlu olasın.

Ebediyyetlere yol bulmanın zevki hani?
Sende bir nebze dinin imanın şevki hani?

Niyaz ellerini aç, iplik iplik yaşlar dök,
Allah'a kulluk gibi bir yüce mevki hani?

Hikmet İncileri

İrfan denizine gark olmuş din büyüğü Cenâb-ı Ali (radıyallâhu anh) nin gönül dudaklarından dökülen hikmet incilerine devam ediyoruz:

– Allah, her fakirin gınâsı, her düşkünün izzeti, her zayıfın kuvveti ve her dertlinin sığınağı.

Her şey O'na karşı helakte, her şey O'nunla ayakta!

Allah, her konuşanın sesini işitir, her susanın kalbini okur. Ve her yiyip içenin rızkını yetiştirir. Ölenler de O'na dönerler.

Allahım! Gözler seni görmez ki şânından haber verebilsin. Sen, vasfına kalkışan kullarından evvel vardın.

Allahım! Sen mahluklarını yalnızlığından ötürü yaratmadın ve onlardan bir menfaat gözeterek amel istemedin.

Dilediğin, senden kaçamaz ve suçladığın, senin gazabından kurtulamaz. Sana isyan eden, senin sultanlığına eksiklik getiremez. Sana itaat gösteren de, mülkünü büyütemez. Senin kaderine rızâ göstermeyen, onu değiştiremez ve senin fermanından bir şey bekleyen, ondan müstağni kalamaz.

Bütün sırlar sana âyan ve bütün gâibler sende hazırdır. Ebedî sensin; senin için sınır muhal. Sınırlayan ancak sensin! Senden başkasına sığınmak, senden gayri makam ve merci aramak diye bir ihtimal yok. Hareket eden her canlının irade ve itaat yüzü, senin kudretine çevrilmiş ve sana bağlanmıştır. Bütün insanoğlunun el uzattığı, sensin!

Allahım! Seni tenzih ve takdis ederim ki, yarattığın şeylerden görebildiklerimiz ne kadar büyüktür de, onların büyüklüğü senin kudret ve azametinin yanında ne kadar küçüktür! Melekler âleminde gördüğümüz işler ne kadar dehşet vericidir de onlar saltanat ve ceberûtuna nisbetle ne kadar hakirdir!

Allahım! Dünyanın nimetleri ne kadar bol ve geniştir de âhiret nimetlerine göre ne kadar kıt ve dardır!

Allahım! Süflîler âlemi olan bu dünyadan yükseklerde ve ulvî semalarında barındırdığın nice melekler var ki, seni bütün mahlûkatlarından daha iyi bilirler ve kâinatta en çok senden korkarlar. Ve sana bütün yakınlıklardan daha yakındırlar. Onlar öbür şuurlu mahlûkların gibi anaya babaya muhtaç olmakla, "**Nutfe: İnsan cevheri su**" dan yaratılmadılar, hâdiselerin karışıklığından ve zamanın musibetlerinden perişan olmadılar. Onlar, sana bu derece yakın, rütbeleri senin katında bu kadar yüksek, sevgileri yalnız sana mahsus, ibâdetleri pek çok ve gafletleri pek azken, eğer gözlerinden nihan olan İlahi azamet ve ceberûtu bilselerdi, amellerini hor görürler, kendilerini suçlarlar ve sana lâyık kulluktan uzak olduklarına hükmederlerdi.

Rabbim! Biz senin Sübhânî azametini bilemezdik. Yalnız şu kadarını biliyoruz ki, Sen uyku ve gafletten münezzeh mutlak Zat olarak Hayy ve Kayyumsun! Sana hiçbir nazar yetişemedi ve seni hiçbir göz kuşatamadı. Sen ise, bütün gözleri kuşattın ve bütün varlıkları sayıya koydun. Ve her türlü hamle ve gayretin hareket yönlerini ve bütün ruh sahiplerinin ibâdet dizginlerini elinde tuttun.

Ey sultanların Sultânı olan Allah! Taaccübiyle aklımızı durduran kudret ve satvetin, vasıflandırmaya cesaret edemediğimiz azamet ve şevketin, bizden gizli meleklerin ve ceberûtun, gözlerimizin çerçevelemekten âciz olduğu kâinatın zihinlerin nüfuz edemediği esrar ve hikmetin perde arkası gâibler âlemin ne kadar büyüktür!

Bunun içindir ki, Arş-ı Âzam'ının duruşu, kâinatın yaratılış keyfiyetini, nice dünyaların boşlukta asılı sırrını, arzının sudan dalgalar üzerinde meydana gelişini düşünen akla, şaşmaktan, kamaşmaktan, acze düşmekten ve yere kapanmaktan başka bir şey düşmez!

Ulviyet ve hikmet mâdeni Hz. Ali (radıyallâhu anh) nin daha bunlar gibi nice gönüller dağlayan sözleri vardır. Onun gönlü elmas renkli incilerle doluydu. Sonsuzluk Nebisi'nin mukaddes elinden aşk ve iman şurubunu içmişti. Dili durmadan inciler saçar, gözlerinden billur billur yaşlar akardı.

Tâbiin'den Ebu Esved anlatıyor:

– Birgün Cenâb-ı Ali'nin saâdetli huzurlarına girdim. Düşünceli duruyorlardı. Kendisine sordum:

– Ey mü'minlerin Emîri! Niçin düşüncelisiniz?

Cevap verdiler:

– Arapça bozuluyor ve kelimelerin telâffuzları değişiyor. Lisanımızı korumak için bir kitap yazmayı düşünüyorum!

– Bu yüce lütfunuzla hem bizi ihya, hem de Arapça'yı bozulmaktan kurtarmış olursunuz.

– İnşallah, öyle olur!

Üç gün geçti. Tekrar yanlarına uğradım. Bana sarf ve nahvin esaslarına dair bir kâğıt verdiler ve:

– Yâ Ebâ Esved, dediler; sen de incele ve hatırına bir şey gelirse ekle!

Gönüller aydınlatan bilgi güneşi Hz. Ali (kerremallahu vechehu), cenk meydanlarında nasıl kılıcıyla kâfirleri doğrayıp kahramanlığın zirvesine çıkmışsa söz ve beyanda da en üstün dereceyi elde etmiştir. Bütün İslam büyüklerince kabul edilmiş bir gerçektir ki, Cenâb-ı Ali, insanoğlunun en büyük lisanı olan Arapça'da, mânâların kahramanı olduğu kadar, bir lisanın iskeleti demek olan gramer ilminin de kurucusudur. Ve yine matematik bilgisinin temeli olan kerrat (çarpım) tablosunu bulan da Hz. Ali (radıyallâhu anh) dir. İslam hukukunun önemli bir bölümü olan Feraiz ilminin temeli matematiktir. İlim ve hikmet kutbu Hz. Ali (radıyallâhu anh) Feraiz ilmini matematikteki yüksek bilgisine dayanarak kurmuştur. Zira o, feyz ve ilham kaynağı olan Kur'ân-ı Kerîm'i bizzat Allah Resûlü'nden öğrendi. Kur'ân-ı Kerîm'i baştan başa ezberledi. Her âyetin mânâsını ve niçin, ne sebeple indiğini bilirdi. Onun bütün ilim ve irfan kaynağı Kur'an'dı.

Birgün büyükler büyüğü Cenâb-ı Ömer (radıyallâhu anh), Hz. Ali (radıyallâhu anh) den bir mesele sordu. İlim sultanı ona hemen cevap verdi. Bunun üzerine Hz. Ömer (radıyallâhu anh) şu hakikati haykırdı:

– (Ebu'l Hasan'ın) Ali'nin bulunmadığı bir kavim içinde yaşamaktan Allah'a sığınırım!

HZ. ALİ'NİN BİR NÂMESİ

Hikmet ve ulviyet mâdeni Hz. Ali (radıyallâhu anh), Mısır'a vali olarak tâyin ettiği Eşter b. Malik'e bir nâme yazmıştır. Bu öyle bir nâme ki, her satırından iman, ahlâk, ilim ve hikmet fışkırmaktadır. Günümüzün idarecilerini aydınlatmasını ümit ederek bazı bölümlerini sunuyorum:

– "Ey Eşter! Seni öyle bir memlekete gönderdiğimi bil ki: Orada senden evvel adalet veya zulüm etmiş nice devletler gelip geçmiştir.

Sen, senden önceki idarecilerin iş ve davranışlarını nasıl bir gözle görüyor isen, halk da senin iş ve davranışlarına öyle bakacak, seleflerin hakkında verdiğin hükmü senin hakkında da verecektir. Salih olan, Allah'ın kullarının hâlini ıslâha, halkın, onun hakkında söyleyeceklerinden çıkarır.

Sence en değerli azık, iyi işler olsun! Heva ve hevesine hakim ol! Sana helâl olmayan hususlarda nefsine uyma! Nefse uymamak, nefsin sevdiği ve tiksindiği şeylerle hakikatta nefsinden intikam almaktır. İdare edilene karşı, merhamet, sevgi ve iyi muamele ile kalbini doldur! Sakın onlara karşı ganimet yiyici aslan kesilme! Onlar iki sınıftır. Ya senin din kardeşin, ya da senin gibi insan.

İnsan olduklarından hata edebilirler; illetleri de olabilir. İsteyerek kötülük de edebilirler. Allah'tan af ve müsamaha dilediğin gibi onları affet. Sen onlara hâkimsin. Senin üzerinde emirlik var. Onların üzerinde de Allah *(Azze ve Celle)* vardır ki; O seni halkı idareye memur etti. Şeriata karşı olma, zulüm ve eziyete meyl etme! Sonra intikama uğrar isen kendini müdafaaya imkân bulamazsın. Allah'ın af ve merhametinden müstağni değilsin! Affedersen pişman olma, eziyet edersen sevinme! Kurtulabileceğin öfkeye kapılma! Halkın başına emredici olma! Sana itaata mecbur olduklarını iddia etme! Bu, kalbe fesad, dine zayıflık verir. İnsanı gurura yaklaştırır.

Makamın sana kibir ve ululuk verirse; Allah'ın kudretini, gücün yetmeyeceği şeylerde onun gücünü gözünün önüne al ki, yükseklerde gezen gözlerin gerçek sırrına çekilsin! Öfken sükûnet bulsun! Aklın yerine gelsin!

Allah'ın büyüklüğünü taklide sakın kalkışma! Allah her cebir ediciyi aşağılar.

Hakka ve halka karşı nefsinden, yakınlarından, sevdiklerinden, dostlarından insaflı ol! Eğer böyle yapmaz isen zulmetmiş olursun. Allah *(Azze ve Celle)* kullarına zulm edenlere düşman olur! Hasmı Allah olanın delili bâtıl olur. Zulmüne tevbe edinceye kadar Allah düşmanlığı kalkmaz. Zulümde devam kadar Allah nimetlerini bozucu, öfkesini ta'cil edici hiçbir şey yoktur.

Sence en uygun ve rağbet edilecek hareket, idare ettiklerinin kötülüklerine karşı hakta en itidalli, adalette en şümullü olmandır.

Güzel davranışlarla halkın kalbindeki kötü niyet ve kötü işlerinin bağlarını çöz! Güzel davran, kötülüğü terk ederek düşmanlığı kes! Gerçek olduğu belli olmayan hususlardan habersiz görün! Sana gizli haber getirenleri tasdikte acele etme! Zira öğütçü görünse de hafiyeler aldatıcıdırlar.

Müşavere meclisinde cimrileri bulundurma! Seni ihsan ve faziletten geri çevirir, yoksullukla korkuturlar. Korkakları da yanında bulundurma! Önemli işlerde kalbine korku ve zayıflık verirler. Harisleri de bulundurma! Hırsı ve şehveti süslü gösterirler.

Senden evvel şirretlere yardımcı ve onların kötülüklerine ortak olanlar senin zararlı danışmanlarındır. Sakın bunlar sana yakınlık peyda etmesinler. Çünkü bunlar zulüm ve kötülüğün yardımcısı ve kardeşi idiler. Halbuki onların yerini tutacak en az onlar kadar doğru düşünen ve fakat onlar gibi zâlim ve kötülüklere yardım etmemiş kişiler bulabilirsin ki, bunların sana çıkaracakları zorluk daha az, yardımları daha çok, sevgileri daha ciddî, senden başkasına meyilleri dahi zayıf olur. İşte böyleleri ile ilgi peydahla! Bir de bunların sana acı gerçekleri söyleyenini ve Allah'ın devlet büyüklerine kötü gördüğü davranışların senden gelmesine az müsaade edeni sence en yüksek mevkii tutsun!

Daima vicdanlı ve doğrularla görüş! Fakat onları yapmadığın bir işten ötürü seni övmede aşırılığa alıştırma! Zira övmede aşırılık kişide gurur ve kibir uyandırır.

Katında iyi ahlâklılar ile kötü ahlâklılar bir olmasın! Zira bunları bir tutma, iyileri iyilikten vazgeçirir, kötüleri de kötülüğe dadandırır. Hakettikleri muameleyi yerine getir.

İlim ve irfan sahiplerinden ders al! Vicdanlı bilginlerle tartış ki, yararlı idarenin yerleşmesine ve başarına imkân sağlasın.

Şunu da bil ki: Halk birkaç sınıftır. Bunlar ancak birbirinin desteği ile ayakta durabilirler. Birbirlerine ihtiyaçlıdırlar. Bir kısmı askerlikle, bazıları yazı işleri ile, bazıları hâkim, bir kısmı mülkî idare, bir bölümü de vergi alma ve maliye işlerine memur, bir bölümü de ticaret ve sanatla meşguldürler. Bir bölümü de yoksul ve fakirdir. Bunların hepsinin vazife ve haklarını Allah kitabı ile, Resûlü de Sünneti ile sınırlandırmış ve belirtmiştir. Bunlar bizce mahfuzdur.

Asker, halkın kalesi, idarecilerin süsü, dinin yücelme sebebi ve emniyetin vasıtasıdır. Halk ancak onunla var olur.

Askere, Allah'ın, Peygamberin, halîfenin emirlerine uyan, itaatli olduğuna inandığını kumandan yap! Onun hâlis kalb, iyi niyet ve halim olanını, öfkesine mağlup olmayanını, halden anlayan, zayıflara merhametli, şirretlere ve kötülere karşı sert olanını, gördüğü sertliğe katlanamayanın, kalbi zayıf değil, kuvvetli olanını seçmeye dikkat et!

Halkın isteklerini kolaylaştır! İyi ve güzel hizmetlerde bulunanları öv! Zira bu gibi övmeler şecaat ve cesaretleri gayrete getirir diğerlerini de ilerlemeye teşvik eder. Herkesin hizmetini hakkıyla takdir et! Birinin hizmet ve davranışlarını bir başkasına mal etme! Mükâfat ya da cezada kusur etme!

Seni sıkan işlerden biri ile karşılaşırsan ya da hangi işin iyi, güzel, doğru olduğunu kestiremez isen Allah'a ve Resûlü'ne başvur. Şüphesiz Sübhan olan Allah kendilerini doğru yola çıkarmak istediklerine:

– "Ey iman edenler! Allah'a itaat edin. Peygambere ve sizden olan emir sahiplerine de itaat edin. Bir şey hakkında çekiştiğiniz takdirde (eğer Allah'a âhiret

gününe inanıyorsanız) hemen onu Allah'a ve Peygambere havale edin. Bu, hem hayırlı, hem netice itibariyle daha güzeldir buyuruyor."

İşi Allah'a havale, Allah'ın kitabında o işe ait açık, kesin hükme itirazsız boyun eğmedir. Resûlüllah'a baş vurma ise ümmetinin tümü için söylediği, işleyip yaptığı ya da sustuğu işlerdeki beyanına uymak tek veya birkaç özel kişi ya da imkânlar için hususî sünnetine sapmamadır.

Halkın içinden ve en faziletli olanlardan hâkimleri seç! İşleri; halde zorluk çekmeyen, duruşmalarda hiddetlenmeyen, acele etmeyen, hak belli olunca derhal kabul, hatasında ısrar etmeyen, hiçbir şeye tama'ı olmayan, vereceği hükümde dâva kesin sonuca erişmeden derin derin düşünen, ilk tahkikatla yetinmeyen, en küçük tereddütte te'enni gösteren, delilleri titizlikle arayan, dâvalının savunmasını dinlemekte kusur etmeyen, gerçekleri keşifte çok sabır ve metanet gösteren, övülme ve yerilmeye kapılmayan, aldatmalarla düşüncesinin metanetine zarar gelmeyen ve kendisine tam kanaat geldiğinde hükmü açıklamakta sakınca görmeyenlere itimat et! Ancak bu nitelikleri nefsinde toplayabilenler çok azdır. Bunların, gerçekleri bulup ortaya koymalarında onlara kolaylık gösterici ve yardımcı ol! Onlara bol maaş ver ki ihtiyaçları olmasın, halka ihtiyaçları azalsın.

Bizzat kendin yapmaya mecbur olduğun işler de vardır: Memurların bazı sorularının cevabını kâtipler veremezler. O zaman cevabı kendin verir ve yazarsın. Aynı zamanda iş sahiplerinin işlerini günü gününe yapmak lâzımdır. Bu yüzden memurlarının canları sıkılabilir; buna önem verme! Her günün işini o gün bitir! Çünkü her günün işi kendine göredir.

Zamanının en kıymetlisini, en büyük kısmını Allah ile kendi arana ayır! Bu zaman iyi niyete ve umumun selâmetine ayrılırsa tamamiyle Allah'a ait olmuş olur.

Allah'a karşı en hâlis vazifen farzları eda olsun! Belirli vazifeni eksik ya da riya ile karışık yapma! İmamlık ettiğin zaman halka nefret verecek kadar uzatma! Namaza noksanlık getirecek kadar da kısaltma! Zira halkın özürlü olanı da vardır. Acele işi bulunanı da vardır. Allah'ın Resûlü –Selâm üzerine olsun– beni Yemen'e vazifeli göndereceği sırada sormuştum:

– Ey Allah'ın Resûlü! Orada onlara nasıl namaz kıldırayım?

Buyurdular ki:

– İçlerinde en zayıf olanın kılabileceği şekilde kıldır. Mü'minler hakkında merhametli ol!

Sana tavsiye ederim ki: Halkın gözünden uzun zaman saklanma! Çünkü idarecilerin halktan gizlenmesi idaredeki câhilliğindendir. Bu gizlenme birçok şeyleri öğrenmelerine engel olur. Bu sebeple halkın gözünde büyükler küçülür; küçükler de büyür. İyiler fena, kötüler iyi görünür; hak bâtıla karşıdır.

Öfkeli olduğun zaman nefsine, gücüne, diline hakim ol! Öfken sükûnet bulup iradene sahip oluncaya kadar bütün bunlardan ve kaba sözlerden kendini koru! Hayatın sonunu göz önüne getirerek nefsini zapt edebilirsin. Bir de senden önce Allah'ın kitabındaki farzları, Nebiyyi Muhterem'in eserlerini, yüksek faziletlerini, âdil hükümlerini hatırlamalısın! Ve bizim de bu esaslarla nasıl iş yaptığımızı görerek onlara uymalısın!"

On bin sene sonraki medeniyetlerin bile daha üstününü telkin edemeyeceği bu nizam ve gaye ruhu, İslamın tâ içinden fışkırmıştır. Bir orduya, bir başbuğa, millî bir hareket başındaki salâhiyet sahibine bundan daha ince bir yol hangi nizam gösterebilmiştir? Bir devlet reisinin dudaklarından dökülen bu irfan incileri o milletin saadetinin tâ kendisidir. İnsanlık bütün zaman ve mekân boyunca Allah nizamından başka kurtuluş yolu bulamayacaktır. Fakat nankör insan, kendi kuru kafasından çıkan karanlık fikirlerle saadete ereceğini zannediyor. İmansız bir kalbin dümensiz kafasından çıkan fikirlerle saadet elde edilemez!

Kerametleri

Evliyalar Sultânı Hz. Ali'nin kerametleri bağlı olduğu Resûlün mucizesi olarak pek çoktur. En büyüklerinden biri:

O bakış ve görüş sahibi din büyüğü Cenâb-ı Ali (radıyallâhu anh) nin sevdiklerinden Esved adında biri, birgün ne hâl ise hırsızlık yaptı. Adamı tutup Hz. Ali'nin huzuruna getirdiler. Allah Resûlü'nün Halifesi sordu:

– Yâ Esved, bu işi sen mi yaptın?

– Evet! Ey Allah Resûlü'nün halifesi!

– Öyleyse seni yüce dinin hükümlerine göre cezalandıracağım!

– Boynum kıldan incedir.

Eşsiz şecaat, ulviyet, hikmet ve dirayet mâdeni Hz. Ali (radıyallâhu anh), Şer'î şerife göre adamın elini kestirdi.

Esved dışarı çıktı. Yolda Sonsuzluk Nebisi'nin büyük sahabîlerinden Selman-ı Fârisî ve İbni Kevâ'ya rastladı. İbni Kevâ sordu:

– Yâ Esved, elini kim kesti?

Esved cevap verdi:

– Müslümanların en ulusu, Allah Resûlü'nün damadı. Fâtıma-i Zehra'nın zevci kesti!

– Yâ Esved! Bu nasıl iş? Sen elini keseni sena mı ediyorsun?

– Nasıl sena etmeyeyim ki, benim elimi hak üzere kesti, vücudumu Cehennem ateşinden kurtardı.

Hz. Selmân-ı Fârisî (radıyallâhu anh), Esved'in bu sözlerini Cenâb-ı Ali'ye anlattı. Bunun üzerine Cenâb-ı Ali (kerremallahu vechehu), Esved'i huzuruna çağırttı. Ve herkesin hayret nazarları altında kesilen elini bileğinin üzerine koydu. Bir mendil ile örtüp dua etti. O anda gökten bir ses işitildi. Hz. Ali emir buyurdu. Mendili kaldırdılar. Esved'in kesilen eli, Allahü Teâlâ'nın izniyle tutmuş, eskisi gibi oluvermişti. Kerametin böylesi.

Mü'min için hiçbir olur veya olmazın münakaşası yapılmaz. Bütün ömrünce nefes nefes Allah Resûlü'nden nur devşirmiş olan Hz. Ali (radıyallâhu anh), elbette O Resûl'ün temsilcisi olarak O'nun mucizelerini kerâmetleriyle devam ettirecektir.

YER ONUNLA KONUŞURDU

Bütün insanoğluna Allah müjdesini getiren Nebiyyi Muhterem'in mübarek kızı Hazret-i Fâtıma (radıyallâhu anha) demiştir ki:

– Gerdeğe girdiğimiz gece Hz. Ali'den korktum. Çünkü yer onunla konuşuyordu. Sabahleyin bu hâli Allah'ın Resûlü'ne arzettim:

– Ey benim aziz babam! Ali ile yer konuşuyor, bu ne ola?

Allah'ın Resûlü uzun bir secdeden sonra buyurdular:

– Yâ Fâtıma! Sana müjdeler olsun, neslin çok temiz olacak, Allahü Teâlâ kocana diğer insanlar üzerine fazîlet verdi ve zemin üzerinde doğudan batıya kadar ne oluyorsa ona söylemesine emir buyurdu.

İrfan denizine gark olmuş din büyüğü Cenâb-ı Ali (radıyallâhu anh) öyle bir faziletin sahibidir ki, âlemde hiç kimse bu yüceliğe erememiştir.

Amr bin Cümû'dan:

Birgün Âlemin Fahri'nin huzurlarında idim. Allah'ın Resûlü buyurdular:

– Yâ Amr!

– Lebbeyk, ey Allah'ın Resûlü!

– Cennetin direğini göstermemi ister misin?

– Evet, ey Allah'ın Resûlü!

Tam o sırada Hz. Ali (radıyallâhu anh) oradan geçiyordu. Cenâb-ı Peygamber onu işaret ederek:

– Bu kişi ve onun Ehl-i Beyti Cennetin direğidir!

Buyurdular.

HESAPSIZ CENNETE GİRENLER

İrfan denizine gark olmuş din büyüğü Cenâb-ı Ali (radıyallâhu anh) bir seferinde Kerbelâ'ya uğramıştı. Elâ gözlerini ufuklar boyunca gezdirmiş ve sonunda iplik iplik yaşlar dökmeye başlamıştı. Kendisine sordular:

– Ey Allah Resûlü'nün Halîfesi! Burası neresidir?

Cevap verdiler:

– Burası Kerbelâ'dır!

– Peki, niçin ağladınız?

– Burada bir kavm öldürülecektir, onlar hesapsız Cennete gireceklerdir!

Aradan seneler geçince Allah Arslanı ve Evliyalar Sultânı Hz. Ali'nin dediği aynen çıktı. O bahtsız kişiler Peygamberler Peygamberinin ciğerparesi Hz. Hüseyin ve dostlarını orada şehit ettiler.

OĞLUM Şehit EDİLECEKTİR

İmam-ı Ali (radıyallâhu anh) birgün Berâ bin Azib'e dediler ki:

– Oğlum Hüseyin şehit edilecektir. Sen o zaman hayatta olacaksın ve ona yardım etmeyeceksin.

Evet, Mü'minler Emîri'nin dediği aynen zuhur etti. Hz. Hüseyin (radıyallâhu anh) zâlimler tarafından şehit edildi.

Berâ bin Azib demiştir ki:

– Mü'minler Emîri doğru söyledi. Hz. Hüseyin (radıyallâhu anh) katlolundu da ben ona yardım etmedim.

Ve bu yürekler dağlayan hâli hatırladıkça gözlerinden yaşlar akar, pişmanlık duyardı.

SENİ BU AĞACA ASACAKLAR

Eşsiz şecaat, ulviyet, ilim ve hikmet mâdeni Hz. Ali (radıyallâhu anh), bir adama dediler ki:

– Ey Allah'ın kulu! Seni falan yerde, falan hurma ağacına asacaklardır!

Dediği aynen çıktı, adamı o ağaca astılar.

BENİ SEVEN, ALİ'Yİ DE SEVER

Gönüller aydınlatan bilgi güneşi Hz. Ali (radıyallâhu anh) birgün hutbe irâd ediyordu. Bir ara buyurdular ki:

– Kim Allah Resûlü'nün **"Beni seven Ali'yi de sever."** buyurduğunu işitti ise şehâdet etsin.

Cemaat içinden on kişi şehâdette bulundu. Yalnız bir kişi, bu sözleri duyduğu halde şehâdet etmedi. Hz. Ali (radıyallâhu anh) ona dediler ki:

– Sen niçin bildiğin halde şehâdet etmiyorsun?

– Ben ihtiyardım, unuttum!

Hz. Ali (radıyallâhu anh) ellerini ulvilik âlemlerine kaldırdı:

– Yâ Rabbi, dedi; eğer bu adam bildiği halde doğruyu söylemiyorsa, derisinde bir beyazlık meydana getir ki, hiçbir şey o beyazlığı örtmesin.

O anda adamın iki gözü arasında bir beyazlık meydana geliverdi.

Hadîs ve Hikmet

Cenâb-ı Ali (radıyallâhu anh)'nin rivayet ettiği hadîsler 586 tane. Mühründe **"Mülk Allah'ındır"** yazılı.

Şu hadîs-i Şerif de onun yoluyla geliyor:

Resûlullah (Sallallahû aleyhi ve sellem) e sünnetini sordum: Dedi ki: Marifet sermayem, akıl dinimin aslı, sevgi esasım, şevk süvarilerim, Zikrullah enisim, itimat hazinem, hüzün arkadaşım, ilim silâhım, sabır gömleğim, riya ganimetim, aciz iftiharım, zühd sanatım, yakîn azığım, doğruluk şefaatçim, taat kifayetim ve cihat ahlâkımdır.

Sahihi Buharî ve Sahihi Müslim'de Hz. Ali (radıyallâhu anh) den rivayet edilmiş 39 hadîs vardır.

İlim ve hikmet kutbu Cenâb-ı Ali (radıyallâhu anh), Sonsuzluk Nebisi'ni vasfettiği zaman, şöyle buyurdu:

– Hazret-i Peygamberin boyu ne çok kısa, ne de çok uzundu, orta boyluydu. Ne kıvırcık kısa, ne düz uzun saçlıydı; saçı, kıvırcıkla düz arasında idi. Değirmi yüzlü, duru beyaz tenli, iri ve siyah gözlü, uzun kirpikliydi. İri kemikli ve geniş omuzluydu. Göğsü, ortadan karnına kadar kılsızdı. İki avucu ve tabanları dolgundu. Yürüdüğü zaman, sanki yokuş aşağı iner gibi rahatlıkla ilerlerdi. Sağına ve soluna baktığında, bütün vücuduyla dönerdi. İki omuzu arasında, Peygamberlik mührü vardı. Kendisi Peygamberlerin sonuncusudur. Göğüsçe de insanların en güzeliydi. Peygamber olanların en fasih konuşanı, ahlâkça en yumuşaklarıydı. En kerim soydan geliyordu. O'nu ilk gören, hemen O'na karşı mehabet duyar, kendisiyle görüşenler O'nu severdi. Allah'ın Salât ve Selâmı O'na, âline ve ashabına olsun.

Hazret-i Ali:

– Allah Resûlü'nün mübarek gözleri büyüktü. Kirpikleri de uzundu. Gözlerinin akında biraz da kırmızılık vardı. Bu hal gözde güzelliğin icabıdır. Gözlerinin karası da gayet siyahtı.

Yine Cenâb-ı Ali'den:

– Bir zaman, Allah'ın Resûlü beni Yemen diyarına göndermişti. Gidip halka öğüt vermem ve onları doğru yola davet etmem için. Yemen diyarına gittim hutbe irad etmek için minbere çıktım. Karşımda Yahudi âlimlerinden biri peydahlandı. Elinde birtakım yazılar tutup onlara göz atıyordu. Bana seslendi:

– Yâ Ali! Ebu Kasım'ın (Allah Resûlü'nün) vasıflarını söyle!

Anlattım:

– Boyu uzun değildir.

Sözlerimin gerisini getiremedim. Yahudi:

– Gözlerinde kırmızılık vardır ve sakalı güzeldir değil mi? diye kendisi anlatmaya başladı. Ben de yemin vererek bu sıfatları tasdik ettim. O zaman Yahudi neş'e içinde haykırdı:

– Ben atalarımın kitaplarında O'nun vasfını böyle buldum. Şehadet ederim ki, O, Nebidir ve Allah'ın Resûlü'dür. Bütün insanoğluna gönderilmiştir.

O'NA ÂŞIK OLAN BİRİ DAHA

Gönlünde cılız bir ışık ipliği taşıyan herkes O Nebiyyi Muhterem'e candan âşık uluyordu. O'nun güzelliği âleme cennet miskleri saçmıştı. O'nun nuru bütün canların maksuduydu.

Gönlünde İlahi ışıkların yandığı bir adam daha vardı. Fakat bu adam, Medine'de veya civarında değildi. Ondan çok uzaklardaydı ve hep Tevrat okuyordu. Ne zaman Tevrat'ı açıp da okumak istese Sonsuzluk Nebisi'nin vasıflarını bildiren satırlar karşısına çıkıyordu. Bu neydi böyle?

Düşünüyordu, düşünüyordu; başını iki avucu arasına alıp düşünüyordu.

Birgün yine düşünce âlemine dalmıştı. Birden beyninde şimşekler çaktı.

Hayat gözlerinin önünde nur iplikleri yumak yumak olmuştu. Hemen dostlarının yanına gitti ve sordu:

– Ey arkadaşlar! Ben ne zaman Tevrat'ı okumak istesem Âhirzaman Peygamberi'nin vasıflarını bildiren satırlarla karşılaşıyorum. Medine'de bulunan O zat bu olmasın?

Cevap verdiler:

– Hayır! Sen aldanıyorsun. O zat zannettiğin gibi bir Peygamber değil, sadece akıllı bir adamdır. Onu görmek için tâ Şam'dan Medine'ye kadar gitmek akıl kârı değildir.

– Bu işde siz aldanıyorsunuz.

– Nedenmiş o?

– Sizin zaman zaman geleceğinden bahsettiğiniz Peygamber işte bu olsa gerek.

– Sen aklını kaçırmışsın.

– Asıl siz haset ve kin ile kıvranıyorsunuz da hakikati göremiyorsunuz.

Ve sopasının ucuna taktığı azık çantasını omuzundan arkaya sarkıttığı gibi yola revan oldu.

Yol.

Ebediyyete uzanan büyük düzlük.

Gökte fıkırdayan güneş, yerde kavuran kumlar, taşların akrep gibi zehirli dişleri hiçbiri ona engel olamadı. Günlerce yana yakıla kum denizini tepdi durdu. Tevrat'ta vasıflarını gördüğü Allah'ın Resûlü'ne gidiyordu. Böyle bir varlık güzeline can feda edilmez miydi?

Nihayet çölleri aşıp Medine'nin hudutlarından içeri girdi. Yol kenarında hurmanın dibinde gölgelenen birine rastladı. O da nesi? Adamın iman aynası berrak yüzünde pırıltılar oynaşıyordu. Sanki güzellikte Mısır'a Sultan olan Yusuf'tu. Heyecan içinde o ışık saçan güzel adama sokuldu ve sordu:

– Sen misin, söyle Allah rızâsı için O sen misin?

Bu zat, muazzez sahabîlerden ve ebedî âşıklardan Selman-ı Farisî idi. Adamın ne sorduğunu anlamıştı. Gözlerinden hemen iplik iplik yaşlar akmaya başladı ve mırıldandı

– Ben kimim, O kim? Ben O'nun ancak kölesiyim.

Adam büsbütün coştu:

– Peki, O nerede?

İrfan denizine gark olmuş din büyüğü Hz. Selman (radıyallâhu anh) cevap veremedi. Hıçkırıklar boğazında düğüm düğüm. "**Allah Resûlü irtihal edeli üç gün oldu!**" diyemedi. Geri dönüp gidebilir diye endişe ettiği için:

– Gel, dedi; Seni O'nun sahabîlerinin yanına götüreyim.

– Peki, onlar nerede?

– Allah Resûlü'nün Mescidinde.

Yola düştüler ve peşpeşe Mescid-i Sâadet'e girdiler. Adam mescide girer girmez sesini yükseltti:

– Allah'ın Resûlü hanginiz?

Sahabîlerin gönlünden yine hicran ırmakları akmaya başladı. Gözler yine pınar olmuştu.

Dediler:

– Ey Allah'ın kulu! O aramızdan ayrılan üç gün oldu.

Müthiş bir an.

Adamın başına sanki gökler bütün öfkesiyle yıldırımlar yağdırmıştı. Günlerdir çölleri ve kızgın kum denizini yara yara gelmişti. O'nun cemâlini bir kerecik görebilmek ümidiyle her acıya katlanmıştı. Fakat heyhat! O Âlemlerin Efendisi ebediyyetin altın sabahına ermiş, bu fânî dünyanın veda yokuşundan, beka âleminin çiçek bayramına gitmiş bulunuyordu. Adam birden yere düştü ve yığılıp kaldı. Neden sonra kendine geldi, yavaş yavaş gözlerini açtı ve dudakları usul usul kıpırdadı:

– Ali nerede, Ali nerede? O'nu bir tarif etseydi de dinleseydim.

Kevser sakisi Hazret-i Ali (radıyallâhu anh) ayağa kalktı ve şu cümlelerle tarife çalıştı:

– Allah'ın Resûlü, ne uzun boyluydu, ne de kısa. Mukaddes başı yuvarlak, alnı da genişti. Gözleri siyah ve irice, kirpikleri de uzundu. Tebessüm buyurdukları zaman dişleri arasından parıltılar yayılırdı. Saçlı, elleri ve ayakları etliceydi. Yürüdüğünde yüksek bir yerden yürüyormuş gibi ayağını kuvvetle kaldırırdı. İki omuzu arasında Nübüvvet mührü vardı.

Tâ Şam'dan kopup gelen garip adam bu sözleri dinledikçe hayret ve dehşet içinde kaldı, âdeta yerinde duramaz oldu ve taşkın cezbe haliyle haykırdı:

– Yâ Ali! O'nun Tevrat'taki tarifi de tıpkı böyle, okuduğumun aynını tarif ediyorsun. Bizimkiler her ne kadar son Peygamberin Yahudi'lerden geleceğini iddia ediyorlarsa da kesinlikle inanıyorum ki, Allah'ın Son Peygamberi işte budur. Beni lütfen onun kabrine götürünüz.

Muazzez sahabîler hep birlikte ayağa kalktılar ve biraz ötedeki Ravza-i Mutahhare'ye vardılar. Gönüller hasret ateşiyle yanıyor, gözlerden billur billur yaşlar akıyordu:

– Ey Allah'ın kulu, dediler; işte Varlığın Nuru'nun mübarek kabri.

Adam bambaşka bir âlemde yaşıyordu sanki. Gönlünde nice İlahi duygular, nice imanî hisler vardı. Ellerini ulviyet âlemine kaldırdı:

– İlahi, dedi; şu kabrin içinde yatan mübarek Zâtın senin Son Resûlün olduğuna iman ettim! Sen birsin, şerik ve benzerin yoktur. O da senin Âhir Zaman Peygamberi'ndir. Benim şu anda İslam'a girişimi kabul buyurursan, ruhumu burada, onun huzurunda kabzeyle, beni bir daha ötelere gönderme!

Dudaklarından bu kelimeler dökülmüş ve olduğu yere yığılıp kalıvermisti. Yüce Allah, bu âşık-ı Şeydâ'nın ruhunu Peygamberler Peygamberinin mukaddes kabrinin başında alıvermişti. Başına üşüşen sahabîler hayretler içinde şu âyeti okuyorlardı:

– İnnâ lillâhi ve innâ ileyhi râci'un! = "**Biz** (dünyada) **Allah'ın** (teslim olmuş) **kullarıyız ve biz** (ahirette de) **ona dönücüleriz**"

İşte aşk buna derler. Aşk arslanlarıyla herkes cenk edemez. Âşık olan candan da, maldan da el yuyacak.

Selâm sana, sen ki Şah-ı Resûlsün,
Âlemde açılan mukaddes gülsün!

Din ve şeriat ulusu Cenâb-ı Ali (radıyallâhu anh) bütün ömrünü Allah Resûlü'yle beraber geçirdiği için ondan gördüğü ve duyduğu her şeyi dikkatle muhafaza ederdi. Can ve gönülden âşıktı. Gönlü elmas renkli incilerle doluydu. Kalbi has altundu. Bütün ömrünce ağladı, inledi, düşündü. Bütün ömrünce Nebiyyi Muhterem'in güneşler yanan izinde yürüdü. Hz. Ali (radıyallâhu anh) nin rivayet ettiği hadîsler daha ziyade amele ait hadîslerdi. Bunlardan biri de şöyle:

– Allah'ın Resûlü (Selâm üzerine olsun) namaza durduğunda, teşehhüd ile selâm arasında ettiği duanın sonu şu olurdu:

– ***İlahi! Evvelce işlediğim ve bundan sonra işleyeceğimi sandığım, gizli ve âşikâre yaptığım, ölçüsüz bir şekilde işlediğim ve benden daha iyi bil-***

diğin günahlarımı bağışla! İlerleten de, gerileten de Sensin. Senden başka hakikî Ma'bud yoktur.

❁❁❁

Yine Hz. Ali (radıyallâhu anh)den rivayete göre, şöyle demiştir: Resûlüllah Sallallahü Aleyhi ve Sellem, bana hitâben:

– ***İlahi! Beni doğru yola hidâyet buyur ve bütün işlerimde beni muvaffak kıl, diye dua et, buyurdu.***

Adaleti

Eşsiz şecaat, ulviyet, hikmet ve dirayet mâdeni Cenâb-ı Ali (radıyallâhu anh) adâlet ölçülerinde de en yücelerdeydi. Şu hâdise bunun en canlı delilidir:

Birgün Cenâb-ı Ali (radıyallâhu anh) hizmetçisiyle beraber pazara çıktı. İkisinin de elbiseye ihtiyacı vardı. Ketenden ma'mül iki entari satın aldılar. Ve hizmetçisine buyurdular:

– Şu iki entariden birini kendin için beğen de al!

Hizmetçi bu emre uyarak entarilerden en iyisini kendisine ayırdı, diğeri ise Mü'minler Emîri ve koca İslam devletinin reisi Hz. Ali'ye kaldı. Tesadüfen Hz. Ali'ye kalan entarinin yenleri biraz uzun geldi. Hz. Ali (radıyallâhu anh) o kısımları makasla kestikten sonra entariyi giyip Cuma namazına gitti. Herkesin dikkatini çekiyordu: Efendisiyle hizmetçisi yeni elbise giymişler. Fakat bu da ne? Hizmetçinin giydiği daha güzel ve daha iyi.

Allah Resûlü'nün şanlı halifesi minbere çıkıp bir hutbe irâd ettiler. Buraların ve ötelerin en ince hikmetleri üzerinde konuştular. Cemaat arasında entarisinin etekleri oldukça uzun biri bulunuyordu. Onun bu tarz giyinmesi Mü'minler Emîrini üzmüş olacak ki, hutbeden sonra ona yaklaştı ve tatlı bir sesle:

– Ey Allah'ın kulu, dedi; elbiseni biraz kısalt. Çünkü bunda üç büyük fayda vardır: Elbisen daha temiz kalır, kalbin daha çok takvâ sırrına mazhar olur; bir de sana ebedî saadet tacını hazırlar!

YİNE ADALET:

Hazret-i Ali'nin bir kürkü vardı,
Bazen yatak, bazen yorgan yapardı.

Lâkin birgün tutup kaybetti onu,
Hiç bilmiyordu ne olduğunu.

Böyle bir kürk acep nereye gider,
Aradan geçmişti haftalar, günler.

Birgün geziyordu çarşıda yine,
Ne tesadüf, kürk ilişti gözüne.

Demiyor bir gören olursa bunu,
Ben nasıl aldattım, insanoğlunu.

Ali koştu, dedi: – Dur ey arkadaş!
Anlamak isterim, nedir bu telâş?

Merak ettim söyle kimin şu aba,
Görür görmez yanıldım mı acaba?

Adam dedi: – Niye kestin yolumu?
Şaştım kaldım, hiç böyle şey olur mu?

Kürk sırtımda işte sen de gördün, bak,
Hayret ettim, neden senin olacak?

Ey büyük halîfe! Haydi işine,
Benzemez mi kürkler hiç birbirine.

Ali dedi: – Madem inkâr edersin,
Hakkındaki hükmü mahkeme versin.

Gönülden inan din adaletine,
İspat edersen kürk senindir yine.

Hâkim huzuruna çıktılar hemen,
Dediler: – Ey kadı! Dâvaya bak sen.

Bunun sırtındaki şu kürk benimdir,
Ben onu ne sattım, ne hediyemdir.

Kadı Şüreyh dedi: – Ey gayr-i Müslim!
Hazret-i Ali'ye biz ne diyelim?

Onun bu sözüne ne diyorsun sen?
Huzurumda söyle hiç çekinmeden.

Adam dedi: –Veda etmem kürküme,
Sonra bunca emek gitmez mi güme.

Hiç şüphe etme ki bu kürk benimdi,
Nasıl ispat eder halîfe şimdi?

Ali'ye dönerek dedi ki kadı:
– Ey Halîfe! Kabul etmem isnadı.

Kürkün sana ait olduğunu sen,
Bir şahitle ispat edemez isen.

Vallâhî bu kürkü veremem sana,
Dâva bitti, verdim, Hıristiyana.

Tatlı bir tebessüm eyledi Ali,
Dedi ki: – Ey Kadı! Gördün mü hâli?

Benim delilim yok, ne ile ispat,
Tutup da burada edeyim heyhat!

Lâkin ne güzel bir hüküm verdin sen,
Öyle memnun oldum adâletinden.

Hıristiyan kürkü alarak çıktı,
Müslümanlar âdil, ne olacaktı.

Birkaç adım gitti ve döndü geri,
Dedi: – Tebrik etmek farzdır sizleri.

Ben bütün ruhumla inandım size,
Alkış tutuyorum bu hükmünüze.

Bu, benziyor Nebilerin hükmüne,
Nasıl can atılmaz böyle bir dine.

Bir halîfe haksız çıktı bu ne iş?
Âlemde böyle şey hiç görülmemiş.

Şehadet ederim ki: İslam'dır Hak Din,
Kürk senindir, ey Emîrü'l-Mü'minîn!

Devenizin terkisinden düştü kürk,
Ben de aldım onu, işte ey büyük!

Taşıdım sırtımda bugüne kadar,
Bilmem bu suçumu kimler bağışlar.

Coştu, taştı, dedi, Allah Arslanı:
– Sen ki nûra erdin, ettin imanı.

Bu kürk senin olsun istemem artık,
Nefis denen putu parçala ve yık!

Sen ki ettin iman ve erdin nura,
Benim gönlüm erdi işte huzura.

NASIL TEVBE ETMELİ?

Birgün adamın biri ilim ve hikmet kutbu Hz. Ali (radıyallâhu anh) nin huzuruna geldi:

– Ey bakış ve görüş sahibi, dedi; bir günah işledim ben, ne yapmam gerekir?

– Tevbe et, bir daha dönme!

– Tevbe ettim, fakat tekrar günaha döndüm.

– Yine tevbe et, bir daha günaha dönme.

– Hep tevbe et, tevbe et, diyorsun.

– Evet, öyle diyorum!

– Peki ne zamana kadar bu böyle devam edecek?

– Şeytanı susturup mağlûp edinceye kadar.

❁❁❁

Gönüller aydınlatan bilgi güneşi Hz. Ali (radıyallâhu anh) bir gün şöyle dedi:

– Yanında Allah'ın, Resûlüllah'ın ve Evliya'nın sünneti olmayan kimsenin elinde hiçbir şey yok demektir.

Ona denildi ki:

– Ey İrfan incisi! Allah'ın sünneti nedir?

Buyurdular ki:

– Sırrı gizlemektir!

– Resûlün Sünneti nedir?

– İnsanlar arasında iyi ahlâk ile idare yolunu bulmaktır.

– Evliyanın sünneti nedir?

– İnsanlardan gelen eziyetlere katlanmaktır!

Ve ilâve ettiler:

– Sizden evvelkiler üç hasletle vasiyetleşir ve bunlarla mektuplaşırlardı:

1- Âhireti için çalışan kimseye Allah, din ve dünyası için kâfidir!

2- Gizli hâlini iyileştiren kimsenin Allah, aşikâr hâlini iyileştirir!

3- Allah'la arasını düzelten kimsenin, insanlarla olan münasebetini Allah düzeltir!

Yine Mü'minler Emîri Hz. Ali (radıyallâhu anh) buyuruyor:

– Allah'ın yanında insanların hayırlısı ol! Nefsin yanında insanların en şerlisi ol! İnsanların yanında onlardan biri ol!

Sözü:

– Kim ilim talebinde ise, onun talebi (ancak) Cennetdir. Kim de günah istiyorsa, (o da ancak) cehennemi istiyor demektir.

Sözü:

– Dünya nimetlerinden nimet olarak kâfidir sana İslam. Meşguliyetlerinden iş olarak kâfidir sana tâat. Nefsi terbiye ve ahlâkı düzeltmekte ibret olarak kâfidir sana ölüm!

Biz de şöyle diyelim:

– Mademki ölüm sana galip gelecek bir gün,
Bulut ol gözyaşı dök, kerem et, hâli düşün!

"Ölmeden evvel ölüp" sürmelisin zevkini,
Ruh ile insansın sen, heder etme kendini!

❀❀❀

Sözü:

– Cennete müştak olan, hayırlara doğru koşuşur. Ateşten korkan, şehvetlerden sakınır. Öleceğine inananın lezzetleri yıkılır. Dünyayı bilene, musibetler zahir olur!

Sözü:

– Dört şey devam ettiği müddetçe din ve dünya dimdik ayakta duracaktır.

1 – Zenginler, kendilerine verilen mal ile cimrilik etmedikçe;

2 –Âlimler, öğrendikleri ve bildikleri şeyle amel ettikçe;

3 – Câhiller, bilmedikleri şeyle kibirlenmedikçe;

4 – Fakirler de âhiretlerini dünyalarına satmadıkları müddetçe.

Sözü:

– Dört şeyin azı, çok mesabesindedir: Ağrı (ve sızı) fakirlik, ateş ve düşmanlık.

❁❁❁

Din ve Şeriat ulusu Cenâb-ı Ali (radıyallâhu anh) buyuruyorlar:

– Amellerin en güç olanı dört haslettir; gazaplı anda affetmek; sıkıntılı anda cömertlik etmek; kapalı ve tenha yerlerde nefsi kötülükten kurtarmak; korktuğu veya bir menfaat umduğu kimse için de olsa hakkı söylemek.

Sözü:

– Beş türlü huy mevcut olmasaydı insanların hepsi sâlih olurdu: Cehle kanaat getirmek; dünya üzerine haris olmak; artık mal ile cimrilik etmek; amelde riyakârlıkta bulunmak; kendi re'yini beğenmek!

Sözü:

– Altı hasleti kendinde toplayan kimse Cennet için bir talep, Cehennem için de bir kaçış yeri bırakmış, hepsini elde etmiştir:

1. ***Allah'ı bilmiş ve O'na itaat etmiştir.***
2. ***Şeytanı tanımış ve ona isyan etmiştir.***
3. ***Âhireti bilmiş ve onu arzulamıştır.***
4. ***Dünyayı tanımış ve onun, meşru olmayan taraflarını terketmiştir.***
5. ***Hakkı hak bilmiş ve ona ittiba etmiştir.***
6. ***Bâtılı bâtıl bilmiş ve ondan sakınmıştır.***

Yine buyuruyorlar:

– Nimetler altı şeydir: İslamiyet, Kur'ân, Allah'ın Resûlü Muhammed (Sallallahû aleyhi ve sellem), âfiyet, (ayıpların) gizlenmesi, insanlardan müstağni olmak.

Bir gün İrfan incisi Cenâb-ı Ali'ye şöyle sordular:

– Gökten daha ağır ne var? Yerden daha geniş ne var? Denizden daha zengin ne var? Taştan daha sert ne var? Ateşten daha sıcak ne var? Zemheriden daha soğuk ne var? Zehirden daha acı ne var?

Şu cevabı verdiler:

– Temiz ve namuslu kimseye iftira etmek, gökten daha ağırdır. Hak, yerden daha geniştir. Kanaatkârın kalbi, denizden daha zengindir. Münafık'ın kalbi, taştan daha serttir. Zalim sultan ateşten daha yakıcıdır. Sabretmek zehirden daha acıdır.

İki yüzlülüğün zehirden daha acı olduğunu söyleyenler de vardır.

Sözü:

– Huşusuz namazda, boş şeylerden imtinasız oruçta, tefekkürsüz okumakta, iffetsiz ilimde, sahavetsiz malda, muhafazasız kardeşlikte, bekası olmayan nimette, ihlâssız duada hiçbir hayır yoktur!

Sözü:

– Ağlamak üç kısımdır: Birincisi, Allah'ın azabı korkusundan; ikincisi, gazap korkusundan, üçüncüsü, ayrılmak korkusundan. Birinci ağlayış, günahların kefaretidir. İkincisi ayıplara temizliktir. Üçüncüsü ise mahbub'un rızâsıyla beraber dost ve yârenlik derecesine ulaşmaktır.

– Günahların kefaretinin semeresi: Kötü akıbetlerden kurtulmaktır. Ayıpların temizlenmesinin semeresi: Daimî nîmet ve yüksek derecelerdir. Dostluğun semeresi ise: Allah Teâlâ'nın rızâsına mazhar olup O'nun cemâlini görmeye müjdedir. Meleklerin ziyaretine ermeye ve faziletin artmasına vesiledir.

Sözü:

– İlim, mirasın hayırlısıdır. Edeb, san'atın hayırlısıdır. Takvâ, azığın hayırlısıdır. İbâdet, sermayenin hayırlısıdır. İyi amel, öncünün hayırlısıdır. İyi ahlâk, yakın dostun hayırlısıdır. Hilîm, yardımcının hayırlısıdır. Ölüm, uslandırıcının hayırlısıdır.

Allah'ın Arslanı ve Evliyalar Sultânı Hz. Ali (radıyallâhu anh) parayı eline kor ve şunları söylermiş:

– Ey para, doğrusu öf sana! Öyle bir şeysin ki, insanın elinden çıkmadıkça bir faydan dokunmuyor!

Sözü:

– Alçakça söylenen bir söze karşılık vereyim deme. Çünkü o sözün sahibinde onun gibi daha nice düşük söz vardır. Cevabınıza yine onlarla cevap verir!

Sözü:

– Dilediğin kimseye iyilik et, onun emîri olursun: Dilediğin kimseden iste, onun esîri olursun! Dilediğin kimseden müstağni ol, onun dengi olursun!

Sözü:

– Başkasında gördüğün fena bir huyu hemen nefsinde ara ve ondan kaçın.

Sözü:

– Yüksek derecelere büyük yorgunluklarla erişilir.

– Kötü edep, en fena nesebdir.

– İnsanın ahmaklığı üç şeyle anlaşılır:

– Sözleri saçma sapandır, sorulan şeye taallûk etmez; işlerinde de öfke gösterir.

Sözü:

– ***Kadına itaat, öfke ve şehvet, en tehlikeli üç şeydir.***

Sözü:

– ***Babaların evlâtlarına bıraktıkları servetin en hayırlısı edeptir.***

Sözü:

– ***Hikmet, nereden gelirse alınız! Söylenen söze bakınız; söyleyene değil!***

Sözü:

– ***Beş şey, beş nevi insanda son derece takbihe şayandır: Âlimlerde fücur, hekimlerde hırs, zenginlerde hasislik, kadınlarda hayâsızlık, ihtiyarlarda zina.***

Sözü:

– ***Bilmediğin sözü bırak; mükellef olmadığın hitaba cevap verme; dalâlete gideceğini sezdiğin yola düşme.***

Sözü:

– ***Ayıplarını örtmek ve nefsini selâmete ulaştırmak istersen, az söyle ve çok dinle! Böylece fikrin terakki eder, kalbin nurlanır, insanlara karşı da taarruzda bulunmamış olursun.***

Hazreti Ali (radıyallâhu anh)'den Hikmetler

- Akıl tamamlandığı zaman söz noksanlaşır.
- En büyük düşman, hilesi gizli olandır.
- Edep, aklın suretidir.
- Mukadderatlar tecellî ettiği zaman tedbirler şaşar, zarar geldiğinde ise sakınma faide vermez.
- En güzel edep, güzel ahlâk, en şiddetli fakirlik ahmaklık, en vahşî vahşet kendini beğenmek ve en üstün zenginlik akıldır!
- Akıl kapılarının çoğu, tamâ şimşeklerinin altındadır!
- Ben, bana bir harf öğretenin kölesiyim!
- Kalplerinizi dinlendiriniz. Bunlar da bedenlerin yorulduğu gibi yorulur.
- Hür kimse ihsan ile köle yapılabilir.
- Cimri kimsenin malına bir vârisin veya felâketin geleceğini müjdele!
- Cimrilik, fakirliğin çabuk gelmesini sağlar. Cimri insan dünyada fakirler gibi yaşar, âhirette zenginler gibi hesaba çekilir!
- Mürüvvetin tacı olgunluk ve tevâzudur!
- Allah'a tevekkül et, o sana kâfidir.
- Kötülük yapmayı tehir, ikbâl ve izzetten sayılır.

- Ömrünün sonunda, ömrün başında kaybettiklerini telâfi et.
- İnsanın namaz hususunda tembellik göstermesi, iman zayıflığındandır.
- Nefsin sebatı gıda, ruhun sebatı gönül zenginliğidir.
- Mülkün sebatı adalet iledir.
- Arkadaşlara kavuşmak hüzünlerin dağılışı, sevgiliye kavuşmak kalblerin cilâsıdır!
- Kalpteki cehalet, cesedi yiyip bitiren hastalığa benzer.
- Belâ ânında ağlayıp sızlamak ızdırabın en büyüğüdür.
- Güzel ahlâk bir ganimettir.
- Hikmet, kalplerin mer'asıdır.
- Allah'tan kork; başkasından emin olursun.
- Nefsine muhalefet et, rahat edersin.
- En hayırlı dost, seni hayra sevkedendir.
- İçki, mehri akıl olan bir gelindir.
- Eşyanın en hayırlısı yenisi, arkadaşların en hayırlısı eskisidir.
- Bâtılın saltanatı bir saat, hakkın saltanatı ise kıyamete kadar sürer.
- Bir kimse ki bilmez ve bilmediğini de bilmez. Onun cehli katmerlidir, ondan kaçınız. Bir kimse ki bilmez ve bilmediğini bilir. O, isteklidir. Onu irşâd ediniz. Bir kimse ki bilir ve bildiğini bilir o, âlimdir. Ona ittibâ ediniz. Bir kimse ki bilir ve bildiğini bilmez. O, uykudadır. Onu uyandırınız!
- Niceleri vardır ki kendine zarar veren işte çalışır, nice emeller vardır ki boşa gider ve nice dilekler vardır ki hüsrana sürükler!
- Dünyanın köşeleri hastalıklarla doludur.

- Mal sarhoşluğu, içki sarhoşluğundan daha şiddetlidir.
- Şehvetin kölesi hakiki köleden daha zelildir.
- Gıybet dinleyen insan gıybet edenlerden biridir.
- Mesut insan başkasından ibret alandır.
- Kalbin şifası Kur'ân okumaktır.
- Cimri zengin, cömert fakirden daha fakirdir.
- Arkadaşların en şerlisi, yanında hazır olduğu zaman methedip öven, yanında olmadığı zaman ayıplayan, küçük düşürendir.
- Gençlik delilikten bir şubedir.
- Şeref, fazilet ve edepledir. Asıl ve neseple değildir.
- Gece namazı, gündüzleyin ziynettir.
- Dost insanın vurması daha acıdır.
- Dil darbesi okların darbesinden daha şiddetlidir.
- Allah'tan başkasını isteyen insanın bütün çabası boştur.
- Aç gözlü kişi zillet zincirinde bağlıdır.
- Mazluma yapılan zulüm karşılıksız kalmaz.
- Akıllı düşman, câhil dosttan hayırlıdır.
- Kanaatkâr yaşa, sultan olursun.
- Akıllı genç, câhil ihtiyardan hayırlıdır.
- Nefsinin şerrinden selâmete çıkan insan, kurtuluşa erer.
- Hakkı kabul etmek dindendir.
- Allah kelâmı kalbin devâsıdır.
- Ağaran saçlar dert bakımından kâfidir.
- Sana keder yönünden ölümü bilmen kâfidir.
- Kanâat eden aziz, aç gözlülük yapan zelil olur!
- Kimin söylediğine değil, ne söylediğine bak.

- Cimrilikle beraber ihsan, intikamla beraber izzet, ayıp arama ile ziyaret düşünülemez.
- İlim meclisleri cennet bahçeleridir.
- Sû-i edeple beraber şeref, hırsla beraber haramdan sakınmak, hasetle beraber rahat, riya ile beraber sevgi ve istişareyi terkle beraber doğru düşünülemez.
- Yalanın mürüvveti, sultanların vefası olamaz.
- Takvâ'dan daha aziz kerem, İslam'dan daha yüksek şeref, tevbeden daha başarılı şefaatçi, takvâ'dan daha güzel elbise, cehaletten daha zengin dert ve akılsızlıktan daha cimri hastalık olamaz.
- Harîs kişinin hayâsı, mürüvvetsizin dinî, akıllının fakirliği, yalancının izzeti, kıskanç kişinin rahatı ve kanaatkâr insanın gammı olamaz.
- İlimsiz ibâdette, tefekkürsüz Kur'an okumakta hayır yoktur.
- Lâf taşıyıp, ara bozan kişi, bir saatlik zamanda aylarca süren fitneyi meydana getirir.
- Nefsinin şerrinden kaçman, aslandan kaçmandan daha faidelidir.
- Allah'ın rahmetinden ümit kesmen, günahlarından daha büyüktür.
- İnsanlar uykudadır, öldükleri zaman uyanırlar.
- İrfan denizine gark olmuş din büyüğü Cenâb–ı Ali (radıyallâhu anh), birgün minberde hutbe irad ediyordu. Adamın biri bir şey sordu. "**O hususta bilgim yok!**" buyurdular. Adam öfkeyle haykırdı:

– Orası cahillerin yeri değildir!

Allah'ın Arslanı ve Evliyalar Sultanı tatlı bir tebessümle buyurdular ki:

– Burası bir şey bilen ve bir şey de bilmeyenin makamıdır; hep bilirim diyenlerin yeri değildir.

İşte hakikatin en parlak aynası. Yine Hazret-i Ali (radıyallâhu anh) demiştir ki:

– İlimsiz fetva veren kimseye gök ve yer lanet eder. Ashab-ı Kiram, mecbur kalmadıkça dört şeye yanaşmaz, bir teklif karşısında biri diğerine havale ederdi:

İmamlık, emânet, vasiyet, fetva!

❋❋❋

İlim ve hikmet mü'minin yitiğidir. Müşriklerin ağzında dahi olsa onu kapıp alsın!

Sözü:

– Kişi kendi keyfiyetini idrâk edemezken, nerede kaldı öncesi olmayan Allah'ın keyfiyetini bilebilsin. Eşyayı yoktan var eden O'dur. Sonradan olan şey O'nu nasıl idrâk edebilir?

– Akıl, kulluk resmiyetini yerine getirmek içindir. Allah'ı idrâk için değildir!

❋❋❋

Meraklılardan biri birgün, Hazret-i Ali'ye sordu:

– Ey bakış ve görüş sahibi, Rabbini gördün mü?

– Görmediğim şeye ibâdet eder miyim?

– Nasıl görebiliyorsun?

– Gözler O'nu ayanbeyan göremez. Ancak kalpler iman hakikatiyle idrak edebilir.

İlim, hikmet, şecaat ve ulviyet mâdeni Cenâb-ı Ali (radıyallâhu anh), Peygamber bağında bir hakikat goncası olarak yetişmiştir. Âlemde bu yüceliğe kimse erememiştir. Onun dilinden hep irfan incileri, hakikat elmasları dökülüyordu.

- Allah için söyle, zevk ve safa ile çınlayan hangi evin önünden geçtin ki, nihayet etrafını ölüm kargaları acı nâralarla dolanmadı?
- Ölüyken diri oldun; çok geçmeden yine ölü olacaksın. Öyleyse bu fâni dünyada bâki olan bir ev bina etmeye bak!
- Ölümü yaklaşan kimseye hilesi fayda vermez!
- Haklı olduğun yerde korkma yardımcın Allah'tır.
- Yalnız Allah yolundaki sevgiler ki, saf ve hâlistir!
- Arayan, kolayca düşmanını bulabilir; dostuna gelince, arasın, dursun bakalım, kolay kolay bulabilir mi?
- Öğüt, dünyanın en zengin hazinelerinden kıymetli olduğu halde bedavaya satılır ve öyle bilinir.
- Lâyık olmayanlara yüz suyu dökme; kendini boş yere rezil ettiğinle kalırsın!
- Gözünün nurunu geliştirmek isteyen, Allah korkusu ile ağlasın!
- Hırsı topraktan başka bir şey doyurmaz.
- Ecel vakti herhangi bir hükümdara sorun: Nefsi için beslediği ordular, keyfi için yığdığı hazineler, haşmeti için yükselttiği saraylar, atlar, hademeler; önünde yerlere kapanan kullar nerede?
- Yalancının vasıfları: Evvelâ dalkavukluk, yersiz vaad, sonra ahlâksızlık ve en sonra gıybet!
- Dünyaya karşı hırsın mı var; meşakkat içindesin!
- Öksüz, babası olmayan değil, aklı olmayandır.
- Vefâ, dünkü gibi geçip gitti!
- Üç öldürücü şey biliyorum: Hasislik, gurur, heva ve heves.
- Lisanını sövmeye alıştırma! Tatlı dilli ol! Yoksa önüne gelene havlayan köpeklere dönersin!

- Allah'ın hışmından kurtulmuş bir tek zâlim gösterilemez.
- Nice büyük yaratılışlar vardır ki, dünya onlardan kaçar, nice aşağı yaratılışlar da vardır ki, dünya onlara koşar.

Eğer zor ve kuvvetle dünya ele geçebilseydi, doğanlar serçelerin rızıklarını kaparak uçar, giderlerdi.

İrfan denizine gark olmuş din büyüğü Cenâb-ı Ali (radıyallâhu anh)'nin birer hakikat incisi olan sözlerinin bir kısmını idraklerinize sunmuş olduk. O yüce gönüllü din eri, söz söylemeye başladı mı buraların ve ötelerin en ince hikmetleri üzerinde konuşurdu. Bütün ömrünce Aşk-ı İlahi ile yandı, bütün ömrünce ağladı, bütün ömrünce dilinden irfan incileri saçıldı.

Daha evvelce de belirttiğimiz gibi Hâlik-i Azîmin tertemiz Peygamberi onu coşkun bir sevgi ile sevdi, kadri yüce kızını ona verdi, onu ebediyyetlerin solmaz çiçeği yaptı.

İşte Peygamber bağında yetişen bu ulvî çiçek âleme güzel kokular saldı.

Ey gönüldaşlar!

Ebediyyetin altın sabahına ermek istiyorsanız bu çiçeği doya doya koklayınız.

Ey Allah Resûlü'nün şanlı Halîfesi! Allah'ın bu nâkıs kulu Necati, senin hakkında ne söyleyebilir ki. Çünkü sen her sözden ilerisin.

Seni methetmek hususunda Necati hayrete dalmış bulunmaktadır. Sana salât ve selâm olsun.

–SON–

Bu kitabı hazırlarken baş vurduğum eserler:

1. Kur'ân-ı Hakim ve Meâli Kerîm, H. Basri Çantay,
2. Sahih-i Buhari, Terc. M. Vehbi.
3. Riyazüssalihîn, Terc. H. Hüsnü Erdem.
4. Kısas-ı Enbiyâ, A. Cevdet Paşa.
5. Mektubat, Bediüzzaman Said Nursî.
6. Peygamberin Dilinden Dört Halife ve Ashabı.
7. Asr-ı Saadet.
8. Mevahibü'l-Ledünniye, İmam-ı Kastalâni.
9. Dört Büyük Halife, Seyyid Eyyûb bin Sıddîk.
10. Münebbihât, İbnü Haceri'l-Askalânî.

4 HALİFE SERİSİNİN DİĞER KİTAPLARI

EN BÜYÜK SIDDÎKIYET VE TESLİMİYET ÖRNEĞİ

HZ. EBUBEKİR

RADIYALLAHU ANH

MUSTAFA NECATİ BURSALI

HAYÂ VE EDEP İNCİSİ

HZ. OSMAN

RADIYALLAHU ANH

MUSTAFA NECATİ BURSALI

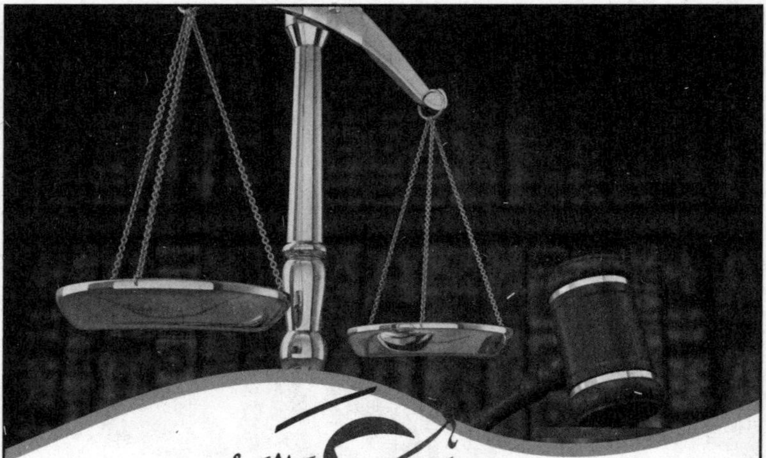

عمر الفاروق رضي الله تعالى عنه

HAK VE ADÂLET GÜNEŞİ

HZ. ÖMER

RADIYALLAHU ANH

MUSTAFA NECATİ BURSALI

Çelik
YAYINEVİ

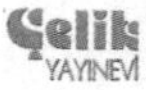